T0279610

Los secretos
de la memoria

Héctor
Ruiz Martín

Los secretos
de la memoria

Las historias humanas
que revelaron qué es
y cómo funciona la memoria

Papel certificado por el Forest Stewardship Council®

Primera edición: septiembre de 2022

© 2022, Héctor Ruiz Martín
© 2022, Penguin Random House Grupo Editorial, S. A. U.
Travessera de Gràcia, 47-49. 08021 Barcelona
Infografías: Daniel Castiñeiras

Penguin Random House Grupo Editorial apoya la protección del *copyright*.
El *copyright* estimula la creatividad, defiende la diversidad en el ámbito de las ideas y el conocimiento,
promueve la libre expresión y favorece una cultura viva. Gracias por comprar una edición autorizada
de este libro y por respetar las leyes del *copyright* al no reproducir, escanear ni distribuir ninguna
parte de esta obra por ningún medio sin permiso. Al hacerlo está respaldando a los autores
y permitiendo que PRHGE continúe publicando libros para todos los lectores.
Diríjase a CEDRO (Centro Español de Derechos Reprográficos, http://www.cedro.org)
si necesita fotocopiar o escanear algún fragmento de esta obra.

Printed in Spain — Impreso en España

ISBN: 978-84-666-7124-8
Depósito legal: B-11.750-2022

Compuesto en Llibresimes, S. L.

Impreso en Rodesa
Villatuerta (Navarra)

BS 7 1 2 4 8

Índice

Para quienes luchan por seguir siendo quienes son
y para quienes hacen lo imposible por ayudarlos

Introducción

Hay que haber comenzado a perder la memoria,
aunque sea solo a retazos, para darse cuenta de
que esta memoria es lo que constituye toda nuestra vida. Una vida sin memoria no sería vida,
como una inteligencia sin posibilidad de expresarse no sería inteligencia. Nuestra memoria es
nuestra coherencia, nuestra razón, nuestra acción, nuestro sentimiento. Sin ella no somos nada.
La memoria, indispensable y portentosa, es también frágil y vulnerable. No está amenazada solo
por el olvido, su viejo enemigo, sino también por
los falsos recuerdos que van invadiéndola día tras
día... La memoria es invadida continuamente por
la imaginación y el ensueño y, puesto que existe la tentación de creer en la realidad de lo imaginario, acabamos por hacer una verdad de nuestra
mentira. Lo cual, por otra parte, no tiene sino una
importancia relativa, ya que tan vital y personal
es una como la otra.

LUIS BUÑUEL, *Mi último suspiro*

En la obra *Mi último suspiro* de Luis Buñuel, un relato «semibiográfico», como el propio autor la definió, el enigmático director de cine demostraba poseer un conocimiento inusual sobre los pormenores de la memoria humana. Sobre su naturaleza y omnipresencia, sus fortalezas y sus diversas debilidades, su relación con el pensamiento y la imaginación... El cineasta comprendía qué es y cómo funciona esta facultad de la mente y el cerebro, más allá de las concepciones que suelen abundar en el imaginario popular.

Si bien de manera cotidiana usamos expresiones como «memorizar» o «aprender de memoria» para referirnos a un tipo de aprendizaje en particular, la memoria no es un mero almacén donde recopilamos datos sin necesidad de comprenderlos. En verdad, todo cuanto aprendemos es gracias a ella. La memoria tampoco funciona como los dispositivos electrónicos, ya sean grabadoras, cámaras de vídeo u ordenadores, que a veces citamos a modo de analogía para explicar la forma en que registramos y evocamos nuestras experiencias. Su fortaleza no se cultiva como si se tratase de un músculo y sus defectos no se limitan al olvido, como se suele pensar. De hecho, las situaciones en que la memoria no acompaña a nuestras intenciones, más que imperfecciones, son meras evidencias de un extraordinario mecanismo que nos permite razonar e imaginar.

La memoria está presente en todas las circunstancias de nuestra vida y, sin embargo, su naturaleza y el modo en que funciona nos resultan insólitamente desconocidos. En efecto, la memoria oculta múltiples secretos a sus propios anfitriones, a pesar de que dependemos de ella para ser quienes somos y hacer todo lo que hacemos. Por fortuna, la ciencia ha logrado hurgar en sus entresijos y vislumbrar una parte de ellos. Por eso, el propósito de este libro no es otro que aproximar al público no especialista en estos temas algunos de los descubrimientos científicos más relevantes sobre la naturaleza y el desempeño de esta tan cercana como recóndita facultad.

La exploración de la memoria es una de las aventuras científicas más fascinantes en nuestro afán por descubrir quiénes somos. Entre sus objetivos se encuentran comprender cómo atesoramos y rememoramos el pasado, cómo adquirimos conocimientos y desarrollamos habilidades, y cómo, en definitiva, construimos nuestra identidad. Es una aventura repleta de historias humanas extraordinarias que revelan las virtudes y defectos de nuestra memoria, y que nos invitan a apreciar su potencial, pero también sus limitaciones.

Al tratarse de una obra divulgativa, es posible que en algunos de sus pasajes haya pecado de una simplificación excesiva. Dicen que la comprensión es enemiga de la precisión, y en un libro donde se abordan las complejidades de la mente y el cerebro, cuyo conocimiento surge de una intensa y efervescente investigación en múltiples disciplinas científicas, a menudo resulta evidente entender el porqué. No en vano, hay quien afirma que el cerebro es el objeto más complejo del universo conocido.

Sea como fuere, mi intención en todo momento ha sido ofrecer un texto ameno y asequible para quien no posee una formación en ciencias cognitivas, pero siempre procurando mantener el máximo rigor. Es evidente que algunas decisiones que he tomado a la hora de seleccionar, resumir y facilitar la comprensión de los trabajos científicos mencionados en este libro, así como las conclusiones que de ellos se han derivado en forma de modelos explicativos, podrían haberse resuelto de otra forma, quizá más oportuna. En este sentido, el autor asume el resultado con la humilde esperanza de haberse aproximado lo suficiente al propósito de hallar el equilibrio entre claridad y rigor, sabiendo que siempre hay un margen de mejora.

Así las cosas, sea el lector bienvenido a descubrir algunos de los fascinantes hallazgos de la neurociencia y la psicología de la memoria, a través de las historias humanas que contribuyeron a revelarlos.

HÉCTOR RUIZ MARTÍN
Mayo de 2022

1

La esencia de la memoria

Una vida sin memoria

A principios de los ochenta, Clive Wearing era un reputado musicólogo, tenor y director de coro que se encontraba en la cúspide de su carrera profesional. Profundamente enamorado de la música y de su mujer, Clive no podía imaginar que su vida se estancaría para siempre en 1985, justo en el Año Europeo de la Música, proclamado por la Unesco. A raíz de la pandemia de COVID-19 hoy sabemos bien cómo un nuevo virus puede cambiar nuestras vidas, pero Clive nunca se imaginó que uno tan vulgar y en apariencia inofensivo como el virus del herpes, el mismo que causa las llagas labiales, le arrebataría su futuro y parte de su pasado, anclándolo de por vida en aquel 1985. Como consecuencia de una infección cerebral fortuita conocida como «encefalitis herpética», Clive perdió la facultad de generar nuevos recuerdos y extravió buena parte de los que atesoraba. Su vida se convirtió en un eterno presente de apenas unos segundos de duración.

Sin poder guardar ninguna de sus experiencias, el futuro ya no existiría para él; sus vivencias no moldearían nunca más su identidad. Sin sus recuerdos del pasado, su existencia sería como una balsa a la deriva. En palabras de su esposa Deborah: «Ahora el mundo de Clive consiste en un momento, sin ningún pasado al que vincularlo y ningún futuro al que mirar. Es un parpadeo. Él ve lo que tiene delante, pero tan pronto como esa información alcanza su cerebro, se desvanece. Nada deja marca, nada se registra». Cuando una persona pierde la capacidad de crear nuevos recuerdos después de un incidente, decimos que padece «amnesia anterógrada». En general, quienes sufren esta desgracia también pierden parte de los recuerdos que poseían antes del incidente. Es decir, también sufren «amnesia retrógrada». Ese es el caso de Clive.

Se estima que, al año, una de cada medio millón de personas contrae encefalitis herpética. Las consecuencias de esta invasión vírica del cerebro son muy diversas, en función de las regiones que acabe afectando. Aun con el tratamiento adecuado, uno de cada tres enfermos no supera la infección, y quienes lo logran suelen padecer graves secuelas neurológicas. Sin embargo, rara vez se producen cuadros como el de Clive Wearing, en que la invasión vírica afecte de manera tan específica y desmesurada a la memoria. El de Clive es, de hecho, uno de los casos de amnesia más dramáticos que se conocen.

Al no poder retener ninguna de sus experiencias, Clive tiene la sensación permanente de regresar de un sueño infinito, con la frustración de quien intuye haber soñado algo pero no logra esbozar ni un solo detalle en el vacío más absoluto. Desde el incidente, Clive escribe en su libreta, una y otra vez, que acaba de despertar, que por fin ha recuperado la consciencia tras un estado semejante a la muerte. Minutos más tarde tacha sus palabras y vuelve a escribir lo mismo, enojado porque alguien —con su misma letra— haya escrito en su cuaderno, o por haberlo hecho él en un estado de inconsciencia: «Ahora estoy despierto por primera vez».

En la actualidad, Clive tiene ochenta y dos años, pero su mente sigue atrapada en 1985, despertando una y otra vez de un sueño que no es tal. Su caso, al igual que el de otras muchas personas que descubriremos entre estas líneas, nos ayuda a apreciar lo valiosa e increíble que es nuestra memoria. Y eso a pesar de que Clive, aun con lo trágico de su afección, solo perdió una pequeña parte de las facultades que la constituyen. En efecto, aunque su situación pueda parecernos el más terrible ejemplo de lo que conllevaría no tener memoria, lo cierto es que Clive conserva buena parte de las habilidades que dependen de ella.

Clive preserva su capacidad de comunicarse en la lengua que aprendió de niño. También reconoce los objetos a su alrededor y sabe para qué sirven. Si se da la ocasión, puede tocar el piano y dirigir magistralmente un coro musical, como solía hacer antes del incidente, aunque unos instantes después no recuerde haberlo hecho. Sabe que tiene dos hijos, a pesar de que no recuerda sus nombres, y también reconoce a la mujer con quien se casó un año antes de enfermar, tras un matrimonio fallido, el cual no recuerda. En realidad, pocas cosas lo hacen tan feliz como ver a su esposa. Cada vez que ella aparece, reacciona como si hubieran transcurrido siglos desde la última vez que la vio, incluso cuando solo han pasado un par de minutos. Así, Clive todavía puede hacer y sentir muchas cosas que requieren de esa facultad que denominamos «memoria», aunque haya perdido una de sus funciones más fundamentales: proporcionarnos un sentido de continuidad en nuestra vida.

La memoria actúa de manera tan sutil y consustancial a todo lo que hacemos, que es normal que en nuestro día a día infravaloremos lo que es y lo que nos permite ser y hacer. En general, las personas creen que la memoria es como un almacén, un lugar del cerebro que guarda recuerdos de nuestra vida y datos sobre el mundo que nos rodea. En este sentido, suele concebirse como una facultad cognitiva más, como lo son la percepción, la atención y el razonamiento, a pesar de que, en realidad, es inherente a todas ellas. Prácticamente todo lo que el cerebro hace se ve influenciado por la memoria. Porque la memoria es el resultado de los cambios que este experimenta cada vez que realiza alguna acción, lo que le permite así adaptarse y responder de una forma más adecuada la próxima vez que se enfrenta a un reto igual o parecido a otro que ya afrontó. Es decir, la memoria es la capacidad que nos permite aprender cualquier cosa. Memoria y aprendizaje son indisociables.

Es terrible que un virus tan corriente como el herpes simple, del que más del 60 por ciento de la población mundial es portadora y que solo suele provocar llagas de vez en cuando, pueda traspasar de manera espontánea la eficaz barrera que protege al cerebro de las sustancias y los parásitos indeseables que se cuelan en la sangre —la barrera hematoencefálica— y llevarse sin piedad nuestro don más preciado. Porque ¿qué somos sin nuestra memoria? Clive era experto en música renacentista y había editado las obras de Orlando di Lasso, un compositor del Renacimiento tardío. Pero tras la encefalitis, no recordaba nada de ello. Sobre su vida personal, apenas atisbaba algunos momentos de su infancia. Él decía saber quién era, pero ¿qué somos si no podemos mirar hacia atrás ni hacia delante en nuestras vidas?

Las múltiples facetas de la memoria

El caso de Clive es devastador. Aun así, es difícil apreciar lo que significaría realmente no tener memoria. Aunque no nos demos cuenta, la mayor parte de las cosas que hacemos a diario, casi siempre de manera automática, se basan en la memoria. Desde abrir una puerta o atarnos los cordones de los zapatos, hasta tomar el ascensor o subir por las escaleras, pasando por hablar y cantar o leer y escribir; si nuestro cerebro no hubiese aprendido de todas y cada una de nuestras acciones y experiencias, todas estas cosas representarían un reto cada vez que tuviésemos que hacerlas. ¿Acaso no sería disparatado tener que figurarse cómo abrir una puerta cada vez que nos topásemos con una? Por supuesto, ante una nueva situación, los humanos contamos con la capacidad de razonar. Pero razonar requiere tener unos conocimientos; al fin y al cabo, pensar es el recurso que empleamos cuando desconocemos la solución a un problema, pero buscamos alternativas entre las soluciones que recordamos haber dado a otros problemas similares. Pensar es recordar de incógnito. No hay razonamiento sin memoria. Es más, para poder razonar acerca de un problema resulta necesario sostener en la mente una representación de dicho problema, incluyendo los datos más básicos. Mantener dicha información mientras operamos con ella también requiere de la memoria. Al fin y al cabo, si una información perdura en nuestra mente, por poco tiempo que sea, cuando ya no la estamos percibiendo —por ejemplo, después de verla, oírla o leerla—, estamos usando la memoria.

En realidad, nuestra percepción también depende de la memoria. Todas las experiencias sensoriales que alcanzan nuestra mente invocan de manera espontánea los conocimientos que guardamos, y esto nos permite interpretarlas al instante. El cerebro busca sentido a todo cuanto experimentamos, y para ello lo contrasta con la información que recopiló en el pasado. Así, lo que percibe un adulto difiere de lo que percibe un bebé cuando, por ejemplo, suena una alarma de incendios. El adulto percibe un riesgo y el bebé, un sonido curioso, cuando no molesto. Del mismo modo, solo quien tiene conocimientos sobre una disciplina puede apreciar lo que otros no percibirán, como el matemático que encuentra belleza en una ecuación o el ajedrecista que queda deslumbrado ante la técnica de su oponente. Todos podemos notar cómo cambia nuestra percepción en función de lo que sabemos. No es lo mismo oír a alguien hablando nuestro idioma que oír a una persona expresándose en una lengua desconocida. De hecho, el lenguaje no podría existir sin la memoria.

En definitiva, nuestras experiencias sensoriales cobran sentido de manera instantánea gracias a los conocimientos que albergamos en la memoria. Incluso las emociones que sentimos ante personas, objetos o situaciones que nos resultan familiares también se guían por las experiencias que guardamos en forma de recuerdos y conocimientos. Así, lo que hacemos con la información que procede de nuestro entorno y el modo en que reaccionamos ante ella dependen profundamente de la memoria. Su influencia está presente en todo cuanto hacemos.

La terrible amnesia de Clive Wearing representa una oportunidad para atisbar las diversas facetas y funciones de la memoria. Un documental que en 2005 expuso su caso lo describió como «el hombre con solo siete segundos de memoria». Sin embargo, esa es una forma muy poco acertada de explicar la disfunción que padece. Para hacerse una mejor idea de su situación, es necesario apreciar que la memoria no es una única habilidad, sino que en realidad contamos con distintos tipos de memoria, que dependen de distintas regiones del cerebro y que se ocupan de distintas clases y usos de la información. Con el fin de apreciar esta diversidad, los psicólogos cognitivos han propuesto un sencillo modelo que describe cómo el cerebro procesa la información que recibe a través de los sentidos, hasta convertirla en un recuerdo que podemos recuperar. Así, sugieren definir tres etapas por las que pasa la información, que corresponderían a tres tipos de memoria.

En primer lugar, el cerebro guarda por unos breves instantes toda la información que le llega a través de los sentidos, gracias a lo que conocemos como «memoria sensorial». Es evidente que no podemos prestar atención de manera simultánea a todo lo que pasa a nuestro alrededor. Sin embargo, captar todo lo que sucede puede resultar esencial para nuestra supervivencia y bienestar. Así, por ejemplo, cuando estamos inmersos en la lectura de un libro, dejamos de apreciar estímulos sensoriales como los sonidos que nos rodean o la presión que el asiento hace en nuestra espalda (hasta que alguien nos lo menciona). Pero nuestro cerebro no ha dejado de registrar esos estímulos en ningún momento, y, de hecho, los ha estado analizando para decidir si valía la pena obligarnos a atenderlos, por nuestro propio bien. Es lo que sucedería si, mientras leemos estas líneas, alguien gritara «¡fuego!», por ejemplo. Ese estímulo estridente sería prioritario para el cerebro y nos obligaría a interrumpir la lectura y percibirlo, es decir, lo situaría en el plano consciente de nuestra mente. Pero lo más interesante es que podríamos recuperar el contenido del grito —la palabra «fuego»— y extraer su significado, a pesar de que se produjo mientras atendíamos a otra cosa. Esto se debe, en parte, a que el cerebro guardó esa información durante un par de segundos en la memoria sensorial. Todos hemos experimentado algo parecido en alguna ocasión: una persona nos habló mientras estábamos concentrados en algo y unos instantes más tarde pudimos recuperar lo que nos dijo para responder como si nada.

En realidad, la memoria sensorial es la responsable de que podamos ver las películas como imágenes en movimiento y no como una serie de fotogramas inconexos. Cuando jugamos con una bengala en la oscuridad, los surcos de luz que apreciamos son también consecuencia de la memoria sensorial, como lo es la imagen que conservamos por unos instantes de una habitación a oscuras tras ser iluminada por un rayo en mitad de una tormenta.

Como era de esperar, contamos con varias memorias sensoriales, una para cada sentido. Y sus propiedades son parecidas: todas tienen una gran capacidad —podríamos decir que pueden registrar prácticamente toda la información que llega a nuestros receptores sensoriales— y todas tienen una duración muy limitada. Si la memoria sensorial auditiva no conserva la información más de dos segundos, la visual apenas lo hace ni medio segundo. Esta escasa duración nos indica que la memoria sensorial, en realidad, podría considerarse un proceso propio de la percepción: la única forma de percibir un estímulo es representarlo en nuestro cerebro, y esa representación solo debería perdurar unos instantes, es decir, el tiempo suficiente para analizar su relevancia y decidir si valdría la pena un procesamiento mayor, o bien para descartarla y continuar procesando los siguientes estímulos. Prolongar el procesamiento de una información más allá de lo que dura la memoria sensorial requiere que le prestemos atención. En caso contrario, la información será descartada y ya no habrá forma de recuperarla. No podemos guardarlo todo y, de hecho, no tendría ningún sentido hacerlo —el coste sería enorme, y ¿para qué?—. Por eso, y para empezar, el cerebro no conservará ninguna información que no haya merecido nuestra atención.

El acto de prestar atención es lo que hace que entre en juego el segundo tipo de memoria de nuestro modelo: la «memoria de trabajo». Podemos concebirla como el espacio mental en el que sostenemos y manipulamos la información a la que estamos prestando atención en cada momento, es decir, la información de la que estamos siendo conscientes a cada instante. Esta información nos puede llegar a través de los sentidos, como estas mismas palabras, o puede proceder de nuestra memoria a largo plazo, como sucede si nos preguntan de qué color suele ser un gorila. Ese lugar de la mente donde visualizamos al gorila y al mismo tiempo oímos una vocecita leyendo estas palabras es la memoria de trabajo. Por lo tanto, en la memoria de trabajo podemos combinar información que llega del entorno e información traída desde algún rincón del subconsciente. Y entonces podemos manipularlas. Así, la memoria de trabajo es el espacio mental donde razonamos, recordamos e imaginamos. También hace posible que aprendamos, pues constituye la antesala del último tipo de memoria del modelo que nos ocupa: la «memoria a largo plazo».

Si la información que procede del entorno y llega a la memoria de trabajo no quedase registrada de alguna manera, esto es, si no alcanzara la memoria a largo plazo, entonces se perdería en cuanto dejásemos de prestarle atención. He aquí la explicación al problema de Clive Wearing. La memoria a largo plazo es la que nos permite guardar una información en un estado inactivo, fuera de nuestra consciencia, y recuperarla *a posteriori*. No importa el tiempo que haya pasado desde que se produjo la experiencia, ya sean unos minutos, unas horas o unos años: si hemos dejado de prestar atención a algo, pero luego podemos recuperarlo de nuestra memoria, habrá sido gracias a la memoria a largo plazo.

La disfunción de Clive atañe, pues, a la incapacidad de registrar sus nuevas experiencias en la memoria a largo plazo. Clive puede percibir y entender lo que sucede a su alrededor, puede pensar y mantener una conversación; pero en cuanto una información abandona su memoria de trabajo, esto es, en cuanto deja de prestarle atención, ya no consigue recuperarla y, por lo tanto, para él nunca ocurrió. Para sostener una información en la memoria de trabajo de manera prolongada es necesario ir refrescándola, por ejemplo, repitiéndola una y otra vez. Es lo que hacemos mientras buscamos papel y lápiz para anotar una matrícula o un teléfono que acabamos de ver u oír. Si dejamos de repetir la información, pero esta no ha alcanzado la memoria a largo plazo —lo que suele ocurrir en esas ocasiones—, ya no podemos recuperarla sin volver a consultarla. Eso es lo que le pasa de manera permanente a Clive Wearing, solo que él ni siquiera recuerda lo que estaba tratando de hacer apenas unos segundos antes.

El sustrato físico de la memoria

Memoria de trabajo y memoria a largo plazo son dos constructos psicológicos claves para entender casos como el del Clive Wearing, y, de hecho, para entender qué es y cómo funciona la memoria. Desde la neurociencia se han sugerido los mecanismos biológicos que podrían constituir su sustrato físico. Al fin y al cabo, la mente no es independiente del cerebro, como el caso de Wearing y muchos otros atestiguan.

El cerebro contiene unos 86.000 millones de neuronas y otras tantas células que les proporcionan apoyo de tipo estructural y funcional. Los científicos que consiguieron estimar este número con mayor precisión tuvieron la idea de licuar los cerebros de los donantes, hasta crear una mezcla homogénea con cada uno; a continuación, tomaron varias muestras, contaron las neuronas en cada muestra y aplicaron una sencilla regla de proporcionalidad para calcular el número total de neuronas en un cerebro completo.

Las neuronas son células especializadas en la transmisión de impulsos eléctricos, los cuales viajan a lo largo de sus prolongaciones (axones) y pasan de una neurona a otra por medio de los contactos que establecen entre ellas (véase figura 1). Cuando una neurona recibe impulsos eléctricos de sus vecinas, puede responder reenviándolos hacia las neuronas que se encuentran al final de su axón. En este libro diremos que una neurona se activa cuando los estímulos que recibe consiguen que propague señales eléctricas hacia las células siguientes. Por lo tanto, asumiremos que las neuronas pueden encontrarse activas o en reposo.

Las conexiones entre neuronas, denominadas «sinapsis», son la clave que permite modular las señales, esto es, regular su efecto sobre la neurona receptora. Y puesto que cada neurona suele establecer miles de sinapsis con otras células nerviosas, las redes neuronales constituyen un exquisito sistema de integración de señales eléctricas que hace posible el procesamiento de la información que dichas señales contienen. En este sentido, para vislumbrar el extraordinario potencial del cerebro como procesador, solo necesitamos apreciar que las neuronas de la corteza cerebral, la capa más externa del cerebro que comprende el 19 por ciento de todas las neuronas del encéfalo, establecen un total de 164 billones de conexiones entre ellas.

Así pues, ¿cómo podemos explicar los conceptos psicológicos de «memoria de trabajo» y «memoria a largo plazo» desde un punto de vista neurobiológico? Esto es, ¿cómo pueden las redes neuronales representar, almacenar y recuperar la información que aportan nuestras experiencias? Con anterioridad dijimos que, para generar un recuerdo, lo primero que debe suceder es que el individuo acceda a una información a través de sus sentidos, le preste atención y, así, la represente en su memoria de trabajo. A este respecto, se cree que cada experiencia sensorial activaría un conjunto específico de neuronas y que este patrón daría lugar a la representación mental de dicha experiencia. Las neuronas activadas conjuntamente experimentarían entonces una serie de cambios que las conectarían entre ellas de manera más íntima, lo que consolidaría el patrón neural o engrama, y permitiría su reactivación posterior sin necesidad de que la información representada estuviera en el entorno. La reactivación del conjunto de neuronas que formasen el engrama sería posible a partir de la estimulación de solo una parte de ellas, como ocurriría si apareciese un estímulo que actuara a modo de pista.

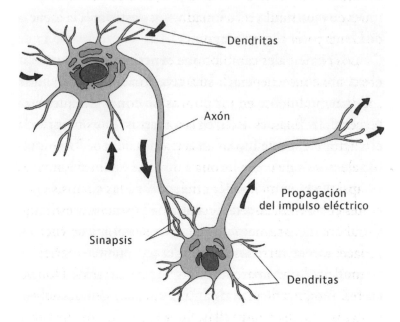

Dendritas

Axón

Propagación
del impulso eléctrico

Sinapsis

Dendritas

Figura 1: Las neuronas son células especializadas en la transferencia de impulsos eléctricos. En general, las neuronas reciben señales de otras células nerviosas en sus ramificaciones (dendritas) y las transmiten a otras células a través de una prolongación (axón). Los puntos de contacto entre los extremos del axón y las siguientes células son las sinapsis.

Por lo tanto, el proceso de activación de conjuntos de neuronas que generan la representación mental de lo que estamos percibiendo, o bien de lo que percibimos en el pasado y estamos recordando, correspondería a la memoria de trabajo. Y el hecho de que los patrones de neuronas que fueron activados por una experiencia tengan el potencial de ser reactivados *a posteriori*, en ausencia del estímulo que los activó —solo a partir de un estímulo parcial u otro estímulo relacionado—, constituiría la esencia de la memoria a largo plazo.

Los principales cambios que experimentan las neuronas como consecuencia de su activación coral tienen lugar fundamentalmente en los puntos de conexión que establecen entre ellas, es decir, en las sinapsis. Las sinapsis son estructuras especializadas en la transmisión de los impulsos eléctricos de una neurona a otra. Al establecer nuevas sinapsis, o bien mejorar la eficiencia de las sinapsis existentes entre ellas, las neuronas que la experiencia estimuló simultáneamente mejoran su comunicación y se vuelven capaces de activarse unas a otras si una nueva experiencia estimula solo una parte de ellas. En palabras de Donald Hebb, pionero de esta idea, las neuronas que se activan juntas se vinculan entre ellas. De este modo, los engramas que representaron la experiencia quedan fijados en la memoria. Cabe decir que en algunos casos las sinapsis pueden tener una función inhibidora, al inactivar neuronas en vez de activarlas, pero al fin y al cabo también se trata de establecer un patrón de conexiones específico que representará la información en nuestro cerebro.

Ramón y Cajal ya había especulado en 1894 que las sinapsis podrían ser la clave para explicar la plasticidad cerebral que daría lugar al aprendizaje, y la investigación en biología celular y molecular de las últimas décadas así lo ha corroborado. Cuando aprendemos algo, modificamos los patrones de conexiones entre nuestras neuronas, es decir, cambiamos la estructura de nuestro cerebro. Estos cambios determinan así lo que posteriormente seremos capaces de percibir, recordar, entender y hacer. Es lo que Ramón y Cajal, anticipándose a su tiempo, expresó de este modo: «Todo hombre puede ser, si se lo propone, escultor de su propio cerebro». En efecto, cuando nos esforzamos por aprender algo, estamos dando forma a nuestro cerebro.

Hallazgos curiosos

Algunos de los descubrimientos neurobiológicos que han contribuido a revelar cómo se forman los recuerdos son sorprendentes. Por ejemplo, el hecho de que cada una de nuestras experiencias se representa en el cerebro como un conjunto de neuronas específicas que se activan en sincronía quedó reflejado en un curioso hallazgo del neurocientífico argentino Rodrigo Quian Quiroga y sus colaboradores. Su descubrimiento tuvo una gran repercusión mediática y se conoció como «la neurona de Jennifer Aniston». En concreto, estos investigadores tuvieron la oportunidad de analizar la actividad eléctrica de neuronas específicas de un paciente con epilepsia, quien por motivos médicos debía someterse a la implantación quirúrgica de microelectrodos en su cerebro para determinar el origen de sus ataques. El generoso voluntario aceptó colaborar en la investigación y, después de que el médico le implantara los microelectrodos en una región del cerebro relacionada con la memoria, observó diversas imágenes que los investigadores le mostraron en la pantalla de un ordenador portátil.

Una de las neuronas monitorizadas no parecía responder ante ningún estímulo, hasta que en la pantalla apareció una fotografía de Jennifer Aniston, la actriz que se hizo famosa por su papel de Rachel en la popular serie *Friends*. Otras fotografías de celebridades no estimularon la neurona, así que no se trataba simplemente de una célula que participase en el procesamiento de rostros. Además, fotografías distintas de la misma actriz causaban el mismo efecto. Por supuesto, esto no se interpretó como que esa neurona contuviera por sí sola los conocimientos del sujeto sobre la actriz —sería improbable encontrar, entre los millones de neuronas posibles, precisamente la que correspondiera a Jennifer Aniston—, sino que formaba parte del patrón neuronal o engrama, integrado por una multitud de neuronas, que la representaba en su memoria. Es más, cuando el paciente vio una fotografía de Lisa Kudrow (la intérprete que en la misma serie hacía el papel de Phoebe), la neurona también respondió. Esto sugería que las mismas neuronas forman parte de distintos engramas que corresponden a conocimientos relacionados por su significado. Cabe decir que ocurrió algo similar en otro caso en que una neurona solo respondió a imágenes de Luke Skywalker y Yoda (personajes carismáticos de la saga Star Wars), respectivamente.

Los hallazgos que han contribuido a respaldar la noción de que el aprendizaje resulta de los cambios en las conexiones de las neuronas que se activaron juntas no son tan glamurosos como los que acabamos de comentar.

Sin embargo, vale la pena mencionar algunos de los que abrieron la senda para confirmar la intuición que en su momento tuvo Ramón y Cajal. Las protagonistas de estos experimentos no fueron actrices famosas, sino ejemplares de una especie de babosas marinas, también conocidas como «liebres de mar» (ya hemos advertido de la falta de glamur). Corrían los años sesenta y el neurocientífico Eric Kandel se enfrentaba al reto de comprobar si la experiencia se traduciría en cambios en las sinapsis de las neuronas implicadas. En aquel momento, esto parecía una misión imposible: ¿cómo podría uno encontrar las diversas neuronas que forman parte del engrama que una experiencia concreta activó? A Kandel se le ocurrió simplificar el problema y buscar un organismo vivo que manifestase algún tipo de aprendizaje, pero que fuese lo suficientemente sencillo como para lograr identificar las neuronas que participaban en dicho aprendizaje. Así es como empezó su historia con las babosas marinas, un trabajo que, bromas aparte, le valió el Nobel de Medicina en el año 2000.

Para empezar, Kandel y su equipo constataron que su organismo modelo, *Aplysia californica*, exhibía la facultad de aprender por habituación. Si tocamos el sifón de este animal —es decir, el tubo por el que expulsa el agua tras extraerle el oxígeno para respirar—, su reacción inmediata es la de replegar el abanico que forman sus branquias. Pero si repetimos el contacto varias veces, el animal deja de responder, esto es, se habitúa al estímulo porque no supone ninguna amenaza. A partir de aquí, basta con encontrar las neuronas del circuito que subyace a este comportamiento y analizar qué es lo que cambia en ellas como para que el comportamiento se modifique.

Por suerte, el cerebro de *Aplysia californica*, si se le puede llamar así al ganglio que se sitúa en su abdomen, es de los más sencillos en el mundo animal. Además, es posible aislarlo mientras sigue conectado a las neuronas sensoriales que detectan los estímulos en el sifón y a las neuronas motoras que provocan la retracción de las branquias. Esto permite ir estimulando neuronas hasta identificar las que participan en el comportamiento descrito, es decir, las que formarían el engrama. A partir de ahí, es posible analizar qué cambios sufren las neuronas cuando se produce el aprendizaje por habituación. Lo que Kandel y su equipo encontraron, como ya se avanzó, fue que dichos cambios ocurrían en las sinapsis.

Los trabajos mencionados son ejemplos de los miles de experimentos que, desde que Ramón y Cajal lanzase su conjetura sobre las sinapsis, nos han ayudado a comprender las bases biológicas de la memoria. En definitiva, las experiencias activan conjuntos de neuronas concretos y, tras activarse, las neuronas se vinculan entre ellas para guardar el patrón activado y poder reactivarlo en el futuro. Cuando se trata de nuestros recuerdos y conocimientos, estos patrones representan la información codificada. Así que la memoria de trabajo corresponde a los patrones que activamos en un momento determinado, y la memoria a largo plazo subyace en esos cambios en la conectividad de las neuronas que ofrecen el potencial de reactivarlos.

El baúl de los recuerdos

Si bien los principios básicos que subyacen a las bases biológicas de la memoria son reveladores, por sí solos no nos permiten comprender por qué personas como Clive Wearing pierden la capacidad de generar nuevos recuerdos después de una lesión cerebral. ¿Qué clase de daños sufrió el cerebro de Clive Wearing como para conservar su memoria de trabajo, pero no conseguir almacenar prácticamente nada de lo que pasaba por ella en su memoria a largo plazo? Mediante técnicas de imagen por resonancia magnética, los neurólogos pudieron descubrir los estragos que el virus había provocado en el cerebro de Clive. En especial, la infección había dañado sus lóbulos temporales (véase figura 2) y, más concretamente, había destruido una estructura conocida como «hipocampo», en ambos hemisferios cerebrales.

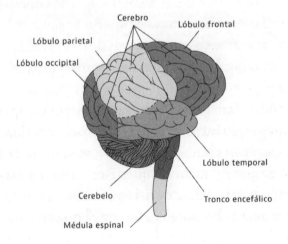

Figura 2: Principales partes del encéfalo humano.

El hipocampo debe su nombre a Giulio Cesare Aranzio, anatomista italiano del siglo XVI que, al diseccionarlo, apreció cierta semejanza con la forma de un caballito de mar. En griego antiguo, *hippókampos* era el nombre de este extraño pez, cuyo aspecto recuerda al de un caballo (*híppos*) con cuerpo de monstruo marino (*kámpos*). La importancia de esta estructura cerebral y de sus regiones colindantes para la memoria era desconocida hasta mediados del siglo XX, a pesar de que algunos investigadores de principios de siglo ya sugirieron cierta relación entre hipocampo y memoria. Por aquel entonces, el saber convencional le atribuía básicamente funciones relacionadas con las emociones. Con razón, en 1953 el neurocirujano William Scoville se atrevió a recomendar la extirpación bilateral de buena parte de los lóbulos temporales —incluyendo el hipocampo— a un paciente de veintisiete años que sufría una epilepsia severa y discapacitante, con el fin de librarle de los frecuentes ataques que padecía. Este paciente se convertiría en uno de los casos más famosos de la neuropsicología de la memoria: el paciente H. M. (a quien hoy conocemos por su nombre completo, Henry Molaison).

Cuando Henry tenía siete años, sufrió un aparatoso accidente con su bicicleta. No se sabe con seguridad si ese hecho causó su epilepsia, pero fue a partir de entonces cuando empezó a sufrir ataques con cierta periodicidad. Al principio se trataba de crisis menores, en que la actividad neuronal anormalmente excesiva que las caracteriza se limitaba a una parte del cerebro, pero, a partir de los dieciséis años, los ataques fueron a peor, ocurriendo cada vez con mayor frecuencia y severidad. Al cumplir los veintisiete, Henry era incapaz de llevar una vida normal. Por eso decidió someterse a la arriesgada operación que Scoville sugirió: extirparle las regiones del cerebro donde parecían tener origen sus terribles crisis epilépticas, a riesgo de sufrir algún daño colateral imposible de prever por aquel entonces.

Tras la intervención, la buena noticia para Henry fue que su epilepsia mejoró sustancialmente, aunque no del todo. La mala noticia, sin embargo, fue que a partir de entonces perdió la capacidad de generar nuevos recuerdos. En efecto, el desafortunado caso de Henry Molaison nos enseñó que sin hipocampo —y otras regiones colindantes—, las experiencias no consiguen dejar huella en nuestra memoria a largo plazo. Eso es precisamente lo que le ocurrió a Clive Wearing tres décadas más tarde, aunque en su caso fue un virus lo que destruyó su hipocampo a ambos lados del cerebro.

El hipocampo y algunas de sus estructuras adyacentes son clave para que las cosas que pasan por nuestra mente dejen rastro en la memoria de forma instantánea, y también para que consigamos recuperarlas después. Pero el motivo de ello no es que estas regiones cerebrales almacenen nuestros recuerdos y conocimientos. Unas líneas más arriba decíamos que los recuerdos se plasman en las regiones del cerebro que representan nuestras percepciones y experiencias. Estas regiones se distribuyen a lo largo y ancho de la corteza cerebral, en diferentes áreas especializadas según el tipo de información. Por ejemplo, los estímulos de tipo visual se codifican en la corteza visual, situada en el lóbulo occipital del cerebro (véase figura 2), y la información de tipo auditivo se registra en la corteza auditiva. Es más, en cada una de estas regiones, hay zonas especializadas en procesar cualidades concretas de cada estímulo. En el caso de la corteza visual, contamos con grupos de neuronas especializadas en procesar el color, los contornos, la luminosidad, etcétera. Por lo tanto, hasta el estímulo más sencillo está representado por la combinación de varias redes de neuronas que se activan de manera sincrónica desde diversas regiones de la corteza, con frecuencia situadas en áreas bastante alejadas.

Si la memoria a largo plazo surge del establecimiento y consolidación de conexiones entre las neuronas que han representado una experiencia, parece necesario que exista un mecanismo para asociarlas de manera instantánea, sean las que sean y estén donde estén, tan pronto como se han activado conjuntamente. Pero las conexiones entre neuronas no se construyen con tanta rapidez. Entonces, ¿cómo podrían quedar asociadas al instante todas las neuronas que representan una experiencia? Una opción sería que ya existiesen conexiones por defecto entre todos los conjuntos de neuronas y que simplemente se fortalecieran en caso de activación. No obstante, las combinaciones posibles son infinitas, tantas como diversas pueden ser nuestras experiencias, por lo que contar con conexiones por defecto entre todas las neuronas o conjuntos de neuronas de la corteza cerebral representaría un despilfarro monumental. Aquí es donde interviene el hipocampo.

Una de las particularidades de la formación del hipocampo es que está conectada con la corteza cerebral de manera extraordinaria, tanto por vías aferentes —que van de la corteza al hipocampo— como eferentes —que van del hipocampo a la corteza—. Esta hiperconectividad y otras características de su estructura interna sugieren que el hipocampo actúa como un dispositivo que indexa todos los patrones neuronales que representan cada experiencia. Puesto que las conexiones que recibe desde todas las regiones oportunas de la corteza ya están construidas, solo necesita reforzarlas para dejar constancia de su activación, cosa que puede hacerse mediante mecanismos bioquímicos de rápida actuación. Además, sus vías de comunicación de regreso hacia las distintas regiones de la corteza le permiten actuar como un director de orquesta que indica a sus músicos qué melodía interpretar. Es decir, el hipocampo toma nota de qué regiones se activan cuando experimentamos algo y más tarde puede reactivarlas para provocar su evocación. El hipocampo, por lo tanto, registra, conserva y moviliza los patrones de activación «maestros» que representan nuestras experiencias.

Ahora bien, ¿por qué las personas como Henry Molaison y Clive Wearing todavía conservan sus conocimientos y algunos de sus recuerdos, aun habiendo perdido el hipocampo? Esta paradoja se explica si, como sugieren algunos neurocientíficos, el papel que juega el hipocampo registrando nuestras experiencias no es definitivo, sino temporal, al menos para una parte de la información que guardamos en la memoria. En efecto, según las últimas evidencias, el hipocampo permite establecer conexiones inmediatas entre las neuronas que representan nuestras experiencias, de manera que todo lo que experimentamos se registra al instante y así gozamos de un sentido de continuidad en nuestras vidas. Pero si una experiencia se repite y el engrama que la representa se reactiva múltiples veces, las diversas regiones de la corteza cerebral que lo forman pueden irse conectando entre ellas directamente, en un proceso lento y progresivo que culminará con la consolidación de un patrón neuronal capaz de reactivarse sin la intervención del hipocampo.

No sabemos cuán precisa es esta explicación, pero sin duda encaja con los casos de Wearing, Molaison y muchas otras personas, quienes nos han enseñado que sin hipocampo es posible conservar el vocabulario, reconocer los objetos a nuestro alrededor, razonar y realizar más acciones que dependen de nuestros conocimientos. Estos hechos nos indican que, de algún modo, los conocimientos que hemos ido adquiriendo a lo largo de la vida son independientes del hipocampo, aunque para adquirirlos en primera instancia fuese oportuno contar con él.

Recuerdos y conocimientos

En realidad, a pesar de que tanto los recuerdos como los conocimientos proceden de nuestras experiencias perceptuales y suponen el almacenamiento de información sensorial, también poseen características que los distinguen lo suficiente como para que los psicólogos hayan propuesto la existencia de dos tipos de memoria a largo plazo. Por un lado, tendríamos la «memoria autobiográfica» o «episódica», que almacenaría los recuerdos de nuestras vidas, esto es, hechos específicos vinculados a un lugar y un tiempo determinados en los cuales estuvimos implicados. Por otro lado, encontraríamos la «memoria semántica», que contendría nuestros conocimientos sobre el mundo: datos y conceptos desligados del contexto en que fueron adquiridos. Todos sabemos qué es un perro, pero casi nadie puede recordar cuándo ni dónde lo aprendió. En cambio, podemos recordar aquella vez en que un perro nos mordió o se abalanzó sobre nosotros. La memoria semántica contiene hechos —como que la capital de Francia se llama París—, pero también es la sede de los conceptos, los cuales suelen formarse a partir de múltiples experiencias, no de un solo episodio.

Es evidente que la memoria episódica y la memoria semántica están íntimamente relacionadas. Toda información episódica cobra sentido a la luz de nuestros conocimientos; a su vez, los conocimientos proceden de nuestras experiencias, de modo que empiezan siendo parte de la memoria episódica. Pero los recuerdos tienen la particularidad de incluir información contextual, sobre cuándo y dónde ocurrieron. Y el hipocampo, precisamente, es el responsable de vincular los hechos de una experiencia con la información de su contexto espaciotemporal. Ese es uno de los motivos por los que se sugiere que la memoria episódica depende del hipocampo, pero la semántica no. En otras palabras, los conocimientos, a pesar de beneficiarse inicialmente del hipocampo para su adquisición, se irían consolidando en la corteza cerebral —los patrones neuronales que los conforman se irían conectando directamente entre ellos— y, en última instancia, dejarían de depender de este. Los recuerdos, en cambio, dependerían siempre del hipocampo. Si este queda destruido por completo, las personas pierden todos sus recuerdos y no pueden generar nuevos.

En verdad, la memoria semántica puede llegar a formarse en ausencia de un hipocampo funcional. Esto es algo que sabemos a partir de los casos de tres niños que padecieron graves lesiones en esa región cerebral a causa de una isquemia (la interrupción temporal del flujo sanguíneo) a temprana edad: durante el nacimiento, a los cuatro y a los nueve años, respectivamente. Los exámenes neuropsicológicos realizados cuando alcanzaron la adolescencia reportaron una amnesia tan profunda que podría decirse que no tenían memoria episódica. Como Wearing o Molaison, apenas recordaban nada de su pasado ni podían crear nuevos recuerdos. Sin embargo, estos niños desarrollaron unas habilidades lingüísticas y sociales normales. Acudieron a escuelas convencionales y aprendieron hechos sobre el mundo, como cualquier otro niño. En realidad, sus puntuaciones en los test de vocabulario, información y comprensión verbal de la escala de inteligencia de Weschler para niños (la más empleada para evaluar las habilidades cognitivas) estaban dentro de lo normal. El hipocampo parece ser indispensable para crear y evocar los recuerdos de nuestras vidas, pero los conocimientos que nos permiten comprender el mundo que nos rodea, navegar por él y comunicarnos podrían ser independientes de este, al menos en parte. El hipocampo haría posible una adquisición inmediata, en una sola exposición, pero la repetición de la experiencia consolidaría poco a poco los conocimientos en la corteza cerebral, con hipocampo o sin él.

Aprendiendo a hacer

Todas estas conjeturas sobre cómo se forman nuestros recuerdos y conocimientos tienen relación con otro hecho fascinante por el que hemos pasado de puntillas al tratar sobre el caso de Clive Wearing. Este, al sentarse frente al piano, parece regresar de repente a su vida anterior a la encefalitis y puede interpretar las más bellas melodías e incluso dirigir el coro que las acompaña. Aunque la falta de práctica haya oxidado un poco sus dedos, Clive los desliza por el teclado como si nunca hubiera sufrido ningún percance. A pesar de haber perdido casi todos sus recuerdos del pasado, el músico no ha olvidado cómo tocar el piano o dirigir una coral. De hecho, tampoco ha olvidado cómo leer y escribir, cómo atarse los zapatos y cómo preparar el té, entre muchas otras habilidades. ¿Cómo es posible que conserve la capacidad de hacer todas estas cosas que aprendió en el pasado y que, por lo tanto, dependen de su memoria?

La explicación más evidente es que este tipo de aprendizajes procedimentales se conservan en regiones del cerebro distintas del hipocampo. Igual que la memoria semántica, puede que los patrones neuronales que representan las habilidades que adquirimos, motoras o cognitivas, se encuentren en otras regiones de la corteza cerebral, o incluso en otras estructuras del encéfalo, como el cerebelo o los núcleos basales (véase figura 2). De hecho, sabemos que el hipocampo no es necesario para adquirir este tipo de aprendizajes. En primer lugar, los tres niños cuyo hipocampo sufrió daños a temprana edad no solo fueron capaces de adquirir un vocabulario normal y múltiples conocimientos sobre el mundo, sino que también aprendieron habilidades como leer y escribir. En segundo lugar, tanto Clive Wearing como Henry Molaison no solo conservaban sus habilidades tras la pérdida del hipocampo, sino que también demostraron que podían aprender otras nuevas.

Clive lleva muchos años viviendo en un centro hospitalario en Inglaterra. «Si le preguntas dónde está la cocina, es incapaz de decírtelo, no lo sabe. Pero si le pides un té, Clive va a la cocina y sabe exactamente en qué armarios encontrar los utensilios que necesita para prepararlo», explica su esposa. Aunque en todos estos años, tras el fatídico incidente de 1985, Clive no ha adquirido ningún recuerdo de sus vivencias, sería incorrecto decir que no ha aprendido nada nuevo: su cerebro sigue siendo capaz de aprender procedimientos.

Por su parte, Henry Molaison presentaba esta misma facultad. Durante días, Henry practicó una tarea que consiste en reseguir la silueta de una figura geométrica con un lápiz, observándose la mano y el papel a través de un espejo (véase figura 3). Al principio la tarea es un poco desconcertante y no resulta fácil. Pero con la práctica uno puede mejorar, y Henry mejoró como cualquier persona de su edad. Eso sí, cada vez que iniciaba una nueva sesión de práctica no recordaba haber hecho nunca antes nada parecido. De hecho, Brenda Milner, una de las investigadoras que estudió su caso durante décadas, siempre debía presentarse y explicarle qué hacía allí, aunque solo hubiesen pasado un par de minutos desde su último encuentro.

Figura 3: Tarea de dibujo en espejo.

Esta disociación entre la facultad que permite codificar, almacenar y recuperar información de nuestro entorno y la que permite aprender procedimientos nos invita a establecer otra categoría en la clasificación de los tipos de memoria a largo plazo: la «memoria procedimental». En efecto, hasta ahora hemos centrado la atención en la memoria que nos faculta para atesorar los recuerdos de nuestra vida y los conocimientos del mundo que nos rodea. Pero el cerebro también tiene la habilidad de modificarse para aprender nuevas destrezas, para facilitar e incluso automatizar todo tipo de acciones y procedimientos que realizamos con el cuerpo y la mente. Si la información sensorial y semántica que constituye nuestros recuerdos y conocimientos subyace en los patrones neurales que acompañan a la experiencia perceptiva, nuestras acciones también se registran como patrones de activación sincrónicos de conjuntos específicos de neuronas presentes en el cerebro. Toda acción, desde caminar hasta atarse los cordones de los zapatos, está representada por una combinación de neuronas que actúa en perfecta sintonía para hacerla posible. Al practicar, esos patrones se consolidan, lo que hace más fácil la acción, hasta el punto de automatizarse. Por lo tanto, la memoria procedimental es otro tipo de memoria a largo plazo. Como vimos unas líneas más arriba, la memoria a largo plazo subyace en la potencialidad de reactivar patrones neurales, gracias a que sus neuronas han quedado conectadas de manera más íntima por haberse activado conjuntamente como consecuencia de la experiencia.

Ahora bien, la memoria procedimental no depende del hipocampo, ni para conservarse ni para formarse. Los cambios en el cerebro que la hacen posible no consisten en información sensorial o semántica, y tampoco se producen de manera instantánea. No en vano, aprender cualquier habilidad requiere practicar varias veces y darse el tiempo suficiente con el fin de que se formen las conexiones neuronales que la representan en el cerebro. Este tipo de memoria no se manifiesta como información que acude a nuestra memoria de trabajo, donde podamos visualizarla u oírla, o incluso explicarla con palabras, sino que solo se manifiesta como un cambio en nuestra manera de actuar, de comportarnos.

Estas diferencias han llevado a psicólogos y neurocientíficos a distinguir entre dos tipos de memoria a largo plazo: la memoria que nos permite guardar la información que captamos conscientemente a través de los sentidos, referente a las características de nuestro entorno y a los eventos de nuestra vida, y la memoria que modifica nuestra manera de responder ante los estímulos. La primera se conoce como «memoria declarativa» o «memoria explícita», e incluye las memorias episódica y semántica. La segunda se conoce como «memoria implícita». La memoria procedimental es, por lo tanto, un tipo de memoria implícita, pero no es el único. Existen varias formas de memoria implícita, que dependen de distintas regiones del cerebro. La memoria es mucho más compleja de lo que parece.

Aprendizajes implícitos

Son de sobra conocidos los experimentos que el fisiólogo ruso Iván Pávlov realizó con perros a principios del siglo XX. Pávlov mostró que un estímulo que *a priori* no tiene ningún significado para un individuo (como el sonido de una campanilla), puede desencadenar la misma reacción que otro estímulo que sí la tiene de manera innata (como un plato de comida) cuando ambos estímulos se presentan de forma simultánea en varias ocasiones. Por ejemplo, si hacemos sonar una campanilla —aunque

Pávlov usó un metrónomo— justo antes de dar de comer a un perro y repetimos este procedimiento varias veces, el perro acabará anticipando el plato de comida al oír la campanilla y empezará a salivar, aunque aún no haya visto el alimento. Este aprendizaje de tipo asociativo se conoce como «condicionamiento clásico» y es una de las manifestaciones más primitivas de la memoria implícita —y de la memoria en general—; no en vano, todos los animales vertebrados y muchos invertebrados presentan esta facultad.

En humanos, el condicionamiento clásico se estudia mediante un diseño experimental muy sencillo. Si se proyecta un pequeño soplo de aire sobre el ojo de una persona, sus párpados se cerrarán automáticamente. Esta es una respuesta innata, como la de salivar ante un plato de comida. Pero si justo antes del soplo se hace sonar una campanilla y el procedimiento se repite varias veces, el ojo terminará cerrándose tan pronto como se produzca el sonido, sin necesidad de que se lance el soplo. Si el intervalo de tiempo entre el sonido y el soplo es el mismo en todas las sesiones de condicionamiento, el párpado reaccionará de manera extraordinariamente precisa, alcanzando su máximo cierre justo cuando haya de producirse el soplo. Desde luego, este diseño experimental es más adecuado para trabajar con humanos que el que usó Pávlov con sus perros, a los que insertó unos tubos quirúrgicamente para recoger su saliva. Sin embargo, los primeros investigadores que estudiaron la reacción natural de cerrar los párpados como modelo de respuesta innata en humanos no usaron un soplo de aire como estímulo.

Optaron por utilizar otro estímulo que también provoca que las personas cierren los ojos de manera automática: las bofetadas. En efecto, en los años veinte, psicólogos como el célebre Clark Hull convencieron a algunos de sus estudiantes para dejarse abofetear varias veces, justo antes de que sonara una campanilla. Como resultado de ello, los estudiantes no solo se quedaron con las mejillas rojas y doloridas, sino que también adquirieron la respuesta automática de cerrar los ojos tan pronto como oían la campanilla, aunque ya no recibiesen más bofetadas.

Pávlov descubrió el condicionamiento clásico por casualidad. En realidad, en su laboratorio de fisiología se estudiaba la segregación de jugos digestivos durante la ingesta de alimento. El problema era que sus sujetos empezaban a salivar antes de que empezara el experimento, tan pronto como oían los pasos del estudiante que normalmente les daba de comer. Pero en vez de tomarlo como un inconveniente, el genio de Pávlov vislumbró en este hecho un hallazgo de gran valor científico.

Aunque el ruso se llevó todo el mérito de descubrir el condicionamiento clásico —también conocido como «condicionamiento pavloviano» en su honor—, lo cierto es que el psicólogo estadounidense Edwin Twitmyer había publicado un año antes el primer trabajo que describía este tipo de aprendizaje. Y no en perros, sino en humanos. A finales del siglo XIX, Twitmyer estaba investigando el reflejo del tendón rotuliano: la reacción de dar una patada que no podemos evitar cuando alguien —normalmente un médico— nos da un golpecito por debajo de la rodilla. Antes de aplicar el golpecito a sus voluntarios,

Twitmyer les avisaba haciendo sonar una campanilla. Tras varias repeticiones, Twitmyer observó por casualidad que un voluntario dio la patada con solo oír la campanilla, sin recibir el golpe. Esto le sorprendió y decidió estudiar el fenómeno, replicándolo con seis voluntarios. Tras más de ciento cincuenta golpecitos bajo la rótula precedidos del ding de una campanilla, los sujetos reaccionaban al sonido dando la patada de manera involuntaria. De hecho, no podían evitarlo, aunque lo intentaran. Por desgracia, los colegas estadounidenses de Twitmyer no prestaron mucha atención a su hallazgo y fue Pávlov quien se ganó la fama. Resulta curioso, no obstante, que ambos descubrieran el fenómeno por casualidad, mientras estudiaban otra cosa. Estos hallazgos fortuitos se conocen como «serendipias».

La reacción involuntaria e incontrolable de los sujetos entrenados por Twitmyer sugiere que el condicionamiento ocurre al margen de la consciencia, al menos en parte. De hecho, sabemos que el condicionamiento es ajeno a la memoria explícita gracias a pacientes como Henry Molaison, quien era incapaz de recordar ninguna de sus experiencias. En varios de los incontables estudios en que participó desde que la operación para aliviar su epilepsia lo dejase amnésico, Henry demostró conservar la facultad de asociar estímulos mediante el procedimiento del soplo de aire en el ojo. De hecho, adquiría el reflejo condicionado con la misma facilidad que otros sujetos sanos. Eso sí, como le sucedía con la tarea de dibujar a través del espejo, nunca recordaba haber participado en tales experimentos.

El hecho de que el condicionamiento actúa al margen de la recolección consciente también puede observarse en cualquier persona, pues es posible adquirir una respuesta condicionada mientras se duerme. En esto se basan los dispositivos que sirven para ayudar a los niños que ya no tienen edad para orinarse en la cama y, sin embargo, aún lo hacen. Estos dispositivos se colocan en el pañal o la ropa interior y hacen ruido cuando se humedecen, despertando al niño en el momento en que ha empezado a evacuar. Al cabo de varias noches, el niño asocia inconscientemente el hecho de tener la vejiga llena con el ruido que lo despertará, y así se despierta a tiempo para ir al baño. Esta es otra prueba de que el condicionamiento es un sistema de memoria implícito, esto es, que no depende de la experiencia consciente, aunque en condiciones normales también pueda beneficiarse de ella. Por desgracia, la memoria explícita —la que nos permite adquirir conocimientos— no funciona así, por lo que es inútil ponerse unos auriculares para que, mientras dormimos, suene la lección que tenemos que aprendernos. Es mejor estudiar despierto y desconfiar de los remedios milagrosos con los que supuestamente aprenderemos cualquier cosa durante el descanso. De hecho, un buen sueño es fundamental para consolidar la memoria explícita, como veremos más adelante en este libro.

Condicionamiento inmediato

La asociación de un estímulo inicialmente neutro a una respuesta concreta también puede ocurrir en un único episodio, sin la necesidad de repetir varias veces la experiencia. Esto suele pasar en situaciones que generan una reacción emocional intensa, en especial asociada al miedo. En realidad, se trata de un tipo de condicionamiento particular que depende de una estructura del cerebro bien conocida: la amígdala.

La amígdala (no confundir con las amígdalas de la cavidad bucal) es una pequeña estructura con forma de almendra (*amygdále* significa «almendra» en griego) que se encuentra en los lóbulos temporales del cerebro, al lado del hipocampo. Esta región recibe la información sensorial incluso antes de que alcance la consciencia y la analiza en búsqueda de estímulos que puedan representar una amenaza para nuestra integridad física. Si los encuentra, la amígdala puede preparar el organismo para una eventual respuesta de huida o lucha. Por ejemplo, si el nuevo perro del vecino nos muerde, la amígdala lo recordará y provocará una reacción de miedo o alerta la próxima vez que lo veamos, o incluso antes de que seamos conscientes de haberlo visto. De hecho, el aprendizaje por condicionamiento emocional permite a nuestro cerebro activar respuestas fisiológicas y motoras unas décimas de segundo antes de que percibamos conscientemente el estímulo que las ha ocasionado. Este es un mecanismo de autoconservación crucial cuando se trata de situaciones que amenazan nuestra integridad física y requieren de una respuesta rápida. Por desgracia, también tiene sus inconvenientes, como bien saben quienes, tras sufrir un accidente al volante, sienten pánico al subirse a un automóvil. En realidad, las fobias que conllevan miedo y ansiedad intensa ante un estímulo concreto suelen ser producto del condicionamiento emocional. El hecho de que muchas veces la persona no sepa por qué un estímulo determinado —por ejemplo, los perros— le produce esa reacción coincide con la circunstancia de que el condicionamiento es independiente de los sistemas de memoria explícita que manejan nuestros recuerdos y que no están plenamente desarrollados hasta los tres o cuatro años de edad. Sobre la amnesia infantil, es decir, la circunstancia de que apenas recordemos nada de nuestros primeros años de vida, hablaremos en el último capítulo.

Que el condicionamiento emocional actúe al margen de la recolección consciente es algo que el neurólogo suizo Édouard Claparède ya apreció en 1911, cuando tuvo una ocurrencia que hoy no recibiría el visto bueno de ningún comité ético de investigación. Claparède trabajaba con una paciente que padecía amnesia anterógrada, aunque no tan severa como la de Henry Molaison o Clive Wearing. Al igual que estos, la paciente era incapaz de generar recuerdos nuevos. Por eso, Claparède debía presentarse cada vez que la visitaba, algo que siempre hacía estrechándole la mano. En una ocasión, el neurólogo escondió un alfiler en su mano y, al saludarla, la lastimó. Al día siguiente, Claparède volvió a visitarla y, a pesar de que ella no lo reconocía, cuando el médico le ofreció su mano, la paciente, por primera vez, vaciló. Al preguntarle por su recelo, la paciente no supo explicar exactamente por qué le daba apuro estrecharle la mano, pero presentía que le haría daño. Por supuesto, alguien que no tuviese su condición no solo sentiría esa señal de alerta enviada por su amígdala, sino que también recordaría muy bien el daño que el médico le causó la última vez. En definitiva, los mecanismos que hacen posible el condicionamiento emocional son independientes de la recolección consciente, aunque en las personas sanas operen de manera paralela a la memoria explícita.

Anticipando respuestas

El condicionamiento clásico y el condicionamiento emocional permiten predecir acontecimientos que tienen importancia para la supervivencia y el bienestar del organismo, y así anticipar una respuesta adecuada. Esta respuesta no siempre es aparente, ya que puede consistir en un cambio fisiológico interno. Por ejemplo, la ingesta de cafeína no solo hace que nos sintamos más despiertos, sino que también provoca un aumento de la presión arterial, entre otras cosas. Ante esto, el organismo responde activando mecanismos compensatorios para recuperar un nivel normal de presión lo antes posible. Si una persona se acostumbra a tomar café siguiendo un ritual determinado, los estímulos previos a la ingesta —como el sonido de la cucharilla golpeando la taza, el olor del café, el entorno físico, etcétera— pueden actuar como preludios de la llegada de la cafeína al organismo y activar la respuesta compensatoria con anticipación.

La respuesta compensatoria anticipada contribuye a generar tolerancia a la cafeína, pues el cuerpo puede prepararse con antelación para contrarrestar sus efectos y reducirlos. Esto puede llevar a los consumidores a incrementar la dosis para alcanzar el efecto deseado. Algunos casos de sobredosis con drogas más agresivas se deben a este hecho. Si el consumidor habitual siempre ha consumido la droga en el mismo entorno o siguiendo el mismo procedimiento, un cambio en su *modus operandi* puede evitar que se active la respuesta anticipada, de manera que la dosis que toleraba cuando seguía su rutina ahora resulta letal porque el organismo no ha podido prepararse con antelación.

Esta contribución del aprendizaje por condicionamiento a la tolerancia farmacológica ya fue descrita en un estudio publicado en 1937. Sus autores inyectaron adrenalina a varios perros y observaron el habitual incremento de la frecuencia cardiaca que esta sustancia provoca. Tras varios días repitiendo el mismo procedimiento, los investigadores procedieron a administrarles una sustancia inocua, pero siguiendo el mismo ritual que con la adrenalina. El resultado fue el opuesto: la frecuencia cardiaca de los perros disminuyó, probablemente porque su organismo activó anticipadamente la respuesta para compensar los efectos de la adrenalina, la cual nunca llegó. El cerebro de los perros había aprendido a asociar la sala, el experimentador y la inyección con los efectos provocados por la adrenalina, y por eso su organismo activaba la respuesta compensatoria tan pronto como detectaba tales estímulos.

Nos hemos referido al condicionamiento como una forma de aprendizaje muy primitiva, en el sentido de que aparece pronto en la historia evolutiva de los seres vivos, y por eso está presente incluso en los animales más simples, cuyo sistema nervioso es realmente sencillo. En realidad, el aprendizaje asociativo constituye una ventaja adaptativa tan importante que incluso algunos microorganismos unicelulares lo han adquirido. Desconocemos aún los mecanismos que hacen posible que un ser formado por una sola célula presente un comportamiento que refleja este tipo de aprendizaje, pero el hecho es que se han observado diversas especies de ameba que pueden asociar un estímulo del que huyen de manera natural —un campo eléctrico de cierta intensidad— con un estímulo que resulta *a priori* neutral —una sustancia inocua en el ambiente—. Tras exponer las amebas a una sustancia inofensiva y, a continuación, someterlas a un campo eléctrico, las amebas aprenden a huir de la sustancia tan pronto como la detectan en el ambiente.

Los diversos sistemas de memoria que poseen los seres vivos son producto de su evolución. Este hecho se aprecia de manera especial en otro tipo de condicionamiento del que aún no hemos hablado: la aversión gustativa. Supongamos que acudimos a un restaurante y decidimos probar la última invención del chef, cuyo sabor nos resulta novedoso. Si al cabo de unas horas nos duele la barriga y sufrimos náuseas y vómitos, nuestra primera reacción será señalar dicho plato, aun cuando nos pareciese exquisito. Es más, si unos días más tarde nos lo vuelven a ofrecer, sentiremos disgusto y lo rechazaremos. Y todo ello a pesar de que no podamos garantizar que nuestro malestar fuera causado por ese alimento en primera instancia. Podría deberse al agua que bebimos, o al postre que siempre tomamos, porque estaba en mal estado, o a cualquier otra cosa que sucediese antes de sentirnos indispuestos. El hecho es que, si más tarde descubrimos que la causa fue otra, nuestro cerebro habrá vetado el plato novedoso y ya no nos resultará apetecible por mucho que sepamos que este no causó la indigestión. Habremos desarrollado así una aversión gustativa.

Lo más curioso de este tipo de condicionamiento es que asocia específicamente experiencias gustativas —y olfativas— con trastornos digestivos. Si el trastorno no implica al sistema digestivo —por ejemplo, un dolor de cabeza—, esta clase de asociación automática entre el nuevo alimento y el malestar no se produce. Además, a diferencia de otros tipos de condicionamiento, el intervalo de tiempo entre los sucesos no necesita ser inmediato, sino que la asociación entre el alimento y el malestar puede darse aunque estén separados por un intervalo de minutos u horas. Quizá por ello un nuevo sabor tenga preferencia a la hora de atribuírsele el malestar digestivo, por encima de un sabor familiar. Si la relación entre estímulos no puede establecerse por su coincidencia temporal, tiene sentido que el cerebro emplee otras cualidades del alimento para asociarlo al malestar. Cabe decir que el intestino, como la lengua, también contiene receptores del sabor que pueden contribuir a determinar qué sustancias podrían estar implicadas en un trastorno digestivo. Por supuesto, no somos conscientes de los sabores que captan estos receptores intestinales, pero las regiones del cerebro responsables de este tipo de memoria asociativa podrían beneficiarse de esta información.

La aversión gustativa, por lo tanto, es un sistema de memoria específico que nos permite relacionar alimentos concretos con posibles intoxicaciones y así evitarlos en el futuro. Su ventaja adaptativa es evidente. Y constituye un buen ejemplo de que nuestro cerebro cuenta con múltiples formas de memoria, moldeadas por la evolución. Por eso, cuando hablamos de memoria implícita, en realidad hacemos referencia a un cajón de sastre de sistemas de memoria que son independientes de la recolección consciente y que no conducen a la generación y conservación de representaciones sensoriales de nuestras experiencias, que podamos recuperar como recuerdos o conocimientos, sino que desembocan en otros tipos de aprendizajes.

Experiencias repetidas

El condicionamiento es un tipo de aprendizaje muy primitivo. Sin embargo, existen otros que se consideran aún más primigenios, cuyos mecanismos también agrupamos bajo el paraguas de los sistemas de memoria implícita.

Si un perro que nunca subió a un ascensor lo hace por primera vez, es probable que el pobre se sobresalte al ponerse en marcha —sobre todo si el arranque no es muy sutil—. Su reacción se repetirá en algunas ocasiones más, pero después de unos cuantos viajes arriba y abajo, pronto dejará de asustarse. Se habrá habituado a un estímulo para el que no valía la pena alarmarse. La habituación es precisamente ese tipo de aprendizaje en que la respuesta que damos a un estímulo novedoso se va apagando a medida que este se repite. Se considera el tipo de aprendizaje más simple y puede observarse en todos los organismos que manifiestan algún tipo de conducta.

En principio, la habituación resulta ventajosa para un ser vivo. Gracias a ella, el organismo evita malgastar energía reaccionando a un estímulo al que no vale la pena responder. Si el estímulo aparece múltiples veces y no se revela como un riesgo o una oportunidad, no tiene sentido hacerle caso. Los bebés humanos muestran habituación cuando pierden interés por un juguete nuevo. Es el mismo fenómeno que experimentamos si pasamos varias noches en un lugar extraño. Al principio, todos los ruidos nuevos pueden llamarnos la atención, pero a medida que pasa el tiempo aprendemos a ignorarlos.

Algunos estudios han investigado el fenómeno de habituación en la reacción fisiológica que provocan ciertos estímulos emocionales, como observar imágenes eróticas. Entre otras cosas, esta reacción incluye un incremento en la sudoración, que puede estimarse mediante electrodos colocados sobre la piel para medir la conductividad eléctrica. El más leve indicio de sudoración, aunque solo sean unas microgotas, ocasiona cambios en la conductividad cutánea. De esta manera, es posible determinar el grado de excitación que provoca un estímulo emocional en una persona y comprobar si se produce una habituación. La mayoría de los estudios que analizan la respuesta ante imágenes sexuales explícitas se han llevado a cabo con estudiantes universitarios de sexo masculino, dado que, de media, las mujeres no suelen mostrar una reacción tan acusada. En general, los participantes muestran una disminución en la intensidad de la respuesta emocional cuando la misma imagen se les presenta en repetidas ocasiones, mientras que las imágenes nuevas vuelven a provocar la mayor reacción. Esta habituación ocurre tanto a corto plazo —durante una sesión del experimento—, como a largo plazo —entre sesiones en días distintos—. Por eso, algunos psicólogos sugieren que la habituación podría contribuir a la pérdida de interés sexual en las parejas estables, y para remediarlo recomiendan introducir estímulos novedosos en sus relaciones, como cambiar de entorno, disfrazarse, etcétera.

Los estímulos nuevos no solo esquivan la habituación, sino que pueden provocar otro tipo de aprendizaje que podría ser considerado lo opuesto a ella. Cuando un estímulo novedoso que resulta alarmante por naturaleza —un gran estruendo, un pinchazo, una descarga eléctrica, etcétera— precede a cualquier otro estímulo neutral, el organismo aprende a responder de manera acentuada a este último. Este fenómeno se conoce como «sensibilización» y, junto con la habituación, constituye el testimonio de una de las formas de memoria más sencillas que conocemos.

La presencia repetida de un estímulo en el entorno no solo puede conllevar habituación. Cuando acumulamos mucha experiencia con el mismo tipo de estímulos sensoriales se produce otro tipo de aprendizaje. Por ejemplo, si una persona se anima a buscar níscalos por primera vez en compañía de un experto cazador de setas, apreciará los efectos de este tipo de memoria perceptual. Los níscalos son unas setas de color terroso que suelen crecer entre la pinaza en otoño, por lo que con frecuencia cuesta localizarlos a simple vista. Aun si el novato avanza por el bosque delante del experto, es probable que encuentre muchos menos níscalos que su compañero. «¡Pero si aquí hay un buen montón!», le dirá en varias ocasiones el curtido cazador al principiante, después de que este último haya pasado por delante de ellos sin ver ni el más mínimo resquicio. El experto puede detectar los níscalos sin problema, mientras que al novato le resultan casi imperceptibles.

La diferencia entre uno y otro no es ni más ni menos que la experiencia repetida de quien ha ido infinidad de veces a buscar setas, la cual le ha llevado a desarrollar la capacidad de distinguirlas mejor del resto de su entorno. En efecto, el aprendizaje perceptual sería otro tipo de memoria implícita que se caracteriza por agudizar nuestros sentidos en un contexto determinado, como consecuencia de encontrar los mismos estímulos en múltiples ocasiones. Cabe aclarar que no es que nuestros sentidos mejoren en general, sino que conseguimos diferenciar mejor entre los diversos estímulos del mismo tipo —visuales, auditivos, olfativos, gustativos, etcétera— que suelen aparecer en un contexto específico. El aprendizaje perceptual es el que desarrollan deliberadamente los catadores de vino y los perfumistas, quienes después de mucha práctica consiguen distinguir entre miles de matices en los vinos o perfumes que analizan, respectivamente. El hecho de que nos resulte más fácil distinguir entre las caras de las personas que entre las caras de las ovejas, por ejemplo, tam-

bién sería consecuencia de esta facultad, al menos en parte. Los pastores, por supuesto, desarrollan la habilidad de
diferenciar bien los animales de su rebaño.

Memoria latente

Aunque esta disertación sobre la complejidad de la memoria y los tipos de aprendizaje a los que se asocia podría
extenderse mucho más, nos limitaremos a exponer un
último fenómeno incluido en el cajón de sastre de la memoria implícita, que resulta tan interesante como curioso.
Si acabamos de leer los párrafos anteriores y nos piden
que completemos la palabra «o__ja» con lo primero que
nos pase por la cabeza, es mucho más probable que sugi-
ramos la palabra «oveja» que la otra posible opción, «ore-
ja». El motivo es que hace unos instantes leímos la palabra
«ovejas» y esta sigue latente en nuestra memoria a largo
plazo, de modo que resulta más fácil evocarla de manera
espontánea. Este efecto se conoce como imprimación (o
priming, en inglés) y hace que, por ejemplo, leamos con
más fluidez palabras que hemos pronunciado poco antes,
que otras que llevamos más tiempo sin pronunciar.
    La imprimación parece ser consecuencia de la activa-
ción de los patrones neurales en la corteza cerebral, que
representan la información percibida. Tras su activación,
estos quedarían sensibilizados por un tiempo, como un
eco reverberante atrapado entre las montañas, o como las
brasas candentes que testimonian un fuego reciente. Sea
como fuere, el hecho es que este fenómeno no depende

de la recolección consciente, como nos han demostrado Henry Molaison y otros pacientes amnésicos. En efecto, aunque Henry no recordase nada de lo ocurrido unos instantes atrás, en una prueba de completar palabras o de leerlas en voz alta lo más rápido posible, manifestaba los efectos de la imprimación igual que cualquier otra persona.

El hecho de que la imprimación se produzca con independencia de la recolección consciente, también puede apreciarse en una situación muy curiosa: la imprimación puede ocurrir incluso estando inconscientes. En un experimento con diez personas que iban a someterse a una intervención quirúrgica con anestesia general, los investigadores reprodujeron la historia de Robinson Crusoe mientras los voluntarios yacían anestesiados. Al volver en sí estos, los investigadores les preguntaron si recordaban algo de lo sucedido durante la operación, a lo que todos respondieron que no. A continuación, les preguntaron con qué relacionarían la palabra «viernes» y la mitad de ellos respondió que con la historia de Robinson Crusoe. Por si quedaban dudas, hicieron la misma pregunta a otras quince personas que no escucharon la historia de Crusoe durante la operación, y ninguna mencionó la novela. Este hecho resulta fascinante, pero no debería llevarnos a pensar que es posible aprender cosas nuevas mientras dormimos, como ya comenté previamente.

Llegados a este punto, hemos podido apreciar la complejidad que se esconde tras el término «memoria» y comprender que cualquier tipo de aprendizaje es consecuencia de este intrincado conjunto de facultades que derivan de la plasticidad de nuestro cerebro. Todas nuestras experiencias y acciones modifican nuestro cerebro, y estos cambios son los que nos permiten responder de una manera más adaptativa en la próxima ocasión. En definitiva, la memoria o, lo que es lo mismo, la habilidad para aprender, es quizá el don más extraordinario que ha surgido de la evolución biológica. Gracias a ella, la información y el repertorio de comportamientos con los que cuenta un ser vivo para lidiar con su entorno no se limitan a los heredados en su material genético. De algún modo, la memoria nos hace más libres porque permite que nuestras experiencias moldeen nuestra identidad. Aprender hace posible cambiar quienes somos.

Ahora que ya hemos arrojado luz sobre qué es realmente la memoria, en los próximos capítulos descubriremos cómo se desarrolla y organiza, qué factores la modulan y por qué nos falla en tantas ocasiones.

2

Los confines de la memoria

Campeones de la memoria

Cuando era jovencito, a Rajan Srinivasan Mahadevan le gustaba alardear de buena memoria. Con solo cinco años sorprendió a sus familiares recitando las matrículas de la veintena de vehículos con los que habían acudido a la fiesta de cumpleaños de su hermana pequeña. Según su padre, a Rajan le encantaba dejar atónitos a sus compañeros de clase reproduciendo al dedillo los horarios de todos los trenes de Mangalore. En 1977, cuando cumplió los veinte, Rajan se puso en contacto con la oficina de los récords Guinness de Londres, interesado por saber a qué plusmarca podría aspirar valiéndose de su habilidad. Le sugirieron invertir sus esfuerzos en memorizar tantos dígitos como pudiera del número pi (π).

El número pi es una constante universal que surge de dividir la longitud de una circunferencia entre su diámetro. Se trata de un número con infinitas cifras decimales que se suceden sin un orden aparente, como si hubiesen sido lanzadas al azar. La mayoría podemos recordar sin problemas los primeros dígitos de pi (3,141592...), pero Rajan se ganó un puesto en el libro de los récords Guinness de 1984 por recitar de memoria los 31.811 primeros dígitos, sin cometer ni un solo error, en solo ciento cincuenta minutos (aparte de los sesenta y cinco minutos dedicados, en total, a descansos).

Cualquiera pensaría que Rajan nació con una memoria prodigiosa. Sin embargo, y aunque resulte sorprendente, la habilidad de Rajan no se debe tanto a un don innato como a su gran afición por memorizar números. En efecto, su extraordinaria destreza es fruto de la práctica y del uso de estrategias de memorización eficaces. Lo mismo podemos decir de los cientos de personas que participan en los campeonatos mundiales de memoria, quienes realizan gestas extraordinarias memorizando *in situ* series de números, palabras, naipes, fechas, textos, nombres, rostros e imágenes. En 2019, la norcoreana Ryu Song consiguió memorizar una secuencia de 4.620 dígitos al azar en solo una hora, mientras que su compatriota Kim Surim registró otro récord memorizando 2.530 naipes aleatorios en el mismo tiempo. Desde 2015, la inglesa Katie Kermode posee el récord de rostros y nombres memorizados en cinco minutos, y la austriaca Astrid Plessl es la campeona del mundo memorizando textos en quince minutos. En lo que se refiere a listas de palabras al azar, el indio Prateek Yadav no tiene rival (de momento).

Aunque pueda parecer lo contrario, los campeones de la memoria no nacieron con un cerebro privilegiado. En un estudio de 2017 en que se escanearon los cerebros de veintitrés de los atletas de la memoria más destacados del mundo y de cincuenta y un sujetos sin grandes dotes memorísticos, los investigadores concluyeron que lo que hacía especiales a los primeros eran ciertos patrones de conectividad, fruto de su entrenamiento. En realidad, estos investigadores entrenaron a algunos de sus voluntarios *amateurs* durante seis semanas, y no solo consiguieron multiplicar su capacidad para recordar series de determinados ítems —como números o letras—, sino que también provocaron en sus cerebros el tipo de cambios que caracterizan a los campeones de la memoria. El entrenamiento consistió en enseñarles una estrategia de mnemotecnia y emplazarlos a practicarla cada día durante treinta minutos. Todos los atletas de la memoria coinciden en que la práctica es su secreto. Tener una gran memoria es, sobre todo, cuestión de empeño.

Pocos años después de la proeza de Rajan Mahadevan con los dígitos de pi, el japonés Hideaki Tomoyori consiguió superar su récord alcanzando los 40.000 dígitos. De nuevo, como Tomoyori expresaría más tarde, este hito fue resultado de «un 1 por ciento de habilidad y un 99 por ciento de esfuerzo». Ahora bien, lo más curioso de los entrenamientos de memoristas como Mahadevan y Tomoyori es que consiguen hacerse inigualables recordando dígitos, pero su memoria para las listas de palabras o los textos, por ejemplo, sigue siendo exactamente igual que la de cualquier otra persona. Del mismo modo, algo que llama la atención al consultar la lista de ganadores de las diversas pruebas en los campeonatos de la memoria es que nunca hay un vencedor absoluto en todas las categorías. Esto resulta un poco desconcertante, pues las pruebas solo se diferencian por el tipo de objetos que deben memorizar: números, palabras, naipes... ¿Cómo es posible que la persona capaz de memorizar más dígitos no sea también la mejor memorizando naipes o palabras? Esta curiosa circunstancia pone de manifiesto que la memoria no funciona como un músculo que se pueda ejercitar para hacerse más fuerte en general, esto es, para resultar más eficaz ante cualquier reto de aprendizaje.

En el capítulo anterior vimos que no contamos con un solo tipo de memoria, sino con diversos sistemas de memoria que dependen de distintos sustratos cerebrales. De modo que no deberíamos esperar que la posibilidad de mejorar una de esas memorias por medio del entrenamiento conllevase mejoras en los otros tipos de memoria. Sin embargo, lo que nos muestran los campeones de la memoria es aún más sorprendente. Nuestra memoria para recordar hechos tampoco mejora en general por mucho que consigamos hacerla prodigiosa recordando un tipo de hechos concretos.

En 1980, Anders Ericsson y William Chase entrenaron a un estudiante universitario con el objetivo de mejorar su amplitud de memoria para dígitos, esto es, la lista más larga de dígitos al azar que una persona puede repetir en el orden correcto, inmediatamente después de verlos o escucharlos. Como la mayoría de las personas, el estudiante solo era capaz de memorizar unos siete u ocho dígitos en orden, pero, después de un entrenamiento de más de doscientas treinta horas a lo largo de veinte meses, su marca alcanzó los setenta y nueve dígitos. ¿Había mejorado su memoria en general? No. Si en vez de números se le proporcionaban series de letras, el muchacho solo podía recordar unos seis ítems.

¿Cómo es esto posible? Hay diversos modos de mejorar nuestra capacidad para retener hechos, pero ninguno de ellos es eficaz para ejercitar un supuesto músculo memorístico. En primer lugar, si se trata de recordar de inmediato listas al azar de una cantidad limitada de objetos —dígitos, letras, etcétera—, la clave es haber memorizado previamente múltiples combinaciones de ellos y haberles asociado algún significado. Veámoslo con un ejemplo.

A continuación, se muestra una lista de letras que deberemos ojear de izquierda a derecha una sola vez, para luego cubrirlas con la mano y tratar de recordarlas en orden.

M C E G C T N R O E E F E P L A L R O L A A N A O

Lo habitual para cualquiera de nosotros es que hayamos recordado entre cuatro y nueve letras.

Sin embargo, algo muy distinto ocurre si realizamos la misma tarea con la siguiente lista de letras:

E L E C T R O E N C E F A L O G R A M A P L A N O

Es obvio que en este caso habremos podido recordar muchas más letras. Puede que todas. ¿Por qué? En la primera secuencia de letras no pudimos encontrar apenas relaciones entre ellas, de manera que tuvimos que lidiar con unos veinticinco ítems, lo cual sobrepasa la capacidad de retención inmediata de cualquiera. Ahora bien, en el segundo caso logramos agrupar los veinticinco ítems para crear solamente dos ítems. Esto nos resultó posible porque en nuestra memoria a largo plazo ya existían esas relaciones entre letras —las palabras «encefalograma» y «plano»—. De hecho, podríamos incluso afirmar que convertimos los veinticinco ítems en uno solo, pues la expresión «encefalograma plano» también tiene significado por sí misma.

Esto es exactamente lo que hizo el estudiante universitario que trabajó con Ericsson y Chase para conseguir recordar secuencias de dígitos de hasta setenta y nueve ítems. El muchacho, llamado Steve Faloon, era un gran aficionado al atletismo y conocía las marcas de muchos atletas y competiciones. Por ejemplo, para él, los dígitos 3492 representaban tres minutos, cuarenta y nueve segundos y dos décimas, una marca cercana al récord de la milla. Empleando muchas más marcas —así como fechas y edades—, creó una especie de repositorio en su memoria a largo plazo que le permitía agrupar secuencias de números y asociarles un significado, convirtiéndolas en un solo ítem a recordar. Así, una serie numérica que para cualquiera de nosotros aparentaría ser una lista de setenta y nueve dígitos al azar, para Faloon se convertía en una lista de siete u ocho marcas atléticas familiares. De este modo logró su pequeña proeza memorística.

Creando significados

El cerebro aprende al crear relaciones entre la información que guarda en la memoria a largo plazo y la nueva información que recibe. En este sentido, la memoria no consiste en un recopilatorio de datos inconexos, sino que se construye mediante la formación de relaciones entre ellos. Estas relaciones dan lugar a significados cada vez más complejos, los cuales nos permiten interpretar las nuevas experiencias. Por eso podemos decir que el cerebro es una máquina de construir significados y la memoria, la facultad que nos permite desarrollarlos, conservarlos y utilizarlos.

En definitiva, aprendemos cuando damos sentido a cuanto nos rodea, estableciendo conexiones entre nuestras experiencias pasadas y las nuevas. Si nuestra memoria no funcionase así, nos pasaría como al protagonista del cuento *Funes el memorioso*, de Jorge Luis Borges, para el cual toda experiencia representaba un hecho aislado:

> No solo le costaba comprender que el símbolo genérico «perro» abarcara tantos individuos dispares de diversos tamaños y diversa forma; le molestaba que el perro de las tres y catorce (visto de perfil) tuviera el mismo nombre que el perro de las tres y cuarto (visto de frente).

En la práctica, esto significa que el cerebro aprende aportando aquello que ya conocía a la experiencia de aprendizaje. Desde un punto de vista neurobiológico, resulta comprensible que la memoria funcione de este modo. Si cada experiencia sensorial está representada por una red de neuronas, tiene sentido que las experiencias con elementos en común usen parte de los mismos patrones neurales. Los subpatrones que ya están bien consolidados en la memoria —cuyas neuronas se hallan íntimamente conectadas entre ellas— nos darán ventaja a la hora de aprender cosas que los requieran. Muy distinto sería tener que aprender algo sobre lo que apenas tuviésemos conocimientos previos con los que relacionarlo: todos los patrones de conexión entre las neuronas que lo representasen estarían por construir o fortalecer, y esto llevaría su tiempo. Así, crear relaciones entre lo que ya sabemos y lo que tratamos de aprender es también una cuestión de economía: los elementos constituyentes de una experiencia que ya están en nuestra memoria pueden reaprovecharse. A la vez, los elementos constituyentes comunes de múltiples experiencias darían lugar a los conceptos que las unen.

Por este motivo decimos que la memoria humana no es reproductiva, sino reconstructiva. Cuando recordamos cualquiera de nuestras experiencias, la reconstruimos a partir de elementos que proceden genuinamente de dicha vivencia, pero también de muchos otros que obtuvimos en experiencias similares, anteriores o posteriores. Estos elementos constituyentes del recuerdo se vincularon entre ellos durante el episodio de aprendizaje, lo que nos permite combinarlos para reconstruir el recuerdo completo cuando tratamos de evocarlo después. Se podría decir que combinar los elementos de varios recuerdos para reconstruir uno concreto es lo mismo que hacemos cuando imaginamos, solo que procedemos sin darnos cuenta. En el fondo, recordar es imaginar con la ilusión de que la información que representamos en nuestra mente es fiel a unos hechos que vivimos con anterioridad. Como veremos más adelante en este libro, no hay mucha diferencia entre recordar e imaginar.

Mnemotecnia

El hecho de que nuestra memoria funcione creando relaciones entre cosas que ya sabemos y la nueva información que recibimos es la base de todas las estrategias mnemotécnicas que emplean los atletas de la memoria. No en vano, el Diccionario de la Real Academia de la Lengua Española define el término «mnemotecnia» como el «procedimiento de asociación mental para facilitar el recuerdo de algo».

Ya hemos visto que es posible retener mayor cantidad de información si reducimos el número de ítems con significado a recordar mediante el establecimiento de relaciones entre ellos que queden fijadas en nuestra memoria a largo plazo. Pero existen estrategias que son más flexibles y fáciles de emplear. Por ejemplo, cuando necesitamos recordar una lista de términos, podemos usar sus iniciales para crear una palabra o frase que nos sirva de guía para recordarlos. O bien usar fragmentos de cada vocablo para crear una frase con sentido. Por ejemplo, para recordar las fases de la división celular por mitosis (profase, metafase, anafase y telofase), muchos estudiantes emplean la frase: «PROMETo, ANA, TELefonear».

Una de las estrategias más famosas y conocidas desde la Antigüedad es el llamado «palacio de la memoria» o método de *loci*. Consiste en elegir un lugar que nos resulte muy familiar —por ejemplo, nuestro hogar o nuestro barrio— y realizar un paseo imaginario en el que marcaremos varios lugares como referencia —el comedor, la cocina, el dormitorio, etcétera—. Una vez establecido el itinerario y los lugares clave, visualizaremos mentalmente los objetos o personas que deseamos recordar en cada uno de esos lugares, en el orden del paseo mental. Por ejemplo, para recordar los colores del espectro visible, de menor a mayor longitud de onda, podríamos imaginar una violeta en medio del recibidor, un pitufo (azul) corriendo por el pasillo, la bandera argentina (celeste) cubriendo el sofá del salón, una planta (verde) en el mármol de la cocina, un limón (amarillo) flotando en el váter, una naranja sobre la almohada del dormitorio y un tomate (rojo) junto a nuestro ordenador. Esta es la estrategia que aprendieron los voluntarios que participaron en el estudio que analizó cómo cambia el cerebro con el entrenamiento de los campeones memoristas.

El palacio de la memoria y otras técnicas que se basan en la visualización sacan partido de la enorme capacidad que tiene el cerebro para procesar imágenes. En efecto, como todos los primates, los humanos jugamos con ventaja cuando se trata del sentido de la vista. Nuestro cerebro dedica buena parte de sus recursos al procesamiento y almacenamiento de estímulos visuales. Por eso, cuando usamos imágenes mentales para representar lo que aprendemos, lo retenemos mejor. El «método de la cadena» consiste precisamente en imaginar los objetos o personas que deseamos recordar interaccionando entre ellos. El «método de la historia», por su parte, se basa en inventar una historia visual en la que se combinen aquellos elementos a retener. Cuanto más elaborada, original e incluso estrafalaria sea la historia, más fácil nos resultará recordarla. No solo las imágenes nos ayudan; todo aquello a lo que podamos otorgar sentido —o apreciar su sinsentido— será más memorable.

En cualquier caso, si bien algunas estrategias mnemotécnicas son bastante transversales, la memoria no puede mejorarse, en general, para ser mejor recordando cualquier tipo de datos. No funciona como una habilidad genérica. Como ya hemos comentado, solo aquellas cosas que estén relacionadas con lo que ya sabemos presentarán ventaja para ser recordadas, porque nuestra memoria ya habrá consolidado algunos de los patrones neuronales que las constituyen y podremos reaprovecharlos. Por lo tanto, nuestra memoria solo se hace mejor para aprender cosas nuevas cuando obtenemos conocimientos relacionados con ellas. Cuanto más sabemos de algo, más podemos aprender sobre ello y más fácil nos resulta retenerlo en nuestra mente. Por otro lado, las estrategias que saquen partido a la forma en que funciona nuestra memoria nos harán mejores recordando determinados tipos de ítems. Estas estrategias se deben aprender y practicar.

En definitiva, los atletas de la memoria son personas con unas cualidades cognitivas normales que han aprendido estrategias mnemotécnicas específicas y se han entrenado a fondo practicándolas durante años para lograr determinadas proezas memorísticas. Su memoria no es mejor en general, sino solo aplicada al tipo de pruebas para las que se entrenan. Ahora bien, en la literatura científica se han descrito varios casos de individuos que nacieron con memorias prodigiosas. El caso más famoso puede que sea el de Kim Peek, la persona que inspiró el personaje interpretado por Dustin Hoffman en el oscarizado filme *Rain Man*.

Una memoria infinita

Kim nació en Utah, Estados Unidos, en 1951. A los nueve meses, un médico le diagnosticó discapacidad intelectual y sugirió a sus padres internarlo en una institución de salud mental. Otro médico les recomendó practicarle una lobotomía, a lo que por suerte no accedieron. Los Peek criaron a su hijo en casa, rodeado de libros y el cariño incondicional de su familia. Aunque nunca aprendió habilidades tan mundanas como vestirse solo, Kim demostró tener una memoria declarativa asombrosa. En palabras del médico que estudió su caso y el de otros trescientos individuos con memorias fuera de lo común, Kim Peek era «el monte Everest de la memoria». Kim no olvidaba ningún dato.

El doctor Darold Treffert conoció a Kim cuando trabajó como asesor para la película de Hoffman y Cruise. Su primer encuentro fue por teléfono. Kim le preguntó por su fecha de nacimiento. «El 12 de marzo de 1933, ¿por?», respondió el médico. Al instante, Kim le explicó que ese día cayó en domingo y que el presidente Franklin Roosevelt pronunció su primer discurso radiofónico, de los muchos que dirigiría a la nación entre 1933 y 1944. A continuación, le informó de la fecha y el día de la semana en que cumpliría sesenta y cinco años y podría jubilarse. Cuando Kim supo dónde vivía el doctor Treffert —en Green Bay, Wisconsin, una ciudad de apenas cien mil habitantes—, su memoria se desbocó: «Me detalló el código postal de mi casa y el código de área, los canales de televisión que retransmitían en mi ciudad, las compañías telefónicas que nos daban servicio, los últimos resultados de los Green Bay Packers [el equipo local de fútbol americano], y el día, la temperatura y el resultado final del partido de 1967 en que los asistentes casi morimos congelados. A continuación, aprendí más que nunca sobre los stockbridge y otras tribus indias de la región, la escarpadura del Niágara donde se encuentra mi casa, y algo de historia política del movimiento progresista en Wisconsin, incluyendo los nombres de mis senadores y representantes».

A lo largo de su vida, Kim memorizó al pie de la letra el contenido de miles de libros a partir de una única y rápida lectura, y desarrolló un conocimiento enciclopédico inigualable en unas quince disciplinas: historia, geografía, cine, deportes, literatura, etcétera. Si se le preguntaba cómo viajar por carretera de una ciudad norteamericana a otra, podía relatar toda la ruta con el máximo detalle, como si fuese resiguiendo un mapa que tuviera delante. Si escuchaba un breve fragmento de una pieza de música clásica, podía identificarla y explicar dónde y cuándo se compuso y se estrenó, así como proporcionar varios datos biográficos de su compositor. Su memoria no tenía límites.

Fran Peek, el padre de Kim, cuidó de él durante toda la vida hasta que Kim falleció en 2009 por un ataque al corazón, a los cincuenta y ocho años de edad. En la biografía que escribió sobre su hijo, explica cómo procuró alimentar los amplios intereses de Kim y su insaciable sed por aprender. Lo acompañaba a diario a la biblioteca y lo llevaba a conciertos y espectáculos. Sin embargo, se vio obligado a prescindir de esto último porque Kim se sulfuraba cuando un intérprete variaba alguna nota o alguna línea de su papel: «¡Un momento! ¡El trombón se ha saltado dos notas!», gritaría en medio de un concierto. En el transcurso de una obra de Shakespeare, Kim se levantó irritado de su butaca y exigió que detuvieran la representación. «¿Cuál es el problema?», le preguntó un actor. «Que usted ha cambiado algunas palabras del texto original». El actor se justificó diciendo que venían a decir lo mismo y que pensó que nadie lo notaría. Kim le respondió que Shakespeare sí lo hubiese notado.

Por desgracia, Kim padecía diversos trastornos neurológicos desde su nacimiento. Su cuadro sintomático encajaba con el síndrome de FG, que se debe a determinadas mutaciones genéticas en el cromosoma X. Entre las características principales de este síndrome, Kim presentaba macrocefalia (una cabeza más grande de lo habitual) y algunas alteraciones del neurodesarrollo. Mediante técnicas de neuroimagen se constató que su cerebro carecía de cuerpo calloso: el conjunto de millones de fibras nerviosas (axones) que conectan ambos hemisferios. También presentaba ciertas anomalías en el hemisferio izquierdo. Pero poco más sabemos acerca de lo que tenía de especial, sobre todo a nivel fisiológico y funcional. La realidad es que su cerebro operaba de un modo poco convencional. Entre otras cosas, era incapaz de olvidar.

Quizá olvidar no sea algo inevitable, sino más bien deseable. Desde un punto de vista evolutivo, la capacidad de recordar todas y cada una de nuestras experiencias no es necesaria para conseguir adaptarse al medio, sobrevivir y reproducirse con éxito. Es más, en realidad no olvidar nada supone un gran despilfarro energético, una dudosa ventaja con un gran coste biológico. Olvidar es un proceso normal del funcionamiento de nuestra memoria. Puede que, como apuntaba Jorge Luis Borges, olvidar las diferencias entre nuestras múltiples experiencias sea la clave para generalizar y abstraer y, por lo tanto, para razonar. Sea como fuere, el caso de Kim Peek nos indica que el cerebro podría ser capaz de recordarlo prácticamente todo, y que quizá si no lo hace es porque eso no sería lo más eficiente. Ahondaremos sobre ello en el capítulo siguiente.

Un atleta de la memoria aventajado

Así como es normal recordar sin esfuerzo las cosas que acabamos de experimentar —a las que hemos prestado atención—, olvidarlas con el paso del tiempo también lo es. Kim Peek fue una excepción a esta regla, quizá la más asombrosa que conocemos, pero no la única. En la literatura científica se han descrito varios individuos con habilidades memorísticas extraordinarias.

Puede que el caso más famoso en los anales de la psicología sea el del sujeto S, descrito en 1968 por el neuropsicólogo ruso Alexander Luria, quien lo estudió durante casi tres décadas. Periodista de profesión, Solomón Shereshevski, alias S, descubrió su don cuando, en una reunión de trabajo, su jefe le preguntó por qué no tomaba notas. ¿Para qué querría tomar notas si podía recordar todo lo expuesto palabra por palabra? A Solomón le sorprendió que sus compañeros no pudiesen hacer lo mismo. Por supuesto, sus colegas se sorprendieron aún más de la inaudita habilidad de aquel camarada. Corría el año 1929 y el jefe de Solomón, un editor de sección de un periódico de Moscú, le sugirió que visitara a algún experto para que analizara su extraño don. Así es como Solomón se presentó en la Academia Moscovita de Educación Comunista, donde conoció al doctor Luria.

En su primer encuentro, Luria quedó totalmente fascinado con las facultades de aquel humilde periodista. Podía recitarle listas de decenas de números y letras, y Solomón las devolvía sin cometer ni un solo error, incluso en sentido inverso. Fórmulas matemáticas, textos y poemas en diversas lenguas... a Solomón le bastaba con leerlos o escucharlos una sola vez, y su retención era prácticamente perfecta. Quizá más asombroso aún fue el hecho de que, dieciséis años después de aquel primer encuentro, Luria preguntó a Shereshevski si se acordaba de cómo se habían conocido, y este le contestó: «Sí, fue aquella ocasión en que me recitó series en su apartamento. Usted estaba sentado en la mesa y yo en la mecedora. Vestía un traje gris, y me miraba de este modo... Ahora puedo verle diciéndome...». A continuación, Shereshevski reprodujo todos los números, letras, textos y poemas de aquella primera sesión, como si hubiera acabado de escucharlos. Su memoria parecía no tener límites.

Tras numerosas sesiones de trabajo, el doctor Luria llegó a la conclusión de que Solomón empleaba técnicas de visualización para realizar sus proezas memorísticas. En realidad, la manera en que él mismo describía cómo funcionaba su mente revelaba el uso espontáneo de estrategias como el palacio de la memoria, tan común entre los atletas memoristas. Solomón asociaba de inmediato cualquier estímulo a imágenes que podía ver con total claridad en su mente. Es más, Luria se percató de que Solomón percibía el mundo de un modo especial: cualquier estímulo en una modalidad sensorial concreta activaba en su mente la percepción de otro tipo de estímulos en otras modalidades. Esto es, sus sentidos se entremezclaban. Así, por ejemplo, cuando Solomón escuchaba una campanilla, el sonido le evocaba «un objeto pequeño y redondo, algo áspero como una cuerda, el sabor del agua salada, y algo blanco». En su mente, las experiencias se entrelazaban y confundían unas con otras: «Si leo cuando estoy comiendo, apenas puedo comprender lo que estoy leyendo. El sabor de los alimentos ahoga y se mezcla con el sentido de las palabras». Este fenómeno en que los sentidos se mezclan y cada experiencia evoca múltiples representaciones sensoriales en la mente se conoce como «sinestesia».

Luria especuló que tal particularidad de los mecanismos cognitivos de Shereshevski podría ser clave para explicar su prodigiosa memoria. En efecto, como señalamos previamente, la memoria se construye creando conexiones entre la nueva información que procede de nuestras experiencias y la información que ya contiene. Estas conexiones son como los caminos que nos permiten llegar hasta un recuerdo o conocimiento para rescatarlo de las profundidades de la memoria a largo plazo, partiendo desde otros datos con los que lo relacionamos durante el episodio de aprendizaje. Por lo tanto, cuantas más conexiones se creen en nuestra memoria, más fácil será recuperar lo aprendido. Por eso, es posible que la memoria de Shereshevski se beneficiara de su tendencia espontánea a la hiperconectividad. Una memoria hiperconectada difícilmente olvida.

Cuando Solomón se percató de que su talento no era nada común, se animó a dejar el periodismo y probar fortuna como mnemonista. Contrató a un agente y empezó a deambular por bares y todo tipo de antros de Moscú y sus alrededores, ofreciendo un pequeño espectáculo con el que dejaba boquiabiertos a sus espectadores. En una ocasión, su cuñado lo invitó a actuar en su aldea, a las afueras de la capital. Sin embargo, al llegar allí, los organizadores del evento se habían emborrachado con las vituallas dispuestas para la función y el espectáculo no llegó a celebrarse. Shereshevski recibió su paga igualmente, en patatas.

Por desgracia, la etapa de Shereshevski como mnemonista no terminó bien. Para conseguir proezas dignas de un aplauso, Shereshevski necesitaba concentrarse en un esfuerzo deliberado por generar pistas visuales que le ayudasen a recordar. Su don memorístico no funcionaba de manera espontánea, al menos no a tal nivel de exigencia. Por eso, cualquier distracción podía arruinarle el espectáculo, lo cual sucedió en muchas ocasiones. En realidad, al parecer la policía secreta soviética boicoteó al infeliz mnemonista enviando alborotadores a sus actuaciones, como reprimenda por no haber aceptado poner su don al servicio del régimen.

El hecho de que Shereshevski necesitara hacer un esfuerzo deliberado para recordar es un detalle muy interesante. Según su sobrino, practicaba a conciencia durante horas para preparar sus funciones, refinando sus estrategias mnemotécnicas. Por eso, es posible que Solomón fuera, en realidad, un atleta de la memoria que contaba con una ventaja innata especial para aplicar las estrategias mnemotécnicas más efectivas: la facultad de crear relaciones sensoriales de distintas modalidades. A fin de cuentas, su don podría deberse a una combinación de entrenamiento y predisposición natural. No en vano, Shereshevski era olvidadizo como cualquier otra persona, y, además, los recuerdos sobre su vida le parecían "nublosos".

Mnemonistas naturales

A diferencia de Shereshevski o los atletas mnemonistas, existen personas, en apariencia corrientes, cuya memoria funciona de manera prodigiosa sin siquiera proponérselo. Se trata de individuos con habilidades intelectuales y sociales normales —lo que las diferencias de casos particulares como Kim Peek— que gozan de una memoria autobiográfica sin igual, de modo que son capaces de recordar múltiples detalles de cualquier día de su vida, incluso décadas más tarde. Basta con darles una fecha y evocarán los acontecimientos que vivieron como si hubiesen ocurrido ayer —o hace pocos días—. En comparación con los atletas de la memoria o Shereshevski, estos sujetos cuentan con su destreza de manera espontánea, sin haberla entrenado y aparentemente sin emplear ningún tipo de estrategia mnemotécnica. Su condición se conoce como «memoria autobiográfica altamente superior».

Una de estas personas escribió el siguiente correo electrónico a James McGaugh, un destacado investigador de la memoria:

> Estimado Dr. McGaugh:
> Mientras estoy aquí sentada, tratando de decidir por dónde empiezo a explicarle el motivo de mi mensaje, solo espero que de algún modo pueda ayudarme.
> Tengo treinta y cuatro años y desde que tenía once poseo la increíble habilidad de recordar mi pasado, pero no solo algunos detalles. Mis primeros recuerdos se remontan a cuando era un bebé en la cuna (hacia 1967), sin embargo, puedo tomar cualquier fecha desde 1974 hasta hoy y decirle en qué día de la semana cayó, qué hice aquel día y, si algo de relevancia ocurrió (por ejemplo, la explosión del Challenger del martes, 28 de enero de 1986), puedo describírselo también. No consulto calendarios de antemano ni repaso los veinti-

cuatro años de anotaciones en mis diarios personales. Tan pronto como veo una fecha en la televisión (o en cualquier otro lugar), automáticamente me transporto a aquel día y recuerdo dónde estuve, qué hice, en qué día de la semana cayó, etcétera, etcétera, etcétera. Me ocurre continuamente, es incontrolable y agotador. Algunas personas me llaman «el calendario humano» y otras huyen despavoridas, pero la reacción que siempre causo en quienes descubren en mí este "don" es un absoluto asombro. Entonces empiezan a lanzarme fechas con el objetivo de que falle, pero aún no lo han logrado. La mayoría lo consideran un don, pero yo lo considero una maldición. Mi vida me pasa por la cabeza cada día y me está volviendo loca.

Atentamente, JILL PRICE

Por supuesto, McGaugh y su equipo recibieron a Jill con tanto escepticismo como curiosidad. Como en muchas otras ocasiones, el caso podía no ser lo que prometía, pero valía la pena comprobarlo. Por fortuna para el interés de los científicos, aquella joven pronto demostró poseer en verdad la extraordinaria habilidad que había descrito en su correo. Por eso le propusieron estudiarla en profundidad, con su consentimiento. Así empezó una colaboración que duró años, en que el equipo de McGaugh puso a prueba las habilidades de Jill Price (alias A. J., en la literatura científica) de múltiples maneras.

Para comprobar si sus recuerdos eran precisos, los investigadores contaban con todos los diarios personales que Jill había escrito desde los diez años. En algunos casos, también podían corroborar los hechos con su madre. El caso es que cualquier fecha que le mencionaban al azar, provocaba en ella el recuerdo inmediato del día de la semana en que caía y una retahíla de acontecimientos que vivió en aquella jornada, siempre correctos. También usaron almanaques de las noticias diarias más destacadas entre 1980 y 2000: si le daban una fecha, podía recordar qué hecho relevante ocurrió; si le daban un hecho, podía señalar la fecha en que se produjo:

—11 de abril de 1979.

—La embajada de Estados Unidos en Irán es invadida.

—5 de marzo de 1991.

—Se emite el último episodio de la serie *Dallas*.

—¿Qué día se estrelló el Concorde?

—El 25 de julio del 2000.

—¿Qué día ganó Clinton las elecciones a la presidencia de Estados Unidos?

—El 3 de noviembre de 1992 y el 5 de noviembre de 1996.

Por supuesto, debían ser hechos de los que ella se hubiera percatado, pero en tal caso no fallaba ni una sola vez. En una ocasión, le preguntaron por los días del año en que había caído el domingo de Pascua en los últimos veinticuatro años, así como las cosas que hizo en esos días. Cada año, el domingo de Pascua cae en una fecha distinta, entre el 22 de marzo y el 15 de abril, porque su celebración se basa en el calendario lunar. En diez minutos, Jill proporcionó las fechas y los acontecimientos sin pestañear. Dos años más tarde, se lo volvieron a pedir y, de nuevo, en diez minutos anotó fechas y vivencias sin cometer ni un solo error.

Ahora bien, la habilidad de Jill se limita a su memoria autobiográfica, es decir, la que registra los acontecimientos de su vida. Según ella misma explica, su don nunca le resultó de ayuda en la escuela. Tenía grandes dificultades para realizar el proceso de abstracción necesario para aprender conceptos nuevos y generalizar —algo que también les sucedía a Kim Peek y a Shereshevski, al estilo del personaje de Borges, Funes el memorioso—. Pero tampoco le resultaba fácil memorizar contenidos factuales, como, por ejemplo, fechas históricas, capitales del mundo o poemas. Así, Jill no llevaba bien la geografía, la historia, las ciencias, las matemáticas, los idiomas extranjeros... «Mi memoria no funciona así. Tengo que estudiar duro. No soy un genio», les dijo a los investigadores en una ocasión. Eso sí, Jill se acordaba de todos y cada uno de los maestros que tuvo desde la etapa infantil.

Aunque aquella increíble muchacha describía su memoria como una cámara de vídeo, en realidad no lo guardaba todo. Solo se quedaba con algunos detalles del día, como nos pasa a la mayoría. La diferencia es que ella no los olvidaba, de modo que cualquier día de su vida quedaba al alcance de su memoria, igual que si a nosotros nos preguntasen por lo que hicimos antes de ayer. Curiosamente, su precisión con las fechas empezó a desarrollarse a partir de los ocho años de edad y fue mejorando hasta los catorce, momento en que alcanzó el nivel de detalle que ha conservado desde entonces.

Jill fue la primera persona descrita por la ciencia con esta curiosa habilidad. Pero desde que su caso se hiciera público, otras cinco docenas de ellas han sido identificadas. Lo que resulta fascinante de la memoria autobiográfica altamente superior —o hipertimesia, como la bautizó el equipo de McGaugh— es que se circunscribe a la memoria episódica y no conlleva ninguna ventaja aparente para la memoria semántica —a excepción de recordar hechos destacados de los que se fue testimonio al leer o escuchar las noticias—. Esto contrasta con el caso de Kim Peek, cuya facultad le permitía recordar todo tipo de información factual, de cualquier disciplina, equiparándolo a una enciclopedia humana. Shereshevski tampoco gozaba de una buena memoria autobiográfica, pero podía retener todo tipo de informaciones con solo proponérselo, como un atleta memorista privilegiado.

De algún modo, estos casos extremos remarcan la línea distintiva entre los dos tipos de memoria explícita. Como apunté en el capítulo anterior, aunque la memoria episódica y la memoria semántica estén relacionadas, existen diversas evidencias de que no son exactamente lo mismo desde un punto de vista funcional. Por ejemplo, las personas que, como consecuencia de alguna lesión en el cerebro, padecen de amnesia retrógrada —esto es, olvidan cosas anteriores a la lesión—, suelen tener más afectada la memoria episódica (los recuerdos de su vida) que la memoria semántica (sus conocimientos). Por otro lado, existen casos de personas con el cuadro opuesto, es decir, cuya memoria episódica es relativamente normal, pero sufren graves pérdidas de conocimientos conceptuales, lo que se conoce como «demencia semántica». De hecho, en el capítulo anterior vimos casos de personas que no pueden desarrollar una memoria episódica —por lesiones en el hipocampo y regiones adyacentes—, pero pueden acrecentar su memoria semántica con conocimientos.

Mejorar la memoria

Las personas con habilidades memorísticas excepcionales nos llevan a preguntarnos sobre los límites de nuestra propia capacidad. Los atletas de la memoria evidencian que cualquiera puede entrenarse para realizar proezas excepcionales con su memoria, aunque solo sea con ítems muy concretos, como listas de números, naipes o fechas. Los casos de Kim Peek, Solomón Shereshevski y Jill Price, entre otros, muestran hasta dónde es capaz de llegar el cerebro humano en condiciones excepcionales. Ahora bien, ¿qué sucede con quienes no hemos nacido con un cerebro fuera de lo común, ni tampoco estamos dispuestos a practicar durante horas al día para competir en los campeonatos de la memoria? ¿Podemos mejorar nuestra memoria?

Existen varias aplicaciones en el mercado que prometen mejorar nuestra memoria y otras funciones cognitivas mediante la realización de una serie de actividades durante unos minutos al día. Se agrupan bajo el término de *brain training* o entrenamiento cerebral, y gozan de cierta popularidad. Por desgracia, las investigaciones que han puesto a prueba la eficacia de estas propuestas, en su conjunto, han dejado en entredicho sus promesas. En una revisión de los estudios que analizaron el efecto de varios productos comerciales, Daniel Simons y sus colaboradores concluyeron que «las evidencias de que los programas de entrenamiento cerebral mejoran el desempeño en las tareas entrenadas son extensas, pero hay menos evidencias de que mejoren el desempeño en tareas muy parecidas, y muy pocas de que lo hagan en tareas lejanamente relacionadas o que mejoren el desempeño cognitivo cotidiano».

Así, muchos estudios reflejan que el *brain training* produce mejoras y, de hecho, cualquier consumidor de estas aplicaciones puede tener la sensación de que, en efecto, funcionan. Pero tales apariencias se deben a la circunstancia de que nuestro cerebro mejora en el tipo de actividades específicas que uno practica con esas aplicaciones. Solo en esas. Por desgracia, este efecto no se traduce en mejoras cognitivas generales. Como subrayamos unas líneas atrás, nuestra memoria no funciona como un músculo que pueda ejercitarse con cualquier objeto de aprendizaje para hacerse mejor de cara a aprender sobre cualquier otra cosa. La memoria es terriblemente específica, y usarla solo nos hace mejores para aprender sobre cosas que estén relacionadas de manera muy estrecha con lo que aprendimos con anterioridad.

Otro candidato a optimizar nuestra memoria y otras funciones cognitivas es el ejercicio físico. No en vano, múltiples estudios han hallado una correlación entre la actividad física y diversos beneficios cognitivos. En primer lugar, la investigación con ratas de laboratorio ha constatado que el ejercicio físico se acompaña de la proliferación de células en el hipocampo, las cuales, además, tienden a sobrevivir más tiempo (el hipocampo es una de las pocas regiones del cerebro donde tenemos evidencias de que nacen nuevas neuronas a lo largo de toda la vida, al menos en las ratas —en humanos este hecho está muy cuestionado—). Como vimos en el capítulo anterior, el hipocampo está relacionado con la memoria episódica. Por desgracia, resulta muy difícil evaluar la memoria episódica de un roedor, pues no podemos preguntarle por sus recuerdos autobiográficos; como mucho, podemos comprobar si reconoce un objeto que vio con anterioridad. Sin embargo, el hipocampo también desempeña un papel clave en la «memoria espacial». Esta es uno de los tipos de memoria que en el primer capítulo del libro nos dejamos en el tintero al repasar las diversas clases de memoria que tenemos. Como su nombre indica, se trata de la memoria encargada de almacenar mapas mentales de los lugares donde uno se encuentra, lo que nos facilita la orientación y navegación por los sitios en los que hemos estado. Por supuesto, este tipo de memoria es mucho más fácil de estudiar en roedores. Para ello se emplean los famosos laberintos que las ratas aprenden a atravesar del tirón con el fin de encontrar comida; o bien barreños redondos llenos de agua, en los que las ratas deben nadar —son excelentes nadadoras— y localizar una plataforma que se encuentra justo por debajo de la superficie del líquido, entre otros diseños experimentales. El caso es que los roedores que realizan el ejercicio con frecuencia no solo presentan hipocampos más grandes, sino que también aprenden con mayor facilidad y retienen lo aprendido por más tiempo en tareas relacionadas con la memoria espacial como las mencionadas.

En humanos, se han observado beneficios que van asociados al ejercicio físico a la hora de paliar los efectos del envejecimiento en el hipocampo. A medida que nos hacemos mayores, el hipocampo tiende a perder plasticidad y se encoge. No obstante, según diversos estudios, el ejercicio aeróbico regular podría contrarrestar este declive, pues los adultos que practican este tipo de ejercicio de manera habitual suelen presentar hipocampos más grandes. Algunos experimentos han sugerido que el ejercicio estimularía la neuroplasticidad —la capacidad de establecer nuevas conexiones entre neuronas— y promovería el crecimiento de vasos sanguíneos en esa estructura del cerebro. Con todo, parece que estos efectos del ejercicio no son apreciables si comparamos jóvenes sanos en función de su nivel de actividad física, sino que las diferencias se aprecian entre adultos mayores y también entre personas con algún trastorno degenerativo que afecte al hipocampo, como la enfermedad de Alzheimer.

Sin duda, el ejercicio físico regular parece contribuir a mantener nuestra memoria en forma. No obstante, puede que sus efectos solo apunten a conservar un cerebro sano, en las condiciones adecuadas para llevar a cabo sus funciones, y a mantener a raya la senescencia propia de la edad, lo cual no es poco. Pero es improbable que el ejercicio físico sea una fórmula para hacer despuntar nuestras habilidades relacionadas con la memoria. Como mucho, nos ayudará a conservarlas en lo posible.

¿Y qué hay del uso de fármacos? ¿Sería factible crear una pastilla que nos proporcionara una supermemoria, como algunas películas han sugerido? Existen diversos productos en el mercado cuya publicidad promete proporcionar beneficios para la memoria. Quizá los más populares son los suplementos alimenticios basados en extractos de ginkgo (*Ginkgo biloba*), un árbol enigmático por su antigüedad en términos evolutivos. Sin otras especies emparentadas con él, el ginkgo lleva sobre la Tierra unos doscientos cincuenta millones de años, por lo que resulta tentador atribuirle propiedades especiales. Por desgracia, los estudios científicos solo han conseguido obtener evidencias de ligeras mejorías en casos de personas con serios problemas de memoria. En cuanto a las personas con problemas leves o sin problema alguno, los efectos de tomar ginkgo han sido triviales o inexistentes. Y cuando los ha habido, la explicación más probable no concierne a la neutralización de los mecanismos del olvido, sino más bien a un aumento de la atención —similar al que se consigue tomando otras sustancias estimulantes—. En general, los remedios para «fortalecer la memoria» han demostrado efectos entre leves y nulos, y en la práctica solo parecen tenerlos en casos de pérdida de facultades, como sucede, por ejemplo, con los pacientes de alzhéimer. En resumen, estamos muy lejos de desarrollar un fármaco que pueda dotarnos de una memoria superior.

Otro modo de adquirir una fabulosa facultad para recordar consistiría en emplear la ingeniería genética. Todos hemos apreciado que los niños aprenden con mucha facilidad. Con frecuencia nos referimos a este hecho al compararlos metafóricamente con esponjas. En este sentido, algunos investigadores que estudian las bases celulares y moleculares de la memoria han observado que las neuronas del hipocampo de los individuos jóvenes son más proclives a experimentar los cambios bioquímicos y estructurales que comporta el aprendizaje. En otras palabras, los cerebros jóvenes presentan mayor neuroplasticidad. Una de las causas de esta ventaja radica en una característica de las sinapsis (las conexiones) de las neuronas, que cambia con la edad: una pieza molecular que participa en la activación de la neurona receptora del impulso nervioso. Resulta que esta pieza, fabricada por la propia neurona, es distinta en individuos jóvenes que en adultos. La versión que las neuronas fabrican durante la juventud las dota de mayor sensibilidad a los estímulos. Sabiendo esto, Joe Tsien y su equipo criaron ratones modificados genéticamente para que sus neuronas fabricaran la versión de la pieza "joven" en exceso. Como resultado, sus roedores no solo exhibieron mayor neuroplasticidad, sino que también demostraron un desempeño superior en tareas de aprendizaje espacial, aprendizaje por condicionamiento y en el reconocimiento de objetos. Los investigadores los llamaron «ratones Doogie», en referencia al protagonista de una popular serie de televisión que se emitía por aquel entonces (*Un médico precoz*, 1989-1993), un niño brillante de catorce años que ejercía como médico.

Aun con lo sorprendente de estos experimentos genéticos, por desgracia es difícil encontrarles aplicaciones que resulten realistas y útiles. Desde luego, queda mucho trabajo científico por delante para comprender cómo funciona la memoria y qué podemos hacer para mejorarla, o por lo menos para paliar los efectos de la edad y, en especial, para luchar contra las consecuencias de algunas terribles enfermedades que se ceban con ella.

En el fondo, cuando pensamos en lo que significa tener buena memoria aludimos de manera implícita al olvido. Al fin y al cabo, lo que hace especiales a las personas que hemos conocido en este capítulo es su capacidad para no olvidar. Aunque la mayoría de nosotros sea mucho más susceptible al olvido que cualquiera de ellas, lo cierto es que no todo lo olvidamos por igual. Nuestra memoria retiene unas cosas con más fuerza que otras. ¿Qué determina que el olvido se apiade de unos recuerdos o conocimientos y no de otros? En los próximos dos capítulos exploraremos en mayor profundidad el fenómeno del olvido y descubriremos los factores que nos ayudan a plantarle cara sin necesidad de entrenarnos como los atletas de la memoria.

3

La fugacidad de la memoria

¿Recuerdos perdidos?

En agosto de 1933 el neurólogo escocés William Ritchie Russell, especialista en traumatismos craneoencefálicos, atendió el caso de un motorista de veintidós años que había sufrido un aparatoso accidente e ingresó en estado de coma. Presentaba una contusión en la parte izquierda de la frente y sangraba por el oído del mismo lado. Por suerte, un examen mediante rayos X no reveló fractura alguna. Al cabo de una semana, el paciente recuperó la consciencia. A simple vista no parecía haber sufrido daños neurológicos. Podía expresarse de manera coherente y mantener una conversación con el equipo médico. Sin embargo, cuando le preguntaron en qué fecha estaban, el paciente se mostró convencido de que corría el año 1922 y que él era un niño que iba a la escuela. Había olvidado los últimos once años de su vida, incluidos los cinco que había pasado en Australia, trabajando como cuidador de campos de golf, y sus últimos dos años después de volver a Reino Unido.

Con el paso de los días, aquel joven fue recuperando sus recuerdos. Una semana después de recobrar la consciencia, ya era capaz de rememorar el periodo que pasó en Australia. También recordaba el hecho de haber regresado a su tierra natal, pero aún no podía rescatar ni un solo recuerdo desde ese acontecimiento hasta el accidente. Al cabo de otra semana, fue dado de alta y regresó al lugar donde había vivido los últimos dos años. Al principio no reconocía nada y juraba no haber estado allí antes. De hecho, en más de una ocasión se perdió por el vecindario. Tuvieron que pasar diez semanas para que, de manera gradual, sus vivencias previas al accidente fueran reapareciendo en su memoria, incluido lo que sucedió minutos antes del siniestro.

A lo largo de su carrera, el doctor Russell describió muchos casos de amnesia postraumática similares a este. Todos tenían en común, entre otros trastornos, la pérdida temporal de los últimos recuerdos del paciente y su recuperación paulatina con el tiempo. La duración de este periodo de olvido y desorientación, que puede durar de minutos a meses, suele ser un predictor, aunque imperfecto, del grado de recuperación que alcanza el paciente.

A pesar de que estas situaciones en que las personas pierden sus recuerdos son muy distintas al modo en que olvidamos de manera cotidiana, no hay duda de que nos plantean una cuestión clave acerca de la naturaleza del olvido. ¿Olvidamos porque los recuerdos desaparecen de nuestra memoria o bien porque no conseguimos encontrarlos, aunque sigan ahí?

Algunos investigadores opinan que todas nuestras experiencias dejan trazas que perduran en la memoria para el resto de la vida, solo que perdemos la capacidad de recuperarlas por diversos motivos. Al fin y al cabo, el olvido no es siempre un hecho consumado. A veces, no conseguimos recordar algo, pero minutos más tarde nos viene a la mente como si nada. En realidad, todos sabemos lo que es estar convencidos de tener una información en nuestra memoria y, sin embargo, no poder encontrarla, lo que ocurre cuando experimentamos el incómodo fenómeno de tener algo en la punta de la lengua. Es más, en muchas ocasiones nos resulta imposible sacar una información de la memoria, pero si la vemos u oímos, la reconocemos sin dudar. De una forma u otra, la recordábamos.

En un estudio planteado en un contexto cotidiano, Harry Bahrick y sus colaboradores pidieron a un grupo de adultos de unos setenta años que recordaran los nombres de sus compañeros del instituto, a tantos como pudiesen. De media, los participantes recordaron un 20 por ciento de ellos. ¿Significaba eso que habían olvidado a los demás? Por supuesto que no, al echarle un vistazo al anuario escolar y ver las fotografías de sus compañeros, pudieron recordar muchos más nombres, aunque no todos. Entonces, ¿habían olvidado los nombres de estos últimos? Tampoco. Al sugerirles los posibles nombres de cada fotografía, reconocieron y señalaron los nombres correctos de la mayoría sin demasiados problemas.

En el laboratorio resulta bastante fácil apreciar la diferencia entre recordar algo y reconocerlo. En el primer caso, podemos proporcionar una lista de palabras o de imágenes a un grupo de voluntarios, y luego pedirles que traten de recordar tantas como puedan. También podemos observar con facilidad el efecto de las pistas, ofreciéndoles, por ejemplo, las categorías semánticas de las palabras que leyeron o escucharon («Algunas de las palabras de la lista corresponden a oficios») o indicios sobre los objetos cuyas imágenes vieron («Algunos objetos son instrumentos de cocina»). Por otro lado, para poner de manifiesto el reconocimiento, se suelen presentar las palabras o imágenes mezcladas con otras que no aparecieron previamente —llamadas «distractores»— y pedirles a los participantes que indiquen cuáles se encontraban en el listado original. En general, el reconocimiento es el método más sensible para comprobar si algo sigue en nuestra memoria, mientras que el recuerdo libre —sin pistas— suele ser el menos eficaz.

La relatividad del olvido

Afirmar que «hemos olvidado algo» es relativo. Que en un momento determinado seamos incapaces de recuperarlo a partir de una sola referencia no significa que con más pistas tampoco consigamos recordarlo. Y si las pistas siguen sin surtir efecto, eso de ningún modo debe llevarnos a certificar el olvido: quizá aún seamos capaces de reconocerlo si lo percibimos. Es más, a veces tampoco conseguimos reconocerlo, pero sabemos que tuvimos alguna experiencia previa. Es lo que ocurre cuando algo nos resulta familiar, pero no podemos ubicarlo, es decir, no recordamos nada relacionado con ello, a pesar de que sentimos que deberíamos hacerlo. Esto es frecuente que suceda cuando, por ejemplo, estamos convencidos de haber visto antes a un actor en alguna otra serie o película, pero somos incapaces de ubicarlo. Por desgracia, también puede pasarnos en ocasiones más incómodas, como cuando alguien nos saluda como si lo conociéramos, y sabemos que es así, pero no conseguimos recordar quién es ni de qué lo conocemos.

Michael C. Anderson, un eminente psicólogo y neurocientífico cognitivo de la Universidad de Cambridge cuya especialidad son las causas del olvido, explica que en una ocasión debía tomar un vuelo internacional, pero la noche anterior no conseguía recordar dónde había guardado el pasaporte —una situación que a más de uno le resultará familiar—. Como experto en la materia, trató de proporcionarse todo tipo de pistas para recordar el paradero del documento, pero de poco le sirvieron. Su avión salía a las seis de la mañana, y al llegar la medianoche ya había inspeccionado todos los lugares de su casa donde sería razonable haberlo metido. Desesperado, tomó el coche y se dirigió a su despacho en la universidad. Tampoco estaba allí. De camino a casa, registró el coche de arriba a abajo, desde la guantera hasta el maletero, pasando la mano bajo las alfombras y los asientos, con la esperanza de que sus dedos lo palpasen. Nada. Razonablemente histérico, empezó a pensar que no tomaría aquel vuelo. Sin embargo, al volver a casa trató de recordar una vez más. ¿Cuándo lo había visto por última vez? ¿En qué sitios le parecía razonable haberlo metido? No había manera, no conseguía recordarlo. No obstante, algo le decía que el maldito pasaporte debía estar en un cuarto donde ya había mirado. Hizo un último intento. Al revisar una caja en la que ya había hurgado varias veces, el pasaporte se deslizó entre unos papeles. Y en ese mismo instante, todos los recuerdos sobre cuándo, cómo y por qué el pasaporte había llegado hasta allí inundaron su mente. ¿Cómo era posible que no los hubiese recordado hasta ver el documento? Certificar el olvido resulta muy complicado.

Otra de las situaciones en que algo puede parecernos completamente olvidado y, sin embargo, no estarlo del todo, la señaló quien es considerado el pionero en el estudio científico de la memoria, Hermann Ebbinghaus. Aunque sus métodos fuesen poco ortodoxos, Ebbinghaus fue el primero en analizar el olvido de manera sistemática a finales del siglo XIX. Aun trabajando con un único sujeto (él mismo), las observaciones que realizó han aguantado bien el paso del tiempo. En concreto, Ebbinghaus se dedicó a memorizar sílabas sin sentido y comprobar cuántas recordaba pasado un plazo determinado. A él debemos la primera curva del olvido, una gráfica que constata que tan pronto como hemos aprendido algo, ya hemos empezado a olvidarlo a un ritmo dramático (véase figura 4).

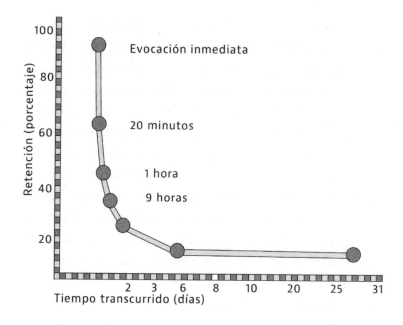

Figura 4: Curva del olvido idealizada.

Sin embargo, Ebbinghaus también observó que, con frecuencia, lo que creemos haber olvidado deja algún tipo de huella en nuestra memoria, porque reaprenderlo nos cuesta menos que si nunca antes lo hubiéramos aprendido. En su obra *Sobre la memoria* (1885) lo expresaba así:

> Pongamos por caso un poema que se aprende de memoria y luego no se repite. Supongamos que después de medio año se ha olvidado: ningún esfuerzo por recordarlo es capaz de devolverlo a la conciencia. En el mejor de los casos, solo se recuperan algunos fragmentos aislados. Supongamos que entonces el poema se

vuelve a aprender de memoria. Es ahí cuando se hace evidente que, aunque en apariencia estaba olvidado por completo, todavía existe en cierto sentido y de algún modo que resulta efectivo. El segundo aprendizaje requiere notablemente menos tiempo o un número notablemente menor de repeticiones que el primero.

Estos «ahorros en el aprendizaje», como Ebbinghaus los llamó, constatan otra forma en que podemos recordar nuestras experiencias, aunque creamos haberlas olvidado. De hecho, Ebbinghaus empleó esta variable para medir el grado con que recordaba las listas de sílabas que estudiaba para sus experimentos. Cuanto menos tiempo o menos repeticiones necesitaba para reaprender una lista, menor era el olvido sufrido.

¿Desaparición o extravío?

Todas esas situaciones en que lo aprendido, aun olvidado en apariencia, sigue siendo posible recuperarlo de un modo u otro, hacen plausible que el olvido tenga que ver con la pérdida de la capacidad para acceder a los contenidos de nuestra memoria, por lo menos en parte. Es como si los recuerdos no se desvanecieran, sino que, al dejar de usarlos, se fueran hundiendo en el lodo con el paso del tiempo, y cada vez resultase más difícil sacarlos a flote.

Aun así, la mayoría de los neurobiólogos opina que tras el olvido también subyacen procesos por los cuales la información iría deteriorándose y desapareciendo con el paso del tiempo. En este sentido, sería absurdo ignorar nuestra condición como seres biológicos, cuyas estructuras orgánicas van cambiando de manera continua, lo cual incluye la muerte de neuronas y la degradación de las conexiones entre ellas. De hecho, contamos con evidencias en modelos animales de que las sinapsis —las uniones entre neuronas— que se han formado tras un proceso de aprendizaje pueden degradarse paulatinamente, al tiempo que se extinguen los comportamientos aprendidos a los que daban soporte. Esto no significa que todos nuestros recuerdos estén condenados a desaparecer, sino que buena parte de los que desaparecen lo hacen porque las estructuras que los sustentan son perecederas.

Algunos investigadores van más allá y proponen que el olvido por degradación de las estructuras biológicas no sería un proceso pasivo y espontáneo, inherente al paso del tiempo, sino que constituiría un mecanismo activo necesario para el buen funcionamiento de la memoria. Esto tendría sentido por el hecho de que la memoria es poco selectiva en cuanto a sus recolecciones. En efecto, todas nuestras experiencias y acciones dejan su huella en la memoria. Por eso, aunque no tuviésemos la intención de recordarlo, sabemos lo que desayunamos esta mañana, entre muchas otras cosas que hicimos hoy. Sin embargo, la mayoría de nuestras experiencias son irrelevantes para nuestra supervivencia o bienestar, por lo que no tiene mucho sentido guardarlas para siempre, con el coste biológico que ello conlleva. ¿Acaso sería tan útil recordar lo que desayunamos cada día de nuestras vidas?

En realidad, si no olvidásemos de un modo sistemático, cualquier experiencia inundaría nuestra mente con una retahíla de hechos irrelevantes, que nos distraerían continuamente de nuestros propósitos. Sería parecido a lo que Jill Price, la persona con una memoria autobiográfica inaudita que conocimos en el capítulo anterior, ha descrito en alguna ocasión:

> Pienso sobre el pasado todo el tiempo. Es como una película en marcha que nunca se detiene. Como una pantalla dividida. Puedo estar hablando con alguien mientras veo otras cosas. Como ahora que estamos aquí charlando y, mientras hablo contigo, en mi mente estoy pensando en algo que me sucedió el 17 de diciembre de 1982, que era viernes, y empecé a trabajar en una tienda...

Como también vimos, para Jorge Luis Borges el olvido era parte fundamental de la cognición, pues una memoria sin olvido no haría posible la abstracción que subyace al pensamiento: «Pensar es olvidar diferencias, es generalizar, abstraer». En otras palabras, nuestra memoria semántica, la cual contiene nuestros conocimientos, pero no las referencias a cuándo, dónde o cómo los obtuvimos, no solo se construye incorporando e integrando información de nuestras experiencias, sino también desechando los detalles que las hicieron únicas y así moldeando los conceptos que nos permiten interpretar nuestras nuevas percepciones, comunicarnos y razonar.

Sin ir más lejos, el extraordinario Kim Peek (el auténtico *Rain Man*), quien en apariencia era incapaz de olvidar ningún detalle de cuanto leía o escuchaba, tenía serios problemas para la abstracción. Le costaba entender el significado de los proverbios, porque los asumía al pie de la letra, e incluso malinterpretaba algunas expresiones comunes. Cuando en una ocasión su padre le pidió que bajara la voz mientras almorzaban en un restaurante, Kim se escurrió por la silla para situarse más abajo. Su cerebro almacenaba todo tipo de hechos, pero no podaba los detalles para quedarse con el trasfondo.

Por supuesto, recopilar casi todo lo que pasa por nuestra mente de manera temporal tiene su utilidad. Gracias a ello apreciamos una continuidad en nuestra vida (sabemos por qué estamos aquí haciendo lo que estamos haciendo) y podemos navegar de forma eficaz por el mundo que nos rodea. Pero también ganamos la oportunidad de procesar y evaluar detenidamente una gran cantidad de información para determinar mejor su valor adaptativo y sopesar la necesidad de conservarla o no. De hecho, este análisis y evaluación puede suceder en diferido, por ejemplo, mientras dormimos.

En efecto, basándose en diversas evidencias del campo de la neurobiología, algunos investigadores proponen que, durante el sueño, el cerebro pone orden en nuestra memoria. Y eso no solo significa consolidar aquellos recuerdos más relevantes, sino también eliminar los más superfluos. Aunque desconocemos el motivo de por qué dormimos, resulta sugestiva la hipótesis de que dormir constituye una pausa en el procesamiento semántico de nueva información sensorial, para que así el cerebro pueda evaluar y organizar la información recopilada durante la jornada anterior, fortaleciendo la que vale la pena y borrando la menos necesaria. Como veremos más adelante, los procesos de consolidación requieren la reactivación de los patrones que se activaron durante la experiencia —como cuando rememoramos lo vivido—, por lo que resultaría complejo realizar estos procesos mientras estamos despiertos. En definitiva, ¿y si dormir sirve para poner orden en la memoria después de una jornada repleta de experiencias?

Sea como fuere, la cuestión sobre si el olvido se debe al desvanecimiento de lo que una vez estuvo en la memoria o a su extravío es asunto de debate entre los científicos cognitivos. A pesar de que para los neurocientíficos las pruebas biológicas favorecen la hipótesis de la desintegración, para los psicólogos cognitivos resulta muy difícil respaldarla a partir del comportamiento humano, el cual constituye su material de estudio. Ya hemos apreciado lo complejo que resulta certificar que algo haya sido olvidado realmente. Además, ¿quién nos dice que la causa del olvido es el paso del tiempo *per se* y no otras cosas que suceden con el paso del tiempo? ¿No podría ser que el olvido se produzca porque nuestras experiencias posteriores interfieren con nuestra capacidad de recordar acontecimientos previos? La interferencia es la explicación que la mayoría de los psicólogos cognitivos prefiere, a la luz del tipo de evidencias que pueden generar en su área de conocimiento. Obviamente, no rechazan que el decaimiento planteado por los biólogos explique parte del proceso del olvido, pero en general se inclinan más por explicar el olvido como una pérdida de accesibilidad a unos recuerdos que quizá siguen disponibles en algún rincón de la memoria.

Interferencia

En un estudio clásico, el destacado psicólogo cognitivo Alan Baddeley entrevistó a varias personas que acudían a un hospital con cierta periodicidad. Algunas de ellas iban cada lunes, mientras que otras comparecían los lunes y los miércoles. Baddeley se las ingenió para averiguar en qué lugar conseguían aparcar sus coches en una semana concreta, y el lunes siguiente les preguntó, una por una, si recordaban dónde habían aparcado el lunes anterior. Las personas del grupo que solo acudía los lunes lo recordaron mucho mejor. Los que también habían ido el miércoles manifestaron los efectos de la interferencia que provocan las experiencias similares que se repiten.

Todos estamos familiarizados con el fenómeno de la interferencia. Por ejemplo, si cambiamos la contraseña de alguna de nuestras aplicaciones, es posible que al tratar de recordarla nos venga a la mente la que teníamos antes y que esta se interponga dificultándonos recordar la nueva. O bien al revés, una nueva experiencia puede nublar el recuerdo de experiencias anteriores similares, como en el caso de los visitantes del hospital que no recordaban muy bien dónde habían aparcado el lunes anterior porque su experiencia del miércoles los confundía.

Este fenómeno resulta comprensible si nos remitimos al modo en que funciona la memoria. Como vimos en el capítulo anterior, la memoria se construye por medio de asociaciones entre la información que recibimos y la que ya poseemos. Así, podemos imaginarla como una gran red de datos vinculados entre ellos por relaciones de significado. A partir de estas vinculaciones reconstruimos las experiencias sensoriales y las asociamos a otras experiencias y hechos, con los cuales tienen algo en común. Cuando un estímulo que percibimos activa una parte de la memoria, los elementos asociados a ella también pueden activarse y acudir a nuestra mente; como el hecho de ver el rostro de una amiga nos permite evocar su nombre y muchas otras cosas sobre ella. Incluso las palabras «rostro de una amiga» son suficientes para que podamos visualizarla y, a partir de ahí, rememorar otros datos asociados. En cierto modo, las conexiones que establecemos entre los contenidos de la memoria son los caminos que nos permiten alcanzar unos elementos a partir de la activación de otros.

Pero estos caminos no son iguales. Algunos son más transitables, porque sustentan asociaciones más fuertes, mientras que otros son difíciles de franquear. Esto significa que un estímulo tendrá más probabilidad de activar unas asociaciones que otras. E incluso es posible que los diferentes elementos asociados a un nodo que se haya activado compitan entre ellos para alcanzar nuestra conciencia. Si cambiamos la contraseña para acceder a nuestro correo electrónico, los estímulos verbales «contraseña» y «correo electrónico» estarán asociados tanto a la contraseña antigua como a la nueva. Pero si la asociación con la nueva es débil en comparación con la antigua, nuestra mente transitará por la ruta que la llevará a esta última. Es más, cada vez que usemos alguno de los posibles caminos que nos conducen a la información que buscamos, ese camino se hará más fuerte a costa de sus rivales. Si no conseguimos recordar la nueva contraseña, tendremos que consultarla de nuevo y crear más caminos que nos conduzcan a ella la próxima vez —pensando en otras asociaciones que nos sugiera su contenido—. Si, por el contrario, conseguimos recordarla, ello contribuirá a reducir la interferencia con la contraseña antigua, cuyo acceso a nuestra mente se verá un poco más atenuado en adelante. Cada acto de evocación refuerza en nuestra memoria la información evocada, al tiempo que debilita las alternativas.

Por lo tanto, cuando vivimos experiencias similares pero distintas, algunos ítems de nuestra memoria establecen asociaciones alternativas que pueden reemplazar a las anteriores. En este sentido, podríamos convenir que los datos relativos a las diversas experiencias no desaparecerían, sino que simplemente perderíamos la capacidad de acceder a unos en beneficio de otros. Esto es lo que sugieren los científicos cognitivos cuando apuntan a la interferencia como principal causa del olvido.

Cuestión de contexto

Como hemos podido apreciar, el olvido no es siempre un hecho consumado, sino que con frecuencia su ocurrencia es relativa. Nuestra capacidad de recordar depende de los estímulos —las pistas— que nos proporcionará el entorno en el momento en que tratamos de conseguirlo. Esos estímulos activarán los fragmentos de nuestra memoria que los representan, y su activación se extenderá a los datos y conceptos que tengan asociados, permitiéndonos recuperar así información que no está presente en el entorno, es decir, recordarla. Pero para conseguir evocar un ítem de la memoria, este deberá alcanzar un umbral de activación determinado.

En este modelo que concibe las búsquedas en la memoria como la propagación de un estado de activación entre elementos conectados, se asume que cada elemento activado contribuirá en mayor o menor medida a la activación de sus asociados, en función de cuán fuerte sea su asociación. Pero también se concibe que, si varios elementos asociados a un tercero se activan, su contribución se sumará para activarlo. De este modo, cuantas más pistas se proporcionan, más probable es recuperar un recuerdo.

Aun así, el olvido no solo se sortea con múltiples pistas, sino sobre todo con aquellas que son más adecuadas. En concreto, las que se hallan implicadas en las asociaciones que realizamos durante el episodio de aprendizaje. Es decir, nuestra capacidad de recordar dependerá de que las condiciones que se dieron en el momento de generar el recuerdo se solapen con las presentes en el momento de tratar de evocarlo. Estas condiciones vendrán influenciadas tanto por el contexto externo como por el contexto interno.

Uno de los estudios más conocidos de Alan Baddeley

—entre sus innumerables aportaciones a la ciencia de la memoria— consistió precisamente en comprobar, de una manera bastante original, si la coincidencia entre el entorno físico en que nos encontramos en el momento de aprender algo, respecto al del momento de recordarlo, influye en nuestra capacidad de evocación. Para ello, contó con un equipo de submarinistas que aceptaron participar en un curioso experimento. Algunos de estos aprenderían una lista de palabras mientras se encontraban bajo el agua y otros lo harían en la playa. Después, la mitad de cada grupo se examinaría en el entorno subacuático y la otra mitad, en la superficie. De esta manera, unos pondrían a prueba su memoria en el mismo entorno en que aprendieron y los otros lo harían en el entorno alternativo. Los resultados fueron diáfanos: aquellos que se evaluaron en el mismo contexto en el que habían aprendido recordaron más que los que lo hicieron en el contexto distinto.

Los conocimientos a los que vinculamos lo aprendido dependen, en parte, del contexto físico en el que nos encontramos, porque este entorno influirá en los conocimientos que activaremos mediante la aportación de estímulos relativos al dónde, cuándo o con quién nos encontramos. Este efecto se ha observado incluso en escenarios académicos. Por ejemplo, en una serie de experimentos se analizó el rendimiento de un grupo de estudiantes que se examinaron en la misma aula donde habían aprendido, en comparación con otro grupo que aprendió y se examinó en aulas distintas. Los del primer grupo obtuvieron mejores resultados, de acuerdo con el hecho que estamos comentando. Cuanto más similares son los contextos de aprendizaje y evaluación, incluso cuando este contexto lo determina el entorno físico en que estamos, la capacidad de evocar lo aprendido suele ser mayor.

Quizá resulte más curioso aún el hecho de que nuestro estado de ánimo o nuestro estado fisiológico también influyan en lo que podemos recordar en un momento determinado. Cuando uno aprende algo estando de buen humor, le resulta más fácil recordarlo en esa misma circunstancia que si, por el contrario, se siente compungido —y a la inversa—. También se ha podido observar que si uno aprende algo mientras se recupera después de realizar un ejercicio intenso —o durante el mismo—, le resulta más probable conseguir recordarlo en ese estado de actividad física que en reposo. Es más, algunos científicos se han entretenido en comprobar que las cosas que uno experimenta mientras está ebrio se recuerdan mejor en estado de embriaguez. Por peculiar que resulte, este hecho no debería tomarse como un consejo sobre cómo recordar el paradero de las llaves de casa después de una noche de excesos.

En cualquier caso, aunque estos estudios resulten muy llamativos, los efectos del contexto físico, emocional o fisiológico en nuestra capacidad de recordar son habitualmente pequeños. Si conseguir recordar depende de las conexiones que hacemos con nuestros conocimientos previos, el contexto que influirá con mayor relevancia en ello será el que se dé en nuestra mente, es decir, aquellas cosas en las que pensemos cuando estemos experimentando —y por lo tanto aprendiendo— algo nuevo.

En el capítulo anterior expliqué que el funcionamiento de la memoria refleja la tendencia de nuestro cerebro a dar significado a aquello que experimentamos. Dar significado a algo implica interpretarlo a la luz de nuestros conocimientos previos, y en esa circunstancia se da la oportunidad de crear vínculos entre lo nuevo y lo que ya se sabe. La cuestión es que, habitualmente, cualquier cosa que percibimos no tiene un significado, sino varios. En otras palabras, existen muchas propiedades que pueden asociarse a un objeto o a una idea. Por ejemplo, si vemos un piano, podemos pensar en su música, o bien en su precio, o incluso en las dificultades que conlleva trasladarlo en una mudanza. Y por regla general solo pensaremos en algunas de esas características según el contexto —dado que nuestra memoria de trabajo es muy limitada, solo podemos atender a una pequeña cantidad de información de manera simultánea.

Lo curioso es que las cualidades o aspectos en que pensamos acerca de algo, es decir, los hechos e ideas que acuden a nuestra mente cuando estamos experimentando algo, serán las pistas más eficaces para recuperarlo en el futuro. Dicho de otro modo, los conocimientos que activamos durante el aprendizaje son aquellos a los que vincularemos lo aprendido y, por lo tanto, constituirán los caminos que nos permitirán encontrarlo en nuestra memoria en una próxima ocasión.

En un experimento clásico, Richard Barclay y sus colaboradores pidieron a un grupo de estudiantes que trataran de recordar veinte palabras que les fueron proporcionadas en el contexto de una frase, de manera que esto les incitara a pensar en un aspecto específico del significado de cada palabra. Así, en relación a la palabra «piano», un estudiante podía oír la frase «el músico afinó el piano» o bien «el hombre levantó el piano». A continuación, todos los participantes se sometieron a un test en el que debían tratar de recordar tantas palabras como pudieran, con la ayuda de pistas. Para el caso del término «piano», la pista podía ser «algo que produce un sonido agradable» o bien «un objeto pesado». Lo interesante es que, cuando la pista se alineaba con la propiedad del objeto que había sido destacada por la frase durante la sesión de aprendizaje, la probabilidad de recordar la palabra resultaba tres veces mayor que cuando la pista no era la apropiada.

Cuando la forma en que pensamos en el objeto de aprendizaje durante la codificación coincide con la forma en que pensamos en dicho objeto durante la evocación, esta última resulta más efectiva. En otras palabras, el olvido pierde ventaja. Lo que en mayor medida determina en qué aspectos de algo pensamos cuando lo percibimos son los conocimientos previos que activamos, inducidos por las pistas del contexto de aprendizaje. Por otra parte, lo que determina en qué pensamos cuando tratamos de recordar son las pistas que nos ofrece la nueva situación.

Cuando recordar es crucial

Hay ocasiones en las que recordar un suceso con fidelidad resulta de suma importancia. Por ejemplo, cuando se ha sido testigo de un crimen. En estos casos, las preguntas que se le hacen al testigo, o los indicios que se le ofrecen para recordar, no solo ayudan en mayor o menor medida a su memoria, sino que también pueden sesgarla. Así, el testigo puede recordar unos aspectos del suceso en detrimento de otros. Y, además, quizá llegue a "mezclar" diversos recuerdos sin darse cuenta. De los errores que cometemos al recordar, en especial cuando nos sentimos presionados por hacerlo, hablaremos en el capítulo sobre las fallas de la memoria. No obstante, aquí resulta oportuno subrayar el poder de las pistas para evocar nuestras experiencias.

A sabiendas de cómo funciona la memoria, los psicólogos han desarrollado técnicas de interrogación que pretenden ayudar a la policía a obtener testimonios tan completos y fiables como sea posible. La entrevista cognitiva es precisamente un conjunto de estrategias que sirven para ayudar a los testigos a recordar tanto como puedan, procurando evitar la introducción de sesgos externos en sus reminiscencias. Una de las claves de la entrevista cognitiva consiste en animar al testigo a recordar el contexto de la situación vivida: los detalles sobre el lugar donde se encontraba, las personas que había, el momento del día, cómo se sentía, qué pensaba, etcétera. Al ayudar al testigo a resituarse en la escena, se promueve que otros recuerdos relacionados con ella afloren en su mente. Como ya dijimos, cuando el contexto físico o anímico de la experiencia coincide en el momento de tratar de recordarla, a veces se rescatan del olvido algunos detalles que de otro modo se perderían.

En la entrevista cognitiva se invita a los testigos a explicar absolutamente todo lo que recuerdan, incluso aquellas cosas que no les parezcan importantes. Cualquier información que se guarda en la memoria en un momento determinado puede servir como pista para evocar otras informaciones que se obtuvieron al mismo tiempo. También se les propone reconstruir los hechos en diferente orden, de principio a fin y al revés. O bien se les pide que adopten diferentes perspectivas, esto es, que traten de explicar los hechos poniéndose en el lugar de otras personas que lo vivieron, incluidos sus protagonistas. Esto les incita a dar sentido al relato y a valerse de las relaciones de causa-efecto a modo de pistas.

Por lo tanto, las pistas que nos ayudan a recordar no solo pueden proveerse desde el exterior, mediante estímulos físicos. Uno puede generar esas pistas vagando por los entresijos de su propia memoria, tratando de activar (evocar) cualquier información que pudo pasar por su mente cuando también lo hizo lo que pretende recordar. En cierto modo, es similar a cuando buscamos algo que tenemos en la punta de la lengua: pensamos en otras cosas que sabemos están relacionados con el dato huidizo, con la esperanza de que nos ayuden a llegar hasta él. Esta es *grosso modo* la base de la entrevista cognitiva.

Con todo, a pesar de los buenos resultados de esta técnica con los testigos de crímenes u otros acontecimientos, el cine y la televisión han preferido popularizar otros procedimientos tan sugerentes como despojados de respaldo científico, por lo menos en lo que se refiere a potenciar la capacidad de recordar unos hechos con fidelidad. Sería el caso de la hipnosis.

Convendría empezar aclarando que el hipnotismo, lejos de la imagen fantasiosa que le han dado algunos ilusionistas televisivos, consiste en un procedimiento que algunos psicólogos clínicos emplean con fines terapéuticos a modo de complemento en el tratamiento del dolor, la depresión, la ansiedad y las fobias. Aunque se encuentra muy lejos de gozar del reconocimiento general de la comunidad científica, es justo precisar que esta técnica no tiene nada que ver con lo que se muestra en ciertos espectáculos y productos de entretenimiento. Para empezar, el sujeto hipnotizado no deja de tener constancia de lo que está ocurriendo ni pierde el control sobre sus propias acciones. Si bien no está claro en qué consiste la hipnosis, sus defensores la describen como un estado de relajación que conlleva una concentración intensa y una alta susceptibilidad a la sugestión, lo cual puede ayudar al hipnotizado a enfocar su atención en ciertos pensamientos o estímulos. Esto, aseguran, le puede permitir soportar mejor el dolor alejando su atención del mismo, por ejemplo, un beneficio que presuntamente ha sido empleado desde hace siglos para reducir el dolor de los pacientes antes o después de una intervención quirúrgica.

Sea cual sea el valor terapéutico de este procedimiento, el hecho es que el uso de la hipnosis con el objetivo de recuperar recuerdos perdidos en las profundidades de la memoria —que es la cuestión que aquí nos ocupa— no se sostiene en modo alguno a la luz de la investigación científica. Aunque la cultura popular identifique el hipnotismo como un poderoso método para hacer aflorar los recuerdos, lo cierto es que su utilidad es muy cuestionable, tal y como han reflejado los numerosos estudios que lo han puesto a prueba. En realidad, no es complicado comprobar si la hipnosis nos ayuda a recordar más detalles sobre alguna experiencia o si recordaríamos lo mismo sin estar hipnotizados. Solo hay que contar con un nutrido grupo de personas y pedirles que observen una escena con atención. A continuación, hipnotizamos a la mitad del grupo —seleccionando a las personas al azar— y les pedimos que expliquen todo lo que recuerdan. Debemos procurar darles a todas el mismo tiempo, hacerles las mismas preguntas y tratarlas del mismo modo; la única diferencia debe ser que las personas de un grupo estén hipnotizadas durante la evaluación de su memoria y las del otro grupo, no. Cuando se llevan a cabo experimentos de este tipo, lo que suele observarse es que no hay diferencias entre los grupos. La hipnosis no conlleva ventaja alguna.

Decenas de estudios han empleado todo tipo de situaciones, algunas muy realistas y con recuerdos emocionales implicados, para comprobar la supuesta ventaja de la hipnosis. En conjunto, la conclusión ha sido la misma. Es posible que el hecho de que las personas sean capaces de recordar muchas cosas mientras están hipnotizadas nos pueda sugerir que recuerdan más detalles de lo normal, pero si hacemos el ejercicio de compararlas sin hipnosis, esta ilusión se desvanece. En ocasiones, la superioridad de la hipnosis se ha defendido porque al emplearla después de que un testigo haya sido interrogado de forma convencional, este ha recordado más detalles bajo los efectos de la hipnosis. Sin embargo, este fenómeno que consiste en recordar más cosas la siguiente vez que uno se emplaza a recordar es habitual. Se conoce como «hipermnesia» y ocurre sin necesidad de que haya hipnosis de por medio.

Por otro lado, como veremos en el capítulo sobre las fallas de la memoria, la hipnosis ha sido seriamente cuestionada como método para interrogar a testigos por incrementar la susceptibilidad a la sugestión y por incitar a la confabulación, las cuales contribuyen a la creación de recuerdos falsos o deformados, esto es, recuerdos de acontecimientos que nunca ocurrieron o que no ocurrieron del modo en que se recuerdan.

En definitiva, aunque no resulte tan fascinante y aunque sus resultados no sean la panacea, la entrevista cognitiva es el método que mejores resultados proporciona a la hora de ayudar a los testigos a evocar sus experiencias con la mayor fidelidad posible. Su efectividad bebe de la oportuna aplicación de varios principios revelados por las ciencias cognitivas, que nos permiten sortear el olvido por medio de la restitución del contexto a partir de las pistas que el testigo puede hallar en su propia memoria.

Acordarse en el momento oportuno

El papel de las pistas no solo resulta fundamental cuando de manera deliberada tratamos de recordar algo que creemos cobijar en nuestra memoria, sino también cuando esperamos recordarlo en el momento oportuno. Todos tenemos anécdotas sobre despistes. Olvidar una cita o dejarse el paraguas en cualquier lugar son situaciones embarazosas que quien más quien menos ha sufrido. Pero quizá uno de los descuidos más hilarantes fue el que tuvo el violonchelista Yo-Yo Ma el 16 de octubre de 1999. En aquella ocasión, el célebre músico debía dar un recital en Brooklyn después de una intensa noche de concierto en el Carnegie Hall de Nueva York. Al mediodía tomó un taxi en Central Park y metió su violonchelo en el maletero. Al llegar a su destino, pagó, cogió el recibo y se despidió del taxista. Tras ver cómo el coche se perdía entre las calles de la ciudad, Yo-Yo Ma recordó su violonchelo. Un sudor frío le atravesó la espalda. El instrumento se había quedado en el maletero del taxi.

Sin duda, esto podría parecer un despiste bastante usual; muchos nos hemos dejado cosas en un taxi en alguna ocasión. Pero el caso de Yo-Yo Ma trasciende lo cotidiano: no solo había olvidado el instrumento indispensable para su concierto, sino que se trataba de una pieza única, un violonchelo fabricado en Venecia en 1733 y valorado en algo más de dos millones de dólares. Por fortuna, la policía pudo dar enseguida con el taxista —quien tampoco recordaba que llevara algo en el maletero—, gracias a que el músico había guardado el recibo. «¡Guarden siempre el recibo del taxi!», declaró aliviado tras recuperar su preciado instrumento, justo a tiempo para dar el recital.

Cuando se trata de recordar nuestros propósitos en el momento adecuado para actuar en consecuencia, hablamos de «memoria prospectiva». No es un tipo de memoria distinto, sino una forma particular de emplear nuestra memoria declarativa. En estas situaciones, el olvido se asocia al hecho de que el ambiente no proporciona las pistas adecuadas para que, de manera espontánea, surja en nuestra mente aquello que deberíamos recordar. O bien sí están, pero no las atendemos o no reparamos en el aspecto que las relaciona con nuestros planes. Sabemos lo que queríamos hacer, pero simplemente no pensamos en ello justo cuando hace falta.

Nuestra mente transita entre recuerdos encadenados, retomando nuevos hilos de pensamiento a partir de los estímulos sensoriales que llaman su atención y activan nuevas regiones de la memoria. Así, la mayor parte del tiempo nos dejamos llevar con ligereza a través de los caminos trazados en nuestras redes de recuerdos y conocimientos, abandonándolos solo cuando los sentidos nos transfieren al instante a otra parte de nuestro universo interior. Llegar al rincón oportuno de la memoria en el momento preciso depende sobre todo de aquello en lo que estemos pensando y de los estímulos que encontremos en el ambiente. Por eso, cuando nuestra intención es recordar algo en el futuro, resulta útil prever la aparición de alguna pista que lo active. De lo contrario, corremos el riesgo de permanecer ajenos a nuestras intenciones cuando resultaría adecuado recordarlas. Que las pistas sean clave para la memoria prospectiva se refleja en el hecho de que sus fallos se denominan, precisamente, «despistes».

De los múltiples caminos que nuestra consciencia puede tomar navegando por la memoria a partir de una idea o un hecho, los más sólidos tendrán preferencia. Como explicamos antes, las asociaciones más fuertes incrementan la probabilidad de que un ítem active a otro.

En consecuencia, para promover que una pista nos recuerde los compromisos o propósitos que tenemos, resulta útil establecer esos vínculos de manera deliberada. Por ejemplo, anunciar en voz alta qué debería recordarnos qué, con fórmulas como «si se da tal situación, entonces haré tal cosa», mejora nuestra memoria prospectiva. Pero quizá sea más importante prever la aparición de las pistas adecuadas —las situaciones que se deben dar— en el momento oportuno. Y esto podemos hacerlo contando con recursos externos, como agendas, post-its y alarmas, o actuando directamente sobre el entorno, como cuando ponemos en la puerta de casa la bolsa que no nos debemos olvidar al salir. En efecto, la eficacia de nuestra memoria prospectiva depende, en realidad, de si nos emplazamos o no a disponer las condiciones adecuadas para que recordemos cuando hace falta, sabiendo que nuestra mente no tiene por qué pensar en ello si no hay nada que le incite a hacerlo en ese momento.

No en vano, uno puede tener buena memoria y en cambio sufrir muchos despistes. Aunque haya diferencias entre las personas, la memoria prospectiva es, en buena medida, cuestión de hábitos y prioridades. Puede que por eso los errores en la memoria prospectiva se perciban peor a nivel social que los errores de la memoria retrospectiva. Que nos olvidemos de algún dato que antes sabíamos no está tan mal visto como que olvidemos una cita, no recordemos felicitar a alguien por su cumpleaños o nos descuidemos de cumplir con algo que nos pidieron. Al fin y al cabo, en estos casos se puede interpretar que no le dimos la importancia suficiente como para anotarlo en la agenda o, incluso, como para pensar en ello continuamente —o con suficiente frecuencia—. Los errores de la memoria prospectiva muchas veces se asocian a la dejadez de una persona respecto a lo olvidado y no tanto a su habilidad innata para recordarlo.

Sin embargo, la memoria prospectiva también fallará si, en el momento de crear las asociaciones o en el instante en que deberíamos recuperarlas, nuestros pensamientos están secuestrados por otras preocupaciones. Si cuando establecemos los propósitos de futuro, la situación no nos permite establecer relaciones sólidas con aquello que deba actuar a modo de pista, es probable que la memoria nos falle. Si conseguimos establecer las pistas, pero en el momento de recordar no logramos percibirlas o apreciar su relación con nuestros objetivos, porque estamos inmersos en otros pensamientos, también nos fallará. Quizá por esto las personas introspectivas, que suelen estar dándole vueltas a sus inquietudes con frecuencia, padezcan más fallos de memoria prospectiva. Digamos que no prestan demasiada atención a lo que está sucediendo. Puede que Yo-Yo Ma no estuviese pensando lo que hacía mientras introducía el violonchelo en el maletero del taxi, y que tampoco estuviese pensándolo al abandonar el vehículo. «Iba con tanta prisa y estaba tan cansado...», declaró a la prensa tras el incidente. Por supuesto, las prisas, el cansancio y el estrés son algunos de los peores enemigos de nuestra memoria prospectiva —y de nuestra memoria en general.

Aunque la anécdota del músico parezca ser uno de los casos más llamativos ocasionados por un fallo en la memoria prospectiva, en realidad no es nada comparado con otras circunstancias mucho más dramáticas. No en vano, buena parte de los errores humanos que terminan en desastre están relacionados con fallos en la memoria prospectiva. Por ejemplo, la mayoría de los accidentes aéreos que se producen como consecuencia de un error humano se deben a situaciones en que una persona —habitualmente un piloto, un controlador aéreo o un miembro de la tripulación— no recordó, cuando resultaba oportuno, lo que tenía previsto hacer. En efecto, cuando aplazamos nuestras intenciones para cumplir con ellas en el transcurso de una secuencia de operaciones, confiamos en la memoria prospectiva para recordar lo que debemos hacer cuando conviene. Las distracciones y los cambios en la rutina pueden provocar que olvidemos realizar un paso esencial. Ese fue el caso, por ejemplo, del accidente ocurrido en el aeropuerto de Los Ángeles en 1991, un día en que la visibilidad en la pista era muy pobre. En aquella ocasión, un controlador aéreo indicó a un avión que se situara en la pista 24L y esperase allí hasta el momento del despegue, mientras daba instrucciones a otro avión. Por desgracia, la comunicación con el segundo avión se complicó por motivos técnicos y se demoró más de lo normal, lo que hizo que el controlador se olvidase del primer avión. La tragedia se produjo cuando, a continuación, el controlador dio permiso para aterrizar en la pista 24L a otra aeronave, la cual colisionó con la que esperaba en tierra para despegar. Ambos aparatos quedaron destruidos y perecieron treinta y cuatro personas.

Al margen de estos terribles sucesos, la memoria prospectiva también interviene en cuestiones más cotidianas, pero también relevantes, como lo es acordarse de tomar la medicación. Para estos casos conviene establecer unos hábitos en los que asociemos un acontecimiento rutinario a la administración del fármaco. Asociar un momento del día a cumplir con un objetivo suele ser menos eficaz que asociar un hecho concreto. Por eso, los facultativos suelen recomendarnos que tomemos los medicamentos «junto con el desayuno» o «antes de ir a dormir», en vez de «por la mañana» o «por la noche», por ejemplo.

Descargando la memoria

Con todo, una de las mejores formas de evitar el olvido es emplear apoyos externos a nuestra memoria. Lo hacemos como ayuda para la memoria prospectiva (agendas, alarmas, etcétera), pero también para lidiar con la fugacidad de la memoria retrospectiva. Tanto si olvidar consiste en perder acceso a una información que sigue estando en nuestra memoria como si conlleva su pérdida definitiva, el hecho es que todos comprendemos que, de algún modo, nuestros recuerdos son perecederos. Las fotografías testimonian que nuestros recuerdos se desdibujan y disuelven con el tiempo. Esos fragmentos que capturan los instantes del pasado nos permiten apreciar la fragilidad inestable de nuestra memoria, pues cuando vemos fotografías que hace tiempo no veíamos, no deja de sorprendernos el aspecto que lucíamos o que lucían nuestros allegados por aquel entonces.

Quizá precisamente porque somos conscientes de la

vulnerabilidad de la memoria, recurrimos a fotografías o vídeos cuando algo importante sucede en nuestras vidas. Al no fiarnos de nuestra retentiva, optamos por sacar la cámara y perdernos parte del momento —no es lo mismo vivirlo sin registrarlo—, a cambio de guardar fragmentos imperecederos de su existencia. En este sentido, algunos investigadores se han preguntado si el hecho de delegar algunas funciones de nuestra memoria a dispositivos externos influye en el olvido. Y esto no solo atañe a las situaciones en que nos valemos de una cámara de fotos o de vídeo, sino también a las agendas, los diarios, los GPS e incluso Google. ¿Usar estos apoyos hace que nuestra memoria sea peor?

Para responder a esta pregunta es preciso aclarar que no nos referimos a si nuestra memoria empeorará o se atrofiará en general por usarla menos. En el capítulo anterior comentamos que no tenemos evidencias concluyentes de que la memoria pueda mejorarse por medio del entrenamiento, como si fuese un músculo que con ejercicio se hace más fuerte. Del mismo modo, tampoco tenemos pruebas de que empeore de manera generalizada por "infrautilizarla" —aunque cuantos menos conocimientos tenemos, más difícil nos resulta aprender—. De hecho, quienes arguyen que la memoria humana se está atrofiando por ese motivo, dado el uso generalizado de los dispositivos móviles, deberían aclarar primero a qué se refieren con eso de «infrautilizarla». Al fin y al cabo, en toda la historia de la humanidad jamás la habíamos usado tanto.

Nuestros antepasados no tenían que gestionar ni una décima parte de toda la información que procesamos hoy

—y cualquier información que procesamos deja trazas en nuestra memoria—, por no hablar de que no recibieron la educación que nosotros hemos recibido. La memoria no evolucionó en un mundo que requiriese a nuestros ancestros adquirir grandes conocimientos de múltiples disciplinas para sobrevivir. Tenemos la suerte de que la memoria nos permite adquirirlos —con esfuerzo— si lo deseamos, pero no los necesita para operar con normalidad. De hecho, algunos investigadores sugieren que el esfuerzo que debemos realizar para adquirir todos esos conocimientos culturales reflejaría precisamente que no son «biológicamente esenciales», como sí lo sería la lengua —oral— o las convenciones sociales del grupo que nos rodea.

En fin, los conocimientos que adquirimos por el mero hecho de interactuar con el mundo y con las personas de nuestro entorno son los que la memoria "espera". Todo lo demás son conocimientos que, en el mundo actual, nos ofrecerán grandes ventajas o simplemente satisfacción. Pero, por defecto, el mundo en que vivimos exige de nuestra memoria mucho más de lo que nunca antes lo hizo. Por lo tanto, hablar de la «infrautilización de la memoria» no tiene ningún sentido, a no ser que nos encierren en un zulo y nos dejen sin ningún tipo de contacto con el exterior. Este razonamiento evolutivo es una conjetura, pero ya nos debería hacer sospechar que emplear dispositivos externos para apoyar nuestra memoria no la atrofiará en general. En realidad, ningún estudio solvente ha proporcionado evidencias en tal sentido.

Ahora bien, el hecho de que usemos soportes externos

para descargar nuestra memoria, ¿provoca que olvidemos antes la información delegada? O para ser más concretos, ¿recordaremos igual de bien algo que hemos anotado o fotografiado en comparación con algo que no hemos registrado en un soporte externo? Y en cuanto al uso de internet, saber que contamos con un apoyo externo para recordar algo, ¿hará que lo recordemos peor?

Son múltiples y diversos los estudios que se han realizado al respecto. Por ejemplo, en uno de ellos, los participantes escucharon una serie de frases informativas con datos de cultura general, y las fueron anotando en un ordenador. A la mitad de los participantes se les dijo que el documento informático se borraría tras la actividad, mientras que a los otros se les explicó que lo conservarían. En un test posterior, quienes sabían que no contarían con el documento recordaron más que los del grupo que confiaba en tenerlo —y no lo tuvo durante la prueba—. ¿Esto quiere decir que nuestra memoria funciona mejor si sentimos la necesidad de recordar? Lo más probable es que el hecho de saber que la información iba a quedar registrada en el ordenador hizo que los del segundo grupo no la procesaran del mismo modo. Para empezar, sería esperable que no le prestasen la misma atención. Pero sobre ese procesamiento distinto hablaremos con más detalle en el capítulo siguiente, cuando tratemos sobre qué circunstancias nos ayudan a desafiar el olvido.

Saber que una información está a nuestro alcance también puede contribuir al olvido por el mero hecho de que optemos por no esforzarnos a buscar la información en nuestra memoria. Por ejemplo, en un experimento los participantes debían decir si sabían o no la respuesta a diversas preguntas de conocimientos generales. Una parte de ellos podría mirar la respuesta en internet si no la sabía. Los otros continuarían con la siguiente pregunta sin más. El resultado fue que los voluntarios del grupo que tenía acceso a internet declaró desconocer la respuesta con más frecuencia que el grupo que no podía consultarla en la red. En este caso, tiene sentido pensar que estos últimos simplemente se esforzaron más por recuperarla de su memoria, mientras que los primeros optaron por ahorrarse el esfuerzo, dado que contarían con internet para consultarla.

Circunstancias similares se han descrito como consecuencia del uso de otro tipo de dispositivos. Así, emplear un navegador GPS hace menos probable que recordemos una ruta cuando tratemos de repetirla sin su ayuda, lo cual es lógico porque habremos prestado menos atención a los detalles, entre otras cosas. Del mismo modo, se ha observado que fotografiar objetos hace que no los recordemos tan bien que si simplemente los observamos. No es lo mismo experimentar algo a través de la cámara que hacerlo de forma directa, sin distraerse pensando en el foco o el encuadre, y pudiendo verlo con todo su contexto, más allá de los límites de una pantallita.

En cualquier caso, es importante reiterar que los efectos de descargar la memoria usando soportes externos no consisten en atrofiarla, sino simplemente en olvidar con mayor facilidad —muchas veces porque no se codificó bien— aquello que se delegó a otros dispositivos. En este sentido, la idea de que internet esté perjudicando nuestra memoria no cuenta con respaldo científico, aunque la intuición nos haga pensar que sea así. Lo cierto es que en la Grecia clásica también se especuló con que la memoria de las personas se resentiría por el desuso que podría conllevar echar mano de otra tecnología: la escritura. En el diálogo *Fedro* de Platón, el filósofo expone esta inquietud por medio de un mito. En él, el dios egipcio Theuth, creador de las artes y las letras, expone al rey egipcio Thamus (Ammón) las bondades de sus disciplinas, a las que el rey responde con objeciones y conformidades:

> Pero cuando llegaron a la escritura, dijo Theuth: «Este conocimiento, oh rey, hará más sabios a los egipcios y más memoriosos, pues se ha inventado como un fármaco de la memoria y de la sabiduría». Pero él le dijo: «¡Oh, artificiosísimo Theuth! A unos les es dado crear arte, a otros, juzgar qué de daño o provecho aporta para los que pretenden hacer uso de él. Y ahora tú, precisamente, padre que eres de las letras, por apego a ellas, les atribuyes poderes contrarios a los que tienen. Porque es olvido lo que producirán en las almas de quienes las aprendan, al descuidar la memoria, ya que, fiándose de lo escrito, llegarán al recuerdo desde fuera, a través de caracteres ajenos, no desde dentro, desde ellos mismos y por sí mismos [...]».

La noción de que emplear soportes externos para complementar nuestra memoria contribuya a su atrofia, resulta intuitiva, pero, como hemos apuntado, no parece ser correcta. En realidad, tecnologías como la propia escritura, la imprenta o internet constituyen hitos culturales extraordinarios que han facilitado el acceso a todo tipo de información, y con ello han hecho posibles oportunidades de aprendizaje que, de otra forma, serían impensables.

Ahora bien, si por el hecho de contar con internet consideramos que no es necesario dedicar tiempo y esfuerzos a adquirir conocimientos con el argumento de que «toda la información está a nuestro alcance a un clic», entonces estaremos ignorando la auténtica naturaleza de la memoria. Como recalcamos en el primer capítulo, la memoria semántica —la que alberga nuestros conocimientos— no es un mero almacén de datos, sino un complejo sistema integrado por hechos, ideas y conceptos, íntimamente ligados entre sí por relaciones de significado, que nos permite interpretar el mundo que nos rodea, resolver problemas, razonar y comunicarnos. En la memoria, la información se convierte en conocimiento y el conocimiento es indispensable para desarrollar cualquiera de estas habilidades de pensamiento. De hecho, esta idea también aparece en el texto de Platón acerca de la escritura, con más acierto:

> Apariencia de sabiduría es lo que proporcionas a tus alumnos, que no verdad. Porque habiendo oído muchas cosas sin aprenderlas, parecerá que tienen muchos conocimientos, siendo, al contrario, en la mayoría de los casos, totalmente ignorantes, y difíciles, además, de tratar porque han acabado por convertirse en sabios aparentes en lugar de sabios de verdad.

En efecto, el sabio o experto no destaca solo por tener más información en su haber —algo en lo que cualquiera con acceso a internet le podría superar—, sino por el hecho de que esta información es parte de su memoria en forma de conocimientos, y gracias a ello puede percibir, interpretar, organizar y emplear la información que recibe de una forma muy distinta a como lo hacen quienes no los tienen. Esto se traduce en una enorme ventaja para aprender, razonar, crear soluciones y resolver problemas, así como en una mayor capacidad para transferir sus conocimientos y habilidades a situaciones nuevas. Si el acceso a toda la información disponible de una disciplina es lo que hiciera al experto, cualquiera con un móvil conectado a internet podría dárselas, por ejemplo, de arquitecto o cirujano cardiovascular.

Con todo, convertirse en sabio o en experto parece contrariar la implacable naturaleza del olvido de la que hemos tratado en este capítulo. Si el desuso o la interferencia nos dificultan acceder a las cosas que aprendimos un tiempo atrás, ¿cómo podemos llegar a acumular suficientes recuerdos y conocimientos hasta alcanzar la maestría? Es evidente que no olvidamos todo con la misma facilidad. Si bien el olvido es inevitable, el ritmo al que avanza obedece a múltiples factores, muchos de los cuales dependen de nuestras acciones y de las circunstancias que nos acompañan. A continuación, veremos por qué algunos recuerdos y conocimientos nos acompañan toda la vida, o por lo menos por qué perduran más que otros. Son los fugitivos del olvido.

4

La persistencia de la memoria

La curva del olvido

En 1867 el joven Hermann Ebbinghaus, de diecisiete
años, inició sus estudios de Historia y Filología en la Universidad de Bonn, ciudad que por aquel entonces perte-
necía al Reino de Prusia. Corrían tiempos agitados para
los estados alemanes independientes. Con Prusia a la cabeza, los reinos germánicos disputaban la hegemonía cen-
troeuropea a Francia. Pronto, la tensión entre potencias
desembocó en un conflicto bélico y, en 1870, Hermann
tuvo que interrumpir su carrera académica para servir en
la guerra franco-prusiana. La reyerta, que apenas duró
unos meses, se saldó con la humillante derrota de Francia
y conllevó la unificación de los territorios alemanes en el
naciente Imperio alemán. Sus consecuencias abonarían
el mayor conflicto bélico que la humanidad jamás habría
visto hasta entonces: la Primera Guerra Mundial.

Para Hermann, la guerra supuso una pausa en sus estudios que cambiaría su vida, aunque quizá no imaginó que también cambiaría la historia de la ciencia. Tras volver del frente sano y salvo, Hermann decidió dar el giro a su carrera universitaria que llevaba tiempo fraguando en sus adentros sin atreverse a consumarlo: en adelante, se dedicaría al estudio de la mente humana. Así, en 1873 obtuvo su doctorado en Filosofía con una tesis sobre los procesos del inconsciente. Este interés por aquello que ocurre en la mente de un modo ajeno a la consciencia y que, no obstante, influye en nuestra cognición y comportamiento marcaría su pensamiento posterior.

Después de doctorarse, Hermann continuó sus estudios viajando por Inglaterra, Francia y Alemania, y tratando de arrojar luz sobre los procesos mentales superiores más allá de lo establecido en aquellos días. Hasta entonces, el estudio de la mente había sido abordado principalmente por filósofos, que se habían limitado a describirla y especular sobre su naturaleza. El célebre Immanuel Kant incluso había negado la posibilidad de estudiarla científicamente. Pero Hermann se sentía inspirado por figuras como Isaac Newton y James Prescott Joule, adalides del método científico, que había triunfado a la hora de explicar los fenómenos naturales por medio de la experimentación controlada, la medida y el uso de herramientas matemáticas para analizar los datos obtenidos. Así, en contra de la corriente imperante de su época, el joven Ebbinghaus estaba convencido de que los procesos mentales, incluidos los inconscientes, podían y debían estudiarse de un modo semejante a como lo hacía la ciencia con los demás fenómenos naturales.

Cuentan los historiadores que fue entonces cuando, en una librería de segunda mano de París, Hermann encontró en una obra la chispa de inspiración que le faltaba para forjar su contribución a la ciencia en el campo de la psicología experimental. Se trataba del libro *Elementos de Psicofísica* (1860), de Gustav Fechner, que investigaba la percepción sensorial por medio de la medición de variables y un exquisito análisis matemático. El profesor Fechner había realizado experimentos en los que partía de tonos sonoros que no eran audibles e iba incrementado su intensidad progresivamente hasta que eran perceptibles por los sujetos. Como resultado, estableció la que se conocería como ley de Weber-Fechner, según la cual la percepción humana de los estímulos sensoriales no varía de manera lineal sino logarítmica, en relación a su intensidad.

El joven Ebbinghaus, entusiasmado, vio en este proceder un ejemplo de cómo debía llevarse a cabo la investigación en psicología y pronto se dispuso a ponerlo en práctica en relación a los asuntos de la mente que en aquella época más le interesaban: la memoria y el olvido. Su objeto de estudio sería el aprendizaje por asociación, cuyo principio básico ya había sido sugerido más de dos milenios antes por Aristóteles, esto es, la noción de que aprendemos a asociar aquellos objetos o acontecimientos que ocurren de manera simultánea. Hermann partió del hecho de que para aprender una asociación suelen requerirse varias repeticiones, y asumió que cada repetición contribuía por igual a generar un recuerdo. Las primeras repeticiones no serían suficientes para que el recuerdo quedase al alcance de la conciencia, pero tendrían un efecto subliminal que se iría sumando hasta alcanzar el umbral de lo consciente. Por lo tanto, el número de repeticiones necesarias para recordar una asociación le proporcionaría un modo de medir la memoria. Es más, al proceder de este modo, no solo sería capaz de cuantificar la parte consciente de la memoria, sino también lo que quedaba en ella cuando en apariencia ya no quedaba nada.

En efecto, Ebbinghaus, a quien le apasionaba la poesía, se había dado cuenta de que, con frecuencia, un poema que en el pasado podía recitarse de memoria, a veces se olvidaba por completo, y aun así costaba mucho menos volver a aprenderlo. De algún modo, parte del poema permanecía en la memoria, pero a un nivel que quedaba por debajo del umbral que permitía llevarlo a la conciencia. Se trataba de algo similar a lo que su admirado Fechner había apreciado con los estímulos sensoriales cuya intensidad no era lo bastante alta como para alcanzar la percepción consciente, a pesar de que ya tendrían algún efecto en el sistema nervioso. Ebbinghaus, en definitiva, apreció que el número de repeticiones que una persona necesitaba para reaprender algo sería habitualmente menor que la primera vez que lo aprendió, y cuántas menos repeticiones necesitara, menos olvidado lo tendría.

Así las cosas, en 1878 Ebbinghaus se puso manos a la obra y lo primero que hizo fue preparar el material a memorizar para sus experimentos. En primer lugar, pensó en emplear listas de palabras o poemas, pero pronto se percató de que no serían el material más adecuado. El aprendizaje por asociación consiste en la capacidad de recordar varios objetos o sucesos por el mero hecho de que se han presentado a la vez en un momento determinado. El problema es que, en especial cuando se trata de palabras, el aprendizaje puede verse facilitado por otra variable: su significado. En efecto, es más fácil recordar palabras cuyo significado puede relacionarse entre sí o con los conocimientos previos del sujeto, que palabras que no ofrecen dicha posibilidad. Por consiguiente, para poder observar el mero efecto de la repetición en el aprendizaje asociativo, resultaba necesario eliminar del experimento la variable semántica, la cual hubiese adulterado los resultados y dificultado su interpretación. Para resolver este problema, Ebbinghaus optó por emplear sílabas de tres letras, con la forma consonante-vocal-consonante, que no tuviesen ningún significado en su lengua materna (el alemán), como, por ejemplo, TUH, JOM o KAQ. Así que preparó cerca de dos mil trescientas tarjetas escribiendo por uno de sus lados una de estas sílabas sin sentido, y puso en marcha sus experimentos.

El procedimiento general consistía en tomar una serie de tarjetas al azar y leer la sílaba que contenían, una por una, siempre en el mismo orden y al ritmo marcado por un metrónomo, hasta que el sujeto —el mismo Ebbinghaus— fuera capaz de repetirlas sin vacilación. A continuación, para poner a prueba su memoria, debía tratar de recordarlas después de distintos periodos de tiempo: veinte minutos, una hora, nueve horas, un día, dos días, seis días o treinta y un días. Como ya se ha dicho, el número de veces que necesitaba para reaprenderlas según el tiempo transcurrido indicaba cuánto olvido se había producido. La retención correspondía al porcentaje de repeticiones que se había ahorrado para reaprender la secuencia en cada ocasión, respecto a la primera vez.

Ebbinghaus replicó sus experimentos cientos de veces y sometió sus datos a un riguroso análisis estadístico inusual en su época. Aunque la crítica más evidente al método que siguió es que solo trabajó con un sujeto y que este, además, era él mismo, su trabajo sistemático arrojó unos resultados que han resistido bien el paso del tiempo hasta nuestros días, tras ser revisados en múltiples ocasiones por otros investigadores. Sin duda, el producto más famoso de su trabajo es la llamada «curva del olvido», la gráfica que vimos en el capítulo anterior y que pone de manifiesto el implacable ritmo al que olvidamos. Así, esta gráfica refleja que en los primeros minutos tras una experiencia de aprendizaje es cuando se produce la mayor parte del olvido, y que tras dos días lo que aún persiste se estabiliza y solo declina lentamente. En los experimentos de Ebbinghaus, a los veinte minutos solo retenía un 60 por ciento de lo aprendido, menos del 40 por ciento al cabo de una hora y menos del 30 por ciento después de dos días.

Otra de las críticas frecuentes al trabajo de Ebbinghaus fue el hecho de que estudiase la memoria empleando un procedimiento de aprendizaje poco natural, el que se emplea cuando uno trata de memorizar algo sin atribuirle significado, e incluso sin emplear estrategias de mnemotecnia. Pero otros experimentos en contextos más cotidianos y con materiales más usuales han revelado que la forma de la curva del olvido acostumbra a seguir el mismo patrón en cualquier caso: buena parte del olvido ocurre al principio y luego avanza con menor severidad.

Por ejemplo, en un estudio realizado un siglo después de los experimentos de Ebbinghaus, Harry Bahrick analizó el nivel de español que conservaba un nutrido grupo de personas de habla inglesa que había estudiado este idioma en el instituto o en la universidad, entre cero y cincuenta años atrás, y que apenas lo había vuelto a practicar en todo ese tiempo. Bahrick observó un pronunciado declive en los primeros tres o seis años, seguido de un periodo de hasta cincuenta años en que buena parte de lo aprendido resistía el paso del tiempo, a pesar de que no se hubiese empleado durante décadas. Realizando una analogía con el término *permafrost*, que alude a la capa de suelo permanentemente congelado de las regiones periglaciares del planeta, Bahrick sugirió el término *permastore* para referirse a esa parte de nuestros conocimientos y recuerdos que perduran almacenados en la memoria de manera indefinida.

Así pues, aunque el olvido actúe de manera implacable, la primera buena noticia es que de algún modo exonera una parte de lo que aprendemos. La curva del olvido no suele alcanzar el cero absoluto, sino que se estabiliza y refleja que algo persiste en nuestra memoria, aunque en ocasiones solo podamos apreciarlo si intentamos reaprenderlo —porque nos costará menos hacerlo.

Apuntalando los recuerdos

¿Por qué una parte de nuestras experiencias perdura, pero otra no? Para responder a esta pregunta es preciso hablar sobre el concepto de «consolidación». Este término fue el que emplearon por primera vez dos investigadores alemanes que, a finales del siglo XIX, siguiendo la estela de su compatriota Ebbinghaus, realizaron una serie de experimentos para contribuir a desentrañar las leyes que gobiernan la memoria.

En 1900, Georg Elias Müller y Alfons Pilzecker publicaron un artículo donde recogían sus investigaciones pioneras y ponían de manifiesto que una información aprendida corría el riesgo de alterarse con mayor facilidad si otra información interfería con ella poco después de aprenderla, a diferencia de lo que ocurría si entre ambas pasaba un tiempo prudencial. En consecuencia, sugirieron que los recuerdos nacen en un estado de fragilidad provisional y se consolidan con el tiempo.

Si bien Müller y Pilzecker fueron los primeros en emplear el término «consolidación» (*konsolidierung*) para referirse a este fenómeno, su existencia ya había sido reconocida desde la Antigüedad. Sin ir más lejos, el maestro de retórica hispanorromano Marco Fabio Quintiliano así lo testimonió en sus escritos:

> Es un hecho curioso, cuya razón no es obvia, que el intervalo de una sola noche incrementará notoriamente la fuerza de la memoria [...]. Cualquiera que sea la causa, las cosas que no se pudieron recordar se coor-

dinan con facilidad al día siguiente, y el tiempo mismo, que en general se considera causa de olvido, en realidad sirve para fortalecer la memoria [...]. El poder de la memoria [...] experimenta un proceso de maduración con el tiempo.

Aunque los experimentos de Müller y Pilzecker no han podido replicarse exactamente, muchos otros estudios, tanto en el ámbito de la psicología como en el de la neurociencia, han corroborado que su intuición, así como la de Quintiliano y muchos otros, era correcta.

A modo de ejemplo, algunos investigadores de la memoria han trabajado con pacientes de determinados trastornos que reciben terapia por electrochoque y han comprobado que, si aprenden algo justo antes de recibir este tratamiento, lo olvidan con mayor facilidad que si el tratamiento se aplica unas horas después del aprendizaje. Lo mismo se ha observado en experimentos con animales no humanos, a los que se han administrado fármacos inhibidores de la memoria que solo consiguen borrar lo aprendido si se administran justo antes o justo después del aprendizaje, pero que no tienen ningún efecto si se administran más tarde. En realidad, existen cientos de estudios que no solo corroboran que los recuerdos pasan por una fase de inestabilidad que puede revertir en olvido, sino que también han permitido describir los procesos biológicos que subyacen a este fenómeno.

Para adentrarse brevemente en la neurociencia de la consolidación, resulta preciso aclarar que este término, en realidad, se refiere a dos procesos o conjuntos de procesos distintos. Ambos están relacionados con lo que debe ocurrir para que una traza en la memoria persista en el tiempo, pero apuntan a mecanismos que ocurren a distintos niveles y en distintos marcos temporales: la consolidación celular y la consolidación de sistemas.

Todas nuestras experiencias y acciones producen cambios físicos en nuestro cerebro. Las neuronas que se activan durante una experiencia fortalecen las uniones entre ellas para poder activarse conjuntamente de nuevo y así reproducir la experiencia en ausencia de los estímulos que la constituyeron. Los primeros cambios que ocurren en las neuronas son de tipo químico, como el hecho de que se modifique la composición de sus membranas en los puntos de conexión entre ellas (las sinapsis), para hacer su comunicación más eficaz. Estos cambios ocurren de forma instantánea, pero resultan temporales. Si los cambios químicos no se acompañan de cambios estructurales de cierto calado, como los que llevan a agrandar las conexiones entre neuronas o a construir nuevas, no perdurarán. Es más, los cambios estructurales deben ir seguidos por procesos de mantenimiento, que garanticen la continuidad de las nuevas estructuras celulares.

Las células neuronales realizan los cambios más rápidos por medio de sustancias de las que ya disponen en su interior, pero para apuntalarlos necesitan fabricar nuevas moléculas que contribuyan a producir los cambios más estables, lo cual conlleva más tiempo. Este tipo de modificaciones más lentas, que se producen en cuestión de minutos o pocas horas tras la experiencia de aprendizaje, son las que constituyen la consolidación a nivel celular, la cual hace posible retener información durante unas horas o días. Cuando se trata de la memoria episódica, estos cambios se observan en el hipocampo.

Ahora bien, el hecho de que una parte de nuestros recuerdos perdure durante años, mientras que otra parte acaba por olvidarse, tiene que ver con un proceso de consolidación que debe concebirse a un nivel de organización superior, como consecuencia de interacciones que implican a diferentes regiones del cerebro. Esta consolidación es la que permitiría explicar por qué en las amnesias retrógradas se pierden los recuerdos más recientes, pero perduran los más antiguos. O como bien expresó Théodule-Armand Ribot —también a finales del siglo XIX—, en su famosa Ley de la Regresión, «la destrucción [que experimentan los pacientes con amnesia general] avanza de manera progresiva de lo inestable a lo estable». La consolidación a nivel de sistemas respondería a estos hechos sugiriendo que algunas partes del cerebro se encargarían de mantener los recuerdos o conocimientos de manera provisional y que solo los que se transfirieran a otras regiones perdurarían mucho más tiempo.

En el primer capítulo conocimos a algunas personas con amnesia profunda, como Henry Molaison, que nos enseñaron que el hipocampo es esencial para generar nuevos recuerdos, pero que no resulta indispensable para conservar los conocimientos que se han consolidado en la corteza cerebral. La consolidación de sistemas, por lo tanto, se referiría al proceso mediante el cual el hipocampo, que crea un índice inmediato pero provisional de las regiones de la corteza que representan cada experiencia, transfiere a esas regiones la responsabilidad de mantener por sí mismas las conexiones entre ellas. En los pacientes amnésicos como Molaison, el daño en el hipocampo malograría los recuerdos más recientes —y la capacidad de crear recuerdos nuevos—, pero exoneraría los conocimientos consolidados en la corteza cerebral.

Resulta razonable que la consolidación de sistemas requiera de bastante tiempo para producirse. Cada experiencia moviliza una combinación distinta de neuronas, que se encuentran desperdigadas por diferentes regiones de la corteza cerebral. Si todas las posibles combinaciones de neuronas tuvieran que estar ya conectadas entre ellas directamente para que la consolidación fuera una mera cuestión de reforzamiento, el coste biológico sería enorme. Crear esas conexiones después de la experiencia conlleva más tiempo, pero desde luego es más eficiente. Porque ¿cómo saber qué combinaciones serán relevantes y cuáles no antes de tener contacto con el entorno? Es evidente que, como resultado de la evolución, el cerebro nace con la expectativa de una serie de experiencias inherentes a nuestra especie y que está preparado para aprender de ellas con relativa facilidad —como veremos en el capítulo sobre el desarrollo de la memoria—. Pero cuando se trata de lo que nos deparará exactamente el entorno concreto en que nos toque vivir, lo cual es de entrada impredecible, la grandeza del cerebro subyace en la facultad que nos proporciona para adaptarnos. Nuestras experiencias lo moldearán y esto nos dará la capacidad de responder de forma más eficaz. Ahora bien, puesto que estos cambios resultarán de gran calado, requerirán más tiempo.

Sin embargo, ¿por qué la consolidación celular en el hipocampo, implicada en dar un sentido de continuidad a nuestras vidas permitiéndonos recordar lo más reciente, requiere de minutos e incluso horas? ¿Por qué no es inmediata? Un buen número de estudios sugieren que este proceso de consolidación necesita su tiempo por motivos adaptativos: sin ir más lejos, esto permite que la consolidación sea modulada por diversos mecanismos que marcarán el destino de las incipientes trazas que la experiencia dejó en la memoria.

Estos mecanismos moduladores son los que abren otro rayo de esperanza cuando se trata de desafiar la implacable curva del olvido. En efecto, si bien el olvido es inevitable, el ritmo al que avanza puede modularse, es decir, la pendiente de la curva del olvido no siempre es igual de empinada. Los procesos de consolidación se ven afectados por una serie de factores que se reflejarán en una curva con mayor o menor inclinación.

Ahora bien, el principal modulador de la memoria es precisamente un factor que suele escapar a nuestro control, al menos en parte. Quien más quien menos sabrá que nos estamos refiriendo, en efecto, a las emociones.

Acontecimientos imborrables

Todos sabemos que las vivencias que provocan emociones intensas se recuerdan de manera preferente. La mayoría de los recuerdos que las personas proveen cuando se les pide que expliquen episodios de su vida están relacionados con situaciones emocionales: una boda, el nacimiento de un hijo, un cumpleaños especial, un partido de fútbol de los que dejan sin aliento, un accidente de tráfico, la pérdida de un ser querido... Sean emociones positivas o negativas, salta a la vista que estas ejercen cierto poder sobre nuestra memoria.

Podríamos definir las emociones como respuestas automáticas que el cerebro proporciona ante estímulos que reconoce como un riesgo o una oportunidad, con vistas a salvaguardar nuestro bienestar e integridad física. Estas respuestas son de tipo fisiológico, como las variaciones en el ritmo cardiaco y respiratorio que experimentamos cuando afrontamos una amenaza; de tipo psicológico, como las que nos inducen a centrar nuestra atención en los objetos o pensamientos que generan la emoción; y de tipo conductual, que apreciamos en la forma en que las emociones nos incitan a actuar. En cuanto a esto último, las emociones pueden hacernos reaccionar con rapidez, incluso antes de ser conscientes de lo que provocó la emoción, como sucede cuando damos un salto y nos apartamos ante una forma sinuosa en el sendero, que al final no era más que una rama; o bien pueden inclinarnos a sostener ciertas conductas más prolongadas que realizamos de manera consciente.

Si bien nuestras reacciones emocionales pueden no proporcionar la mejor alternativa para responder ante muchas de las situaciones que como seres humanos afrontamos hoy en día —en muchas ocasiones, más bien nos dificultan actuar de la manera más oportuna—, su origen en términos evolutivos se explicaría por la conveniencia de responder de manera rápida y efectiva a los desafíos que nos brinda el mundo que nos rodea. Por ello, parece razonable que aquellas experiencias que las han activado y que, por lo tanto, se presuponen relevantes para la supervivencia también pongan en marcha mecanismos que nos permitan recordar lo sucedido de manera preferente.

La neurociencia ha realizado varios hallazgos en relación a cómo las emociones intensas promueven la consolidación preferente de los recuerdos relativos a las experiencias en que surgieron dichas emociones. En el primer capítulo ya vimos que la amígdala es una estructura del cerebro situada en los lóbulos temporales que recibe la información sensorial y la evalúa en busca de estímulos que puedan suponer una amenaza para nuestros propósitos —entre los cuales se incluye conservar nuestra integridad física—. Si los detecta, al instante activa la respuesta fisiológica que prepara el organismo para afrontarlos, ya sea por medio de la huida o la lucha. Esta es la conocida como «respuesta del estrés». En aquella ocasión citamos la facultad que tiene la amígdala para registrar los estímulos que han precedido o acompañado una situación de miedo, de manera que pueda activar la respuesta del estrés tan pronto como los vuelva a detectar. Pero este tipo de aprendizaje, conocido como «condicionamiento emocional», actúa al margen de nuestra memoria episódica —esto es, tanto si recordamos como si no la experiencia emocional de manera consciente.

Ahora bien, la amígdala también es capaz de promover la consolidación de los recuerdos conscientes que contienen la información de la experiencia que ha provocado las emociones. Cuando la amígdala pone en marcha la respuesta del estrés, lo hace enviando señales a las glándulas adrenales, situadas en la parte superior de los riñones, para que segreguen adrenalina. Esta hormona no solo contribuye a activar el torbellino de respuestas fisiológicas que preparan al organismo para enfrentarse al reto que se tercia, sino que también induce a la propia amígdala a actuar sobre el hipocampo. En concreto, cuando la amígdala recibe las señales de la adrenalina, esta apremia al hipocampo para que se esmere con los procesos de consolidación que está llevando a cabo en ese momento, es decir, los relativos a las experiencias que ha registrado unos instantes atrás. De este modo, promueve que no olvidemos fácilmente aquellas situaciones que han podido resultar relevantes para nuestra supervivencia.

Pero la adrenalina no solo estimula los procesos de consolidación actuando como una señal que exige su premura, sino que también los respalda de manera indirecta al causar la liberación de glucosa a la sangre. En efecto, entre las múltiples reacciones que la adrenalina desencadena en el organismo cuando activa la respuesta de huida o lucha, destaca su papel provocando que el hígado vierta glucosa en el torrente sanguíneo, para ponerla a disposición de los músculos y el cerebro. Los procesos de consolidación de la memoria comportan un alto coste energético, y la glucosa es el único nutriente que las neuronas pueden emplear. Así, al incrementar los niveles de glucosa en sangre, la adrenalina hace posible que el hipocampo fije con éxito los recuerdos de la experiencia emocional.

Otra de las hormonas que las glándulas adrenales pueden segregar en respuesta a una experiencia estresante es el cortisol. Esta hormona sostiene los cambios en el organismo de la respuesta del estrés y, en condiciones normales, los termina apaciguando. Junto con la adrenalina, el cortisol envía señales al hipocampo por mediación de la amígdala para promover la consolidación y también contribuye a aumentar los niveles de glucosa sanguíneos. Sin embargo, cuando esta hormona se segrega de manera continuada, como ocurre en situaciones de estrés crónico, puede provocar alteraciones en el hipocampo que se manifestarán como problemas de memoria.

En una situación emocional intensa, los efectos de las hormonas del estrés sobre los procesos de consolidación no son instantáneos y tampoco terminan de manera inmediata. Esto tiene como consecuencia que su efecto reforzador de la memoria puede influir también en los recuerdos de las experiencias que sucedieron justo después del acontecimiento emocional. Del mismo modo, puesto que los procesos de consolidación prosiguen en el cerebro después de que hayamos dejado de prestar atención a la información que fue registrada, la activación emocional también puede afectar a cualquier cosa que experimentásemos poco antes del episodio emocional intenso y que se estuviese consolidando en ese momento. Esto es algo que se ha puesto de manifiesto en múltiples estudios. Por ejemplo, en un experimento con un nutrido grupo de voluntarios, en primer lugar se les leyó una lista de treinta palabras. A continuación, la mitad de ellos vio un vídeo bastante perturbador sobre una cirugía bucal, mientras que al resto se les mostró un vídeo tan poco "emocionante" como una higiene bucal. Al cabo de un día, los sujetos del primer grupo recordaron de media más palabras que los del segundo grupo. La activación emocional, aunque se produjo después de la exposición a las palabras, influyó en la consolidación de estas. También se han realizado experimentos parecidos situando el estímulo emocional antes de la experiencia que había que recordar y los resultados han sido similares. Los efectos de las emociones sobre la memoria episódica no son específicos del acontecimiento que las provocó, sino que afectan a todo aquello que se esté consolidando mientras ocurren.

Efectos indirectos

La influencia de las emociones en la memoria episódica no solo se produce de manera directa, modulando los procesos de consolidación que están en marcha, sino que también acontece de manera indirecta. Así es, los estímulos emocionales, tanto asociados a emociones negativas como positivas, consiguen secuestrar nuestra atención, lo que hace más probable que los recordemos con mayor detalle. Es más, las emociones intensas nos llevan a rememorar los acontecimientos que las provocaron y a pensar sobre ellos una y otra vez. Como veremos más adelante, no hay duda de que repasar un acontecimiento repetidas veces contribuirá a que lo recordemos mejor.

En realidad, las emociones no solo condicionan nuestros pensamientos, sino que también tienen un gran poder sobre nuestra conducta. De este modo, pueden influir en si nos emplazaremos a hacer aquellas cosas que reforzarán nuestra memoria —como revivir un acontecimiento emocional al comentarlo con otras personas— o si, por el contrario, evitaremos hacerlas —como dejar de estudiar una asignatura que nos está costando mucho—. Esto resulta muy importante para entender el efecto que las emociones pueden tener en el aprendizaje, en especial cuando se trata de aprender algo que conlleva cierto esfuerzo —como ocurre con la mayoría de las cosas que aprendemos en la escuela o la universidad—. En este sentido, usamos el término «motivación» para referirnos a ese estado emocional que nos induce a realizar una serie de acciones con un determinado objetivo. La cuestión es que, a diferencia de lo que se suele pensar, la motivación no acostumbra a tener efectos implícitos relevantes en la memoria, esto es, su acción principal no consiste en modular la consolidación, sino que sus efectos son sobre todo indirectos: la motivación hace que dediquemos más atención, más tiempo y más esfuerzo al objeto de aprendizaje y por eso acabamos aprendiendo más y mejor.

Cabe mencionar que algunos estudios relativamente recientes han aportado evidencias sobre los efectos que determinados estados motivacionales pueden tener, de forma directa, sobre la consolidación de la memoria. Sin ir más lejos, la curiosidad sería uno de ellos. La curiosidad surge cuando el sujeto detecta una carencia en sus conocimientos o una incongruencia entre lo que percibe y lo que sabe, lo cual le induce a buscar información para resolverlo. Si el hambre es un estado motivacional que nos impulsa a buscar e ingerir comida, la curiosidad podría entenderse como un "hambre de información". Al fin y al cabo, el cerebro es un constructor de significados, así que cuando no consigue este propósito a partir de la información que posee, parece razonable que nos impulse a buscar información adicional para completar el puzle. El caso es que, según diversos estudios, la curiosidad tendría la capacidad de promover la memorabilidad de la información obtenida tras su manifestación, por medio de mecanismos aún por dilucidar, pero que podrían implicar a los circuitos cerebrales asociados a la detección de errores y la expectativa de recompensas. Estos circuitos actuarían sobre el hipocampo, promoviendo la consolidación de la información registrada. En realidad, estos mecanismos no se conocen con tanto detalle como los implicados en situaciones de estrés emocional.

Con todo, los efectos directos de la curiosidad sobre la memoria no son ni de lejos tan evidentes como los provocados por las situaciones emocionalmente intensas. Por eso, no debemos confiar en que la motivación *per se* mejorará de forma significativa nuestra capacidad de aprender y recordar —por sus supuestos efectos directos sobre los procesos de consolidación—. En realidad, su mayor contribución consistirá en impulsarnos a realizar las acciones que nos ayudarán a aprender, incluido prestar mayor atención. En definitiva, no debemos menospreciar la capacidad que tienen las emociones para influir en nuestra conducta, esto es, en lo que haremos o dejaremos de hacer. A fin de cuentas, lo que hagamos o dejemos de hacer condicionará lo que acabemos aprendiendo.

Aprendizajes memorables

Existe otro malentendido bastante común sobre los efectos de las emociones en el aprendizaje. Consiste en concluir que si las emociones hacen más memorables los acontecimientos de nuestra vida, entonces podríamos usarlas para conseguir ese efecto con las cosas que deseamos aprender o que pretendemos que otros aprendan, por ejemplo, en el contexto escolar o académico. El problema de este razonamiento es que, por lo que sabemos, solo las emociones intensas, que conllevan un alto nivel de activación fisiológica, tienen efectos destacables a la hora de fijar los recuerdos. Dando por hecho que nadie propondría emplear en el aula estímulos perturbadores como los que se suelen usar en los experimentos —que acostumbran a inducir emociones asociadas al miedo, la ansiedad o el asco—, entonces podríamos preguntarnos si apelar a emociones intensas positivas, como la euforia o la diversión, podría resultar oportuno. Pues bien, el primer inconveniente de los estímulos emotivos es que secuestran nuestra atención, de manera que, cuando algo "excitante" ocurre en el aula, lo que suele suceder es que dicho acontecimiento toma el protagonismo y eclipsa los detalles periféricos, que son los que acostumbran a contener las moralejas educativas.

Por otro lado, lo que hemos averiguado sobre el modo en que las emociones influyen en la consolidación se circunscribe básicamente a la memoria episódica. Recordemos que la memoria declarativa, la que contiene la información procedente de nuestras experiencias sensoriales, puede dividirse en al menos dos tipos de memoria: la memoria episódica o autobiográfica, que atesora los recuerdos sobre los acontecimientos de nuestra vida, siempre vinculados a coordenadas espaciotemporales sobre dónde y cuándo ocurrieron; y la memoria semántica, que conserva nuestros conocimientos sobre el mundo que nos rodea, los cuales incluyen hechos desprovistos de las referencias sobre dónde y cuándo los aprendimos, y, en especial, conceptos abstractos. Es evidente que ambos tipos de memoria están íntimamente relacionados, pero en este libro ya hemos visto varios motivos por los que podemos asumir que no son lo mismo. Una de las diferencias importantes radica en la aparente dependencia de la memoria episódica con respecto al hipocampo, mientras que la memoria semántica sobrevive tras daños graves en esta estructura cerebral. De hecho, se cree que el hipocampo —y otras regiones adyacentes— es el responsable de atribuir las coordenadas espaciotemporales a nuestros recuerdos.

Con todo, para apreciar la distinción entre ambos tipos de memoria, quizá resulte más relevante señalar que la memoria episódica registra hechos específicos, que ocurren una sola vez, mientras que la semántica se construye con múltiples experiencias, a partir de que esos hechos pierdan las cualidades que los hacen únicos, para acontecer ideas abstractas. Estas ideas o conceptos son los que nos permiten desarrollar habilidades cognitivas tales como resolver problemas en nuevas situaciones, ser creativos o simplemente dar sentido a nuestras percepciones. Como hemos dicho, las emociones influirían en la memorabilidad de hechos y acontecimientos específicos, pero poco sabemos de cómo se trasladarían sus efectos moduladores a la memoria semántica.

Por lo tanto, recurrir a emociones intensas en el aula, cuando la mayor parte de lo que se pretende enseñar en ella son conceptos e ideas que nutran las habilidades de pensamiento de los estudiantes, acostumbra a desembocar en resultados impredecibles. En general, lo que suele ocurrir en una clase "emocionante" es que los alumnos recuerdan lo que ocurrió —el contenido episódico—, pero poco o nada de lo que se suponía que debían aprender a partir de ello, porque la memoria semántica no se ve necesariamente beneficiada por el pico emocional. Es más, el aprendizaje de nuevos conceptos, como veremos más adelante, acostumbra a requerir cierta reflexión y razonamiento —sobre todo si dichos conceptos no encajan con nuestras ideas previas—, acciones que precisamente se complican cuando las emociones fuertes toman el control de la cognición. Solo hay que imaginar a un alumno tratando de comprender la Segunda Ley de Newton en estado de euforia.

Por supuesto, podríamos argumentar que los contenidos de la memoria semántica empiezan formando parte de la memoria episódica y que, cuanto mejor se consolide un recuerdo en el hipocampo, mayor probabilidad tendrá de acabar formando parte de la red semántica. No obstante, en la actualidad no contamos con evidencias concluyentes que respalden tal conjetura. En realidad, como ya vimos en capítulos anteriores, esto no tendría por qué ser así por un sencillo motivo: olvidar los hechos concretos podría resultar crucial para desarrollar conceptos abstractos. En efecto, tal como ha testimoniado una de las personas con mejor memoria autobiográfica que conocemos, Jill Price, así como el individuo con mejor memoria factual que la ciencia ha puesto a prueba, Kim Peek, tener una gran memoria para los hechos no implica tener una gran facilidad para aprender conceptos. En cualquier caso, el efecto que las emociones pueden tener de manera directa sobre la memoria semántica es bastante desconocido y, de hecho, lo poco que sabemos no apunta precisamente en la dirección de potenciarla. Por ejemplo, varios estudios reflejan que cuando el aprendizaje consiste en una «actualización semántica» —que es una manera de referirse al aprendizaje de nuevos conceptos—, las emociones intensas perjudican el desempeño.

Conviene aclarar que nada de lo expresado aquí significa que no debamos tratar de motivar a los estudiantes a la hora de afrontar los retos escolares o académicos, sino que resulta cuestionable pretender valerse del poder modulador de las emociones para facilitar la consolidación de lo aprendido. Ya hemos comentado la importancia de la motivación para desencadenar y sostener las conductas que llevan al aprendizaje. Un ambiente emocional sano será siempre positivo en el aula. Ahora bien, en clase es oportuno no confundir interés con diversión.

Por suerte, para enderezar la implacable curva del olvido no solo nos encontramos a expensas de nuestras emociones. Existen una serie de acciones, que podemos realizar o promover de manera deliberada, cuyo resultado tendrá consecuencias en la durabilidad de lo que confiamos a nuestra memoria. Veamos ahora cuáles son estas acciones y circunstancias que desafían las inclemencias del olvido.

Creando significados

Una de las decisiones que tomó Hermann Ebbinghaus a la hora de diseñar sus experimentos sobre la memoria consistió en emplear ítems sin significado aparente, por lo que descartó trabajar con palabras o textos y optó por emplear sílabas sin sentido. Ebbinghaus había apreciado que la posibilidad de atribuir significado a la información recibida y, en especial, de emplear dicho significado para establecer relaciones entre los objetos a aprender, o entre estos y los conocimientos previos del sujeto, proporcionaba una ventaja importante para recordarlos. Si bien Ebbinghaus solo pretendía eliminar esta variable de la ecuación, procurando así evitar que algunos ítems a recordar tuvieran ventaja sobre otros simplemente por su contenido semántico, el hecho es que estaba señalando una de las claves esenciales de cómo funciona la memoria.

En efecto, como hemos subrayado en varias ocasiones, la memoria declarativa no es un almacén donde se acumulan datos sin orden ni concierto, sino que en realidad es una red de significados. Por eso nos resulta mucho más fácil recordar algo cuando lo podemos comprender o simplemente asociar a otras cosas que sabemos. En el capítulo en que conocimos a los atletas de la memoria, apreciamos que nuestra memoria funciona conectando la información que recibe con los conocimientos que ya contiene por medio de relaciones semánticas. Las conexiones que realizamos entre lo que experimentamos y lo que sabemos condicionarán nuestra capacidad de recordar y transferir esa nueva información a otros contextos. Cuantas más conexiones, más sólido y transferible resultará el aprendizaje.

Por lo tanto, cabe preguntarse de qué manera podemos instigar la creación de conexiones en la memoria durante una experiencia de aprendizaje. La respuesta la encontramos en una serie de experimentos que se llevaron a cabo entre finales de los años sesenta y principios de los setenta del siglo pasado. En ellos, los investigadores proporcionaban una serie de palabras a recordar, que mostraban o leían en voz alta a razón de una palabra cada tres segundos, y pedían a los participantes que las manipularan mentalmente de dos maneras posibles: o bien debían fijarse en algún detalle de su aspecto —por ejemplo, contar cuántas vocales contenían, indicar si estaban en mayúscula o minúscula, confirmar si rimaban con otra palabra, etcétera—, o bien debían realizar alguna operación que les obligara a pensar en su significado —juzgar si encajaban en una frase, atribuir el grado de satisfacción que su significado les causaba, etc.—. Al terminar, los investigadores les pedían que recordaran tantas palabras como pudieran. En todas las ocasiones, los resultados fueron esclarecedores: los sujetos recordaban más palabras cuando habían tenido que pensar expresamente en su significado que cuando la tarea no lo había requerido.

Resulta interesante comentar que, en algunos de estos

experimentos, a un grupo de individuos se les alertó de que su memoria sería puesta a prueba después del ejercicio, mientras que el otro grupo fue examinado por sorpresa. Esto no produjo ninguna diferencia relevante, ni siquiera cuando al grupo que preveía la evaluación se le ofreció dinero por cada palabra recordada. Por lo tanto, la voluntad de recordar, *per se*, no parece tener efectos en la memoria. Por lo menos cuando esta no conlleva poner en marcha estrategias de memorización deliberadas. Así sucedía en este experimento, pues se obligaba a los participantes a realizar ciertas tareas mentales en un plazo de escasos segundos por cada palabra. En cambio, la naturaleza de dichas tareas, es decir, aquello que se les pedía que hiciesen en su mente con la información que recibían, sí marcaba diferencias importantes, en función de si requería pensar en el significado de las palabras o no.

En resumidas cuentas, los experimentos anteriores y otras observaciones invitaron a los psicólogos Fergus Craik y Robert Lockhart a proponer el modelo de los niveles de procesamiento, el cual sugiere que cuanto más profundo es el procesamiento de la información en términos de significado, más persistente es la traza que esta información deja en la memoria. En otros términos, cuando pensamos en el significado de la información que recibimos, más conexiones realizamos entre ella y nuestros conocimientos previos, lo cual conlleva que la recordemos mejor. Al fin y al cabo, pensar en el significado de algo implica interpretarlo a la luz de nuestros conocimientos previos.

Además, como se expuso en el capítulo anterior, puesto que cualquier objeto o acontecimiento admite diversas perspectivas o aspectos en los que pensar —podemos considerar un piano como un instrumento musical o como un objeto muy pesado—, cuantas más aproximaciones semánticas realicemos y cuantos más contextos de aplicación utilicemos, más conexiones estableceremos con nuestros conocimientos previos. Esto se reflejará en un recuerdo más sólido y más proclive a ser activado en nuevos contextos. Debemos tener en cuenta que el olvido depende con frecuencia de si somos capaces de recuperar lo que aprendimos a partir de nuevas pistas.

En definitiva, una de las acciones más esenciales para luchar contra la curva del olvido es pensar en el significado de la nueva información que recibimos: tratar de explicarla con nuestras propias palabras, buscar sus similitudes y diferencias con otras cosas que conozcamos, pensar en ejemplos o analogías de nuestra propia cosecha, plantearla en nuevos contextos, etcétera. En psicología del aprendizaje esto es lo que se conoce, en términos generales, como «elaborar», uno de los conceptos clave en lo que se refiere a las buenas estrategias de aprendizaje.

Revisitar lo aprendido

Es probable que la forma más eficaz que conoce la ciencia de aplanar la curva del olvido sea la más evidente para todo el mundo. En efecto, estamos hablando de repetir varias veces las acciones que comportan el aprendizaje. Hermann Ebbinghaus fue el primero en constatar este hecho de manera científica. Pero, en realidad, hizo mucho más que eso: reveló que la forma en que espaciamos las repeticiones en el tiempo marca importantes diferencias. Y esto no es tan obvio para todos. Por lo menos no para los estudiantes que optan por concentrar su estudio en una o unas pocas sesiones, en vez de distribuirlo en múltiples sesiones más breves y esponjadas en el tiempo.

Ebbinghaus escribió en 1885:

> En caso de repetir una tarea múltiples veces, será decididamente más ventajoso [para la memoria] distribuirlas a lo largo de un espacio de tiempo que masificarlas en una sola ocasión.

En otras palabras, la misma cantidad de práctica comporta aprendizajes más robustos si las repeticiones se dilatan en el tiempo. Más de un siglo de investigación desde entonces ha corroborado una y otra vez que la «práctica espaciada» es la mejor medicina para consolidar el aprendizaje y contribuir a su durabilidad. Esta ventaja beneficia al aprendizaje tanto si el objetivo es adquirir conocimientos (memoria declarativa) como si se trata de desarrollar habilidades, ya sean motoras o cognitivas (memoria procedimental).

¿A qué se debe este efecto? Cada vez que repasamos algo, lo reactivamos en nuestra memoria y de esta manera lo sometemos a una nueva ronda de consolidación. Sería razonable pensar que las repeticiones seguidas, en cambio, no producen episodios de consolidación adicionales, sino que se amparan bajo el mismo episodio —el cual puede durar minutos, horas o incluso días—, lo que quizá haga que sus resultados no sean tan duraderos. Desde un punto de vista adaptativo, tiene sentido suponer que el cerebro ha evolucionado de tal manera que da preferencia a las experiencias que se repiten en diferentes ocasiones que a los estímulos que aparecen una y otra vez en un periodo de tiempo corto. La repetición masificada podría considerarse como una única experiencia, que no tendría por qué volver a repetirse en el futuro. En cambio, resultaría plausible esperar que una situación que ha ocurrido en múltiples ocasiones distintas sucediera de nuevo en el futuro, por lo que valdría la pena recordarla para estar mejor preparados. Quizá tengamos aquí otro motivo por el cual la consolidación constituye un proceso relativamente lento.

En fin, sea cual sea la explicación, el caso es que repasar o volver a practicar lo aprendido, después de haber dejado un tiempo para que se nos olvide parcialmente, es mucho más beneficioso para la memoria que hacerlo cuando aún lo tenemos fresco. Esto significa que seguir practicando algo que en un momento determinado ya dominamos no nos aportará grandes beneficios a la hora de afianzarlo en nuestra memoria. En cambio, esperar un tiempo antes de volver a practicarlo resultará más eficaz. De hecho, una forma más productiva de practicar en un espacio de tiempo limitado —por ejemplo, un par de horas o una tarde— consiste en entrelazar actividades con diferentes objetivos de aprendizaje o bien variar las condiciones de la práctica periódicamente. Esto introduce pequeños lapsos de tiempo entre el aprendizaje inicial y el repaso, que aportan los beneficios propios de la práctica espaciada. Además, la variación *per se* también contribuye a hacer más flexible —más transferible a nuevas situaciones— lo aprendido, lo que ayuda a que no aparente haberse olvidado por el hecho de que no consigamos activarlo con las nuevas pistas que proporcione una nueva ocasión. Variar las pistas asociadas a un recuerdo o conocimiento puede facilitar recuperarlo en más contextos. En definitiva, la «práctica entrelazada» es, por derecho propio, otra de las estrategias para conseguir que lo aprendido persista en la memoria y sea más fácil encontrarlo en ella cuando resulte oportuno, tanto si se trata de nuevos conocimientos como de nuevas destrezas.

Reactivar los recuerdos «desde dentro»

Aunque para todos resulta obvio que practicar es indispensable para afianzar los contenidos de la memoria, ya hemos visto que la frecuencia con que lo hacemos puede arrojar resultados muy distintos. En realidad, el «cuándo» de la repetición no es la única variable relevante a tener en cuenta. También lo es el «qué». En Europa todos hemos visto un billete de diez euros en incontables ocasiones. Sin embargo, la mayoría no seríamos capaces de dibujarlo con un mínimo detalle. Exponerse a una información muchas veces, e incluso prestarle la suficiente atención como para identificarla, no es suficiente para registrarla en la memoria. Ya hemos mencionado que para recordar mejor es importante tratar de dar significado a lo que deseamos recordar, lo que implica asociarlo a nuestros conocimientos previos. Puesto que la memoria es mejor recordando los significados de las experiencias que sus detalles concretos, habitualmente nos quedamos con el significado que tiene dicho billete —su valor económico— y con la capacidad de reconocerlo, aunque no de reproducirlo. Si quisiéramos recordar y ser capaces de reproducir su aspecto, deberíamos pensar precisamente en eso: preguntarnos por qué motivo contiene la información que contiene, buscar en él detalles que nos resulten familiares y relacionar su función con su posición, compararlo con otros billetes para encontrar patrones en común, etcétera.

Si bien este tipo de acciones son útiles para generar recuerdos más duraderos desde el primer momento en que codificamos la información a recordar, ¿qué conviene hacer cuando se trata de repasarla? Por supuesto, siempre será mejor elaborar de nuevo que simplemente exponerse a la información otra vez. Pero hay algo que resulta aún más eficaz para convertir los repasos en episodios de reaprendizaje productivos: tratar de recuperar la información de la memoria en vez de volver a consultarla.

Ser capaz de encontrar en la memoria las trazas que dejó la experiencia en el pasado suele marcar la diferencia entre el recuerdo y el olvido. Si lo que deseamos no es solo ser capaces de reconocer una información cuando la tenemos delante, sino también reproducirla o emplearla desde nuestra memoria, entonces es preciso que practiquemos eso mismo. La «práctica de la evocación» es lo contrario a repasar volviendo a consultar la información que deseamos fijar en nuestra memoria, esto es, consiste en tratar de rescatarla de la memoria a partir de una o unas pocas pistas. Centenares de experimentos con toda clase de materiales de aprendizaje ponen de manifiesto que activar un recuerdo navegando por las redes de la memoria hasta encontrarlo lo afianza más que reactivarlo al percibirlo de nuevo —o, por lo menos, hace más probable que lo podamos hallar otra vez en el futuro, sin tenerlo delante. Y este efecto no solo ocurre cuando deseamos aprender hechos, sino también ideas y conceptos.

¿Por qué esta reactivación "desde dentro" hace más memorable la información que si se reactiva "desde fuera", por su presencia en el entorno? Algunos investigadores sugieren que cuando la información se reactiva porque el entorno vuelve a proporcionarla, lo hace con mucha precisión, es decir, solo se activan los engramas que representan dicha información, pero no los que representan otros conocimientos relacionados. En cambio, la evocación conlleva una activación mucho más difusa, que comporta reactivar también las redes de datos e ideas que nos ayudan a alcanzar la información que constituye nuestro objetivo, a partir de unas pistas. Es más, es posible que en el acto de evocación identifiquemos algunas conexiones con otros contenidos de nuestra memoria que antes no habíamos apreciado. De esta forma, el episodio de reconsolidación que implica reactivar una información es mucho más extenso cuando evocamos que cuando volvemos a consultar lo que deseamos afianzar en la memoria. Al reforzar los caminos que nos pueden llevar a lo que queremos recordar —y no solo los engramas que representan dicha información—, incrementamos la probabilidad de conseguirlo en el futuro, cuando ya no la tengamos delante. El célebre psicólogo estadounidense William James, en sus *Principios de psicología* (1890), lo expresaba así:

> Cuando aprendemos algo y ya casi nos lo sabemos, es mejor esperar y esforzarse por evocarlo, que volver a leerlo. Si hacemos lo primero, probablemente lo recordemos la próxima vez; si hacemos lo segundo, seguramente necesitaremos el libro de nuevo.

Cabe señalar que aquí James también hace referencia a la práctica espaciada cuando sugiere esperar antes de volver a abordar la tarea de aprendizaje, una vez se ha alcanzado un desempeño razonable. En realidad, la investigación de las últimas décadas ha reflejado que la combinación de práctica de evocación y práctica espaciada suele proporcionar los mejores resultados. En otras palabras, distribuir la práctica en el tiempo y convertir los repasos en evaluaciones que nos obliguen a tratar de evocar lo aprendido —y solo consultarlo para comprobar si es correcto o en caso de que no consigamos recordarlo—, contribuirá de manera inigualable a afianzar lo que se desea recordar. Incluso si no logramos evocar la información deseada, el hecho de haberlo intentado antes de consultarla contribuye a afianzarla mejor cuando por fin acudimos a la fuente. Esto quizá sea así porque esa búsqueda previa en la memoria habrá activado múltiples conocimientos relacionados con la información esquiva, que podrán vincularse a ella al volver a consultarla. Este fenómeno se conoce como «efecto potenciador del test». De hecho, la ventaja de la evocación *per se* es conocida como «efecto del test», en referencia a que el acto de evaluarse, que conlleva evocar lo aprendido, contribuye a consolidar con más fuerza lo evocado.

El sueño: consolidación en diferido

Es curioso que Quintiliano, quien apreció el beneficio que le proporciona a la memoria «el intervalo de una sola noche» y que notó cuán mejor se domina lo aprendido «al día siguiente», en sus escritos no apuntase al sueño como posible causa de este fenómeno. Como cualquier estudiante habrá podido experimentar, el sueño no solo nos proporciona el descanso necesario para recargar los recursos cognitivos, que son imprescindibles para realizar cualquier tipo de tarea mental, sino que es fundamental para consolidar lo que se aprendió durante el día anterior. Después de cualquier experiencia, y aunque ya no estemos pensando en ella, nuestro cerebro sigue trabajando para consolidarla en la memoria. A pesar de que este proceso se pone en marcha desde el momento en que codificamos la información, es durante el sueño cuando más eficiente resulta. Por eso, dormir bien es otra de las cosas que podemos hacer para ayudar a aplanar la curva del olvido. En realidad, el mismo Ebbinghaus ya se percató de ello en sus experimentos: cuando dormía en el periodo entre el estudio y la evaluación de su memoria, el olvido se reducía.

El proceso de consolidación en diferido que transcurre mientras estamos en los brazos de Morfeo es particularmente importante. Al suspender la conciencia, el sueño permite procesar la información recabada durante la vigilia de una forma que no era posible cuando estábamos despiertos: reactivando los recuerdos para someterlos a una nueva ronda de consolidación. En efecto, diversos estudios con roedores han puesto de manifiesto que los patrones neuronales que se activaron durante una experiencia de aprendizaje —los que representaron dicha experiencia— se reactivan durante el sueño, siguiendo incluso una secuencia parecida a la original, pero más rápida. Asimismo, los datos obtenidos en estudios de neuroimagen con humanos, que muestran activaciones en el hipocampo durante el sueño, son coherentes con esta observación. Se podría decir que el sueño fortalece lo aprendido por medio de la práctica de la evocación.

Mientras dormimos, vamos transitando una y otra vez entre dos fases del sueño que se caracterizan por distintos tipos de actividad cerebral. Esto puede apreciarse mediante una electroencefalografía, técnica que consiste en medir en tiempo real las fluctuaciones de la actividad eléctrica del cerebro —conocidas como «ondas cerebrales»—, al situar varios electrodos sobre el cuero cabelludo del sujeto. Así, durante la famosa fase REM (del inglés Rapid Eye Movement, cuyo nombre alude a los movimientos oculares rápidos que pueden apreciarse detrás de los párpados del sujeto durmiente), la electroencefalografía registra ondas de alta frecuencia y baja amplitud, parecidas a las que se observan durante la vigilia. Precediendo cada fase REM, se produce un conjunto de estadios que podemos llamar «fase no REM» o NREM, en que las ondas cerebrales son más lentas y de mayor amplitud. A lo largo de una noche, estas fases se alternan cíclicamente, pero en las primeras horas de sueño las fases NREM suelen durar más que las REM, mientras que el patrón opuesto se produce en las últimas horas.

Diversos estudios muestran que los procesos de reactivación de los patrones neuronales correspondientes a las experiencias previas al sueño se producen en las fases NREM y se interrumpen al alcanzar las fases REM. Esto sugiere que en las fases REM se podrían estar desarrollando los mecanismos de consolidación celular que siguen a la activación de las redes neuronales. Por lo tanto, la alternancia cíclica de una fase y otra podría corresponder a distintas oleadas de consolidación. No en vano, se ha observado que, cuando se entrena a un animal para que desarrolle una habilidad, aumenta el número de ciclos de sueño NREM-REM a lo largo de su periodo de descanso. Lo mismo se ha apreciado al comparar el sueño de roedores situados en un entorno con estímulos —como juguetes y otros compañeros— y el de roedores privados de estimulación. El sueño de los primeros suele contener más ciclos.

Algunos investigadores sugieren que los fenómenos de reactivación neuronales durante las fases NREM reflejan un proceso por el cual el hipocampo estimularía las diversas regiones de la corteza que representaron las experiencias, de tal modo que estas reforzasen las conexiones entre ellas y dejasen de depender del hipocampo para activarse conjuntamente. Dicho de otra manera, durante el sueño se promovería la llamada «consolidación de sistemas», la cual conllevaría integrar la nueva información en la estructura de la memoria a largo plazo, por medio de oleadas que combinarían reactivación y consolidación en la corteza cerebral. Este sería un proceso selectivo que reflejaría el hecho de que el sueño contribuye a la abstracción, dejando atrás los detalles específicos de las experiencias para extraer su trasfondo e integrarlo en las redes de conceptos de nuestra memoria semántica. Consolidación y olvido irían de la mano, en una suerte de mecanismo que pondría orden en los registros de la memoria más recientes y los emplazaría con cuidado entre las redes de nuestros recuerdos y conocimientos previos. En realidad, dormir no solo fija mejor lo aprendido, sino que también contribuye a conectarlo con ideas lejanamente asociadas, lo que se traduce en una mayor capacidad para tener revelaciones al día siguiente. Dormir mejora el aprendizaje y la creatividad.

La consolidación de lo aprendido lo resguarda del desvanecimiento inherente al paso del tiempo, pero también lo protege del olvido por interferencia. Múltiples estudios han mostrado que, si se estudian dos materiales similares con una pausa entre ellos que no incluya echar una cabezada, los individuos tienden a mezclar mucho más lo aprendido que si han podido dormir durante el intermedio. Por ejemplo, en un estudio donde los voluntarios aprendieron dos melodías musicales similares haciendo una pausa entre ellas, los que durmieron mostraron menor confusión que los que no durmieron entre cada sesión de aprendizaje. Por lo tanto, para los primeros —los que durmieron— el aprendizaje de ambas melodías se vio beneficiado por el sueño, mientras que los últimos no solo vieron perjudicado el aprendizaje de la primera melodía, sino también su capacidad de aprender otra melodía a continuación. Lo que ocurre durante el sueño no solo preserva mejor lo aprendido previamente, sino que nos prepara para aprender más.

En este sentido, algunos científicos proponen que el sueño refresca nuestra capacidad de registrar nueva información. Es como si el hipocampo, al transferir parte de sus registros a la corteza, liberase recursos para poder seguir registrando las experiencias del nuevo día con mayor fluidez y evitando interferencias. Así, algunos científicos proponen que el hipocampo haría posible registrar de manera inmediata e indiscriminada todas las experiencias del día y que estaría preparado para conseguirlo de tal forma que se minimizaran las interferencias entre ellas; pero esta facultad tendría un precio, y es que su capacidad de registro tendría un límite bastante ajustado, lo que haría necesario transferir parte de sus datos a otro soporte (la corteza) y renovar así sus recursos a diario.

Tanto si esta conjetura está en lo cierto como si no, el hecho es que dormir refresca nuestra capacidad de registrar en la memoria la información que percibimos. En un experimento en que se analizó la facilidad para recordar un material tras estudiarlo a las doce del mediodía o a las seis de la tarde, la mitad de los participantes durmieron algo más de hora y media entre las dos oportunidades, mientras que los otros participantes realizaron actividades rutinarias de su día a día. En la primera sesión de estudio y evaluación (al mediodía), el desempeño de los dos grupos fue similar. Sin embargo, en la sesión de la tarde, quienes habían dormido tuvieron un rendimiento mucho mejor que los que se habían mantenido despiertos todo ese tiempo. De hecho, solo la capacidad de aprender de estos últimos había disminuido a lo largo del día. Curiosamente, la restauración de la facultad de aprender que manifestaron quienes durmieron estuvo en relación directa con la duración de sus fases NREM durante la siesta, que los investigadores pudieron medir practicando electroencefalografías a los participantes del experimento mientras dormían.

Así las cosas, no es de extrañar que los factores que afectan negativamente a la calidad y cantidad del sueño puedan tener efectos adversos en la consolidación de la memoria. Entre ellos, podríamos destacar el uso de tecnologías digitales antes de dormir, en especial los videojuegos, y el consumo de cafeína. En cuanto a lo primero, diversos estudios han puesto de manifiesto que la estimulación emocional que causan los videojuegos puede alterar el sueño si se emplean pocas horas antes de irse a la cama. Además, el uso del móvil justo antes de dormir se ha asociado a mayor dificultad para conciliar el sueño, supuestamente por el hecho de que la luz brillante de su pantalla puede inhibir la secreción nocturna de melatonina, la hormona que regula los ciclos sueño-vigilia.

Con respecto al consumo de cafeína, diversos estudios estiman que los niños que toman refrescos que contienen esta sustancia duermen, de media, quince minutos menos cada noche. Además, el consumo habitual de cafeína puede derivar en un menor rendimiento cognitivo. Si bien tomar cafeína de manera puntual puede incrementar nuestra capacidad de alerta y atención, su consumo continuado puede derivar en una reducción de la función cognitiva, que solo recupera su nivel normal mediante el consumo de más cafeína, y solo de manera temporal. Es decir, el consumo frecuente de cafeína puede provocar que dependamos de ella para alcanzar un nivel de atención y alerta que ya teníamos por defecto antes de convertirnos en consumidores habituales. Esto se ha constatado también en niños que a menudo toman bebidas con cafeína. Por lo tanto, el consumo habitual de cafeína puede afectar al rendimiento académico porque inhibe la función cognitiva y altera el sueño. El efecto sobre el sueño ocasionaría cansancio y somnolencia durante el día, pero también alteraría la consolidación de la memoria.

En definitiva, dormir bien no solo es clave para nuestra salud y para rendir adecuadamente, sino que constituye un proceso esencial para afianzar nuestros recuerdos. Por eso, para un estudiante, pasar la noche en vela estudiando justo antes de un examen no solo es una mala idea para rendir, sino que augura aprendizajes efímeros y desestructurados.

El poder de las historias

Hasta aquí hemos visto qué acciones y circunstancias hacen más memorable la información que recibimos, porque de un modo u otro promueven la consolidación. Así, entre otras cosas, hemos apreciado que los estímulos que resultan emocionales suelen ser más memorables debido al efecto que las emociones tienen en los mecanismos de la memoria, aunque este efecto se extienda a cualquier otra información factual a la que atendamos justo antes, durante o justo después de la activación emocional. Ahora bien, hay otro tipo de materiales que, por su naturaleza, resultan especialmente memorables para la memoria humana: las historias.

Érase una vez un país llamado Reino Unido, cuyo nuevo currículum educativo introdujo la enseñanza de la evolución biológica en 5.º de Primaria. Era la primera vez que se trataría ese tema en esta etapa educativa, y unos perspicaces investigadores enseguida lo vieron como una interesante oportunidad: facilitarían la formación y los materiales necesarios a los docentes de Primaria para abordar el tema en clase, pero cada escuela interesada en su programa recibiría aleatoriamente una de dos posibles propuestas didácticas, la primera basada en actividades manipulativas, y la segunda, en escuchar historias.

El estudio en su conjunto fue un magnífico ejemplo de cómo hacer una investigación de calidad en el aula. Estaba bien diseñado, contó con una gran cantidad de participantes (más de tres mil alumnos) e incluyó su propia replicación. La hipótesis de salida situó la propuesta manipulativa como la más eficaz para promover el aprendizaje. Pero la sorpresa —aunque no para todos— fue que sucedió lo contrario. Los niños que se acercaron al concepto de evolución biológica escuchando las historias que les explicaron sus maestros aprendieron tanto o más que los que hicieron actividades manipulativas.

En realidad, más de cincuenta años de investigación han concluido que las historias tienen algo que las hace especiales para nuestra mente. Las historias atraen nuestra atención, nos resultan fáciles de entender y son especialmente memorables. Se dice que son «psicológicamente privilegiadas».

En primer lugar, las historias suelen resultarnos más interesantes que otro tipo de contenidos. Podemos pasarnos horas sentados escuchando —o viendo, o leyendo— una historia, y, según cómo termine, nos podemos quedar con ganas de más, preguntándonos: ¿qué pasará a continuación? Se ha sugerido que esta capacidad de atraer nuestro interés se debe a que las historias nos sitúan ante un conflicto que debe resolverse, y a nuestro cerebro lo motivan los problemas que creemos que podemos resolver. No importa el tema en cuestión. Lo que importa es el reto. Pero, además, en las historias los conflictos se aliñan con dificultades adicionales que surgen cuando los personajes tratan de resolverlos. Estas dificultades espolean aún más nuestra imaginación sobre los posibles desenlaces, y crece nuestro interés por saber qué sucederá. Por eso, en el contexto escolar y universitario, organizar las lecciones en forma de historias, partiendo de un conflicto a resolver —esto es, partiendo de la pregunta y no yendo directamente a ofrecer respuestas a preguntas desconocidas— es clave para la motivación. Oiremos menos eso de «¿Y esto para qué sirve?».

Las historias, por otro lado, tienen una estructura que las hace más fáciles de comprender y de recordar que otro tipo de discursos. El aprendizaje se basa en la construcción de significado, y cualquier circunstancia que facilite esa tarea promoverá el aprendizaje. En este sentido, las historias son uno de los modos más fundamentales que tenemos los seres humanos para dar significado a las cosas que suceden a nuestro alrededor y transmitirnos conocimientos unos a otros. No en vano, nuestra especie ha compartido historias alrededor del fuego desde tiempos inmemoriales.

¿Qué hace que las historias sean más fáciles de entender y recordar? Puede que su estructura ayude: los elementos que conforman las historias se conectan por relaciones de causa-efecto, esto es, todo lo que sucede en ellas responde a motivos de algún tipo. Además, las historias siempre se sitúan en lo concreto —en contraposición a lo abstracto—. Cada historia es como un ejemplo, y nuestro cerebro se maneja mucho mejor con los ejemplos que directamente con las abstracciones —por eso, cuando no entendemos algo, pedimos algún ejemplo—. Eso no significa que con las historias no aprendamos ideas o conceptos. ¡Claro que sí! Lo hacemos precisamente dando significado al relato. De hecho, muchos cuentos terminan con una moraleja final que señala el trasfondo de la historia, esto es, la idea que de ella se deriva.

Sea por el motivo que sea, el hecho es que nuestra capacidad de recordar una información se multiplica significativamente cuando esta se presenta en forma de historia. Y ello incluye el aprendizaje de la lengua en que se relata la historia. En efecto, las historias son uno de los recursos más eficaces para que los niños aprendan nuevo vocabulario espontáneamente, entre otras cosas. Aquí cabe mencionar que la riqueza del vocabulario en la infancia es un importante predictor de la comprensión lectora —¡de la comprensión lingüística!—. Por eso, compartir lecturas con los niños desde bien pequeños es una de las cosas más sencillas pero más extraordinarias que podemos hacer para contribuir a su desarrollo.

En fin, no debería sorprendernos que las historias en particular, y el lenguaje en general, sean uno de los medios de aprendizaje más relevantes para los seres humanos. Al fin y al cabo, nuestra extraordinaria capacidad para el lenguaje nos caracteriza como especie. El lenguaje impregna profundamente nuestra cognición y es el medio más eficiente de representar y compartir nuestras experiencias e ideas. Memoria y lenguaje están íntimamente relacionados. Tanto que algunos expertos sugieren que la amnesia infantil, de la que hablaremos en el capítulo sobre el desarrollo de la memoria, podría deberse al hecho de que hasta los tres años aún no hemos desarrollado completamente el lenguaje, y eso imposibilitaría que los recuerdos previos a esa edad fuesen evocables. Esta hipótesis fascinante, tanto si es correcta como si no, pone de manifiesto la estrecha relación entre lenguaje y memoria.

Y colorín, colorado, este capítulo se ha acabado.

5

Las fallas de la memoria

Recuerdos de lo que nunca fue

Quienes tenemos edad suficiente conservamos un buen puñado de recuerdos de los terribles acontecimientos que sacudieron a Estados Unidos el 11 de septiembre de 2001. El impacto emocional que nos provocaron las noticias sobre los macabros ataques con aviones de pasajeros a las Torres Gemelas de Nueva York y el Pentágono gravó aquellos recuerdos en nuestra memoria como un hierro candente, dejando así una marca imborrable en la bitácora del viaje de nuestras vidas. Muchos diríamos que aún recordamos aquel día como si fuese ayer. O al menos eso creemos.

Poco después de los atroces acontecimientos, un nutrido grupo de investigadores encuestó a miles de ciudadanos estadounidenses acerca de sus recuerdos del 11-S. Les preguntaron sobre las circunstancias en que habían tenido noticia de los ataques —dónde estaban, con quién, etcétera—, los detalles de lo sucedido —cuántos aviones había, dónde se estrellaron, etcétera—, cómo reaccionaron ante las noticias y, muy importante, cuán seguros estaban de la fidelidad de sus recuerdos. Los investigadores volvieron a encuestar a las mismas personas varias veces más, al cabo de uno, tres y diez años. Al comparar las respuestas a lo largo del tiempo, algo saltó a la vista de inmediato: los participantes habían ido olvidando los detalles de los acontecimientos, sobre todo durante el primer año después de lo ocurrido; sin embargo, su confianza en que recordaban los hechos tan bien como el primer día se había mantenido alta. Otros estudios similares replicaron este hallazgo e incluso mostraron que el ritmo de olvido era equiparable al olvido de otros acontecimientos cotidianos pero significativos, como una fiesta de cumpleaños o un partido, que los voluntarios reportaron haber vivido en los días previos al 11-S.

Como vimos en el capítulo anterior, es un hecho que las emociones intensas promueven la consolidación preferente de las experiencias que vivimos cuando estas se desencadenan, lo cual no es poco si tenemos en cuenta que pronto olvidamos la mayor parte de las cosas que, sin pena ni gloria, transitan por los episodios de nuestra vida. Aun así, esto no significa que los recuerdos emocionales sean inmunes al olvido; la inyección emocional los apuntala mejor al registrarlos, pero a partir de ahí, como cualquier otro recuerdo, enseguida devienen pasto de sus implacables efectos. El olvido los corroerá e irá podando sus detalles, dejando solamente una suerte de figura reconocible a lo lejos, pero difusa en las distancias cortas. Parte de lo olvidado se habrá perdido para siempre y otros detalles simplemente quedarán enmascarados por nuevas experiencias, que dificultarán recuperarlos. En resumidas cuentas, de lo vivido sobrevivirá poco más que una idea general, con algunos retales concretos cosidos aquí y allá.

Ahora bien, olvidar no solo consiste en ir extraviando fragmentos de lo experimentado, de tal modo que ya no los podemos recuperar. Los estudios sobre el 11-S ponen de manifiesto otra forma de olvidar, a la que merece la pena prestar especial atención. En efecto, en las sucesivas encuestas que completaron a lo largo de los años los participantes en estos estudios, no solo fueron omitiendo detalles que habían explicado antes. Con total naturalidad, también fueron introduciendo nuevos recuerdos, a menudo incompatibles con su versión anterior. Eran recuerdos de lo que nunca ocurrió.

En un documental de Netflix sobre la memoria, Melanie Mignucci explica su experiencia en aquel fatídico 11 de septiembre de 2001: «Recuerdo que mi madre estaba trabajando en la ciudad [Nueva York] y recuerdo ver el humo saliendo del agua en el estrecho de Long Island, por detrás del edificio de mi escuela». Sin embargo, cuando Melanie compartió estos recuerdos con su madre, esta le respondió: «¡Qué va! ¡En 2001 yo estaba trabajando en Connecticut!». Además, las ventanas de la clase de Melanie no daban hacia el agua, su escuela se encontraba a unos 64 km al norte de las Torres Gemelas, y el humo se había expandido hacia el sur. En otras palabras, Melanie no pudo haber visto aquellas escenas como cree que las vio. Sus recuerdos no encajan con los hechos.

Cuando pensamos en cómo nos falla la memoria, básicamente señalamos las situaciones en las que no conseguimos recordar lo que deseamos, o no caemos en ello en el momento oportuno. Todos tenemos muy presente que nuestra memoria olvida, y no nos parece extraño sufrir este tipo de percances. Sin embargo, hay otro modo en que nuestra memoria puede no funcionar de la forma que deseamos: alterando nuestros recuerdos e, incluso, creando recuerdos de experiencias que nunca ocurrieron. Si los primeros errores son de omisión, los falsos recuerdos son errores de comisión.

A Melanie le resulta increíble que las vivencias que guarda del 11-S, en lo más hondo de su memoria, no ocurriesen realmente. Pero esta circunstancia no es extraña en absoluto. En los diversos estudios que se han realizado sobre cómo las personas recuerdan aquel día, así como en estudios con otros sucesos significativos para el público —como el asesinato de Kennedy, el accidente del transbordador espacial Challenger, la muerte de Lady Di, etcétera—, no solo se han registrado estos falsos recuerdos de manera consistente, sino que también se ha puesto de manifiesto la marcada tendencia de las personas a creerlos como ciertos. Quizá las emociones no solo aumentan la memorabilidad de los acontecimientos que las acompañan, sino que también nos imbuyen mayor confianza en la fidelidad de los recuerdos que les asociamos, sean precisos o no.

Cambiando detalles

Los falsos recuerdos son probablemente tan comunes como los despistes y los olvidos, pero nos resulta mucho más difícil identificarlos, porque tendemos a confiar en nuestra memoria y porque en pocas ocasiones se nos da la oportunidad de contrastarla. La mayoría de falsos recuerdos corresponden a pequeños detalles sobre algún acontecimiento que alteramos sin mayores consecuencias.

Resulta bastante fácil generar falsos recuerdos. Un procedimiento que de manera habitual se utiliza en el laboratorio consiste en dar a un grupo de voluntarios una lista de palabras como la que se ofrece a continuación, para que la lea (o escuche) a razón de una palabra por segundo:

> descansar, cama, noche, cabezada, pernoctar, somnífero, despertador, soñar, ronquido, almohada, cuento, pijama, insomnio, siesta, bostezar

A continuación, se les pregunta sobre si determinadas palabras aparecían en la lista o no. Por ejemplo, la mayoría de las personas concluyen con acierto que la palabra «barco» no aparecía en la lista. También suelen ser mayoría quienes reconocen positivamente la palabra «pijama» y, desde luego, muchos también identifican la palabra «dormir». El problema es que mientras que «pijama» sí formaba parte de la lista, «dormir» no estaba en ella. Aun así, alrededor de un 30 por ciento de las personas que leyeron la lista están seguras de que sí lo estaba, y hasta un 60 por ciento lo confirman cuando, en vez de leer la lista, la escucharon.

Este caso concreto puede darnos algunas pistas sobre cómo se generan algunos falsos recuerdos. La lista anterior no incluye la palabra «dormir», pero todas las palabras que contiene están relacionadas semánticamente con ella, por lo que quizá consiguieron activarla en nuestra memoria a largo plazo, o por lo menos activaron su significado. Al ver después la palabra «dormir», nos cuesta discernir si la leímos —o escuchamos— realmente, o si sus reminiscencias surgieron de nuestra propia memoria. El efecto es tan robusto que algunas personas que participan en estos experimentos incluso se enfadan porque creen que los investigadores les están tomando el pelo.

En realidad, aquello que ya reside en nuestra memoria suele ser una importante fuente de falsos recuerdos. Quizá el primero que constató este hecho fue Frederic Bartlett, en 1932. Bartlett trabajaba en la Universidad de Cambridge y pidió a un grupo de sus estudiantes ingleses que leyeran una historia del folclore de los nativos norteamericanos: «La guerra de los espíritus». A continuación, dejó pasar un tiempo prudencial y les pidió que escribiesen el relato tal como lo recordaban, procurando ser lo más fieles posible. Por supuesto, era de esperar que los estudiantes no recordasen todos los detalles, pero lo que observó Bartlett fue mucho más interesante: los escritos constataban cómo su memoria había alterado la historia de tal modo que encajase con sus asunciones culturales y sus conocimientos previos. Los estudiantes no solo habían omitido algunos detalles —particularmente aquellos que podían resultarles menos familiares—, sino que habían añadido muchos otros o los habían modificado sin darse cuenta. Incluso algunos habían cambiado la estructura de la historia en concordancia con sus expectativas sobre cómo suele ser una historia.

Como ya hemos ido apreciando a lo largo de este libro, la memoria humana no guarda todo lo que experimentamos, sino que se queda con algunos fragmentos de la experiencia y los une a aquellos datos relacionados que ya albergaba. Así que, cuando se trata de recordar, la memoria recompone la experiencia *in situ*, mezclando contenidos que fueron compartidos por múltiples experiencias. En otras palabras, nuestra memoria funciona realizando inferencias para completar los huecos con los que ya nacen nuestros recuerdos, y lo hace por medio de los conocimientos que ha adquirido sobre cómo suelen ser determinados objetos o acontecimientos. Por ejemplo, si tratamos de recordar la última fiesta de cumpleaños a la que asistimos, emplearemos detalles sobre el tipo de cosas que sabemos que suelen suceder en esta clase de fiestas para reconstruir el recuerdo, como el hecho de que el homenajeado soplase las velas de un pastel. Si tratamos de recordar el encuentro que tuvimos ayer con algún compañero del trabajo, reconstruiremos detalles como el lugar donde estábamos, la ropa que llevaba nuestro interlocutor, su peinado y muchas otras cosas, a partir de realizar inferencias, más que recordando realmente esos detalles tal como eran. Nuestra memoria no es un relato de lo que fue, sino de lo que quizá ocurrió. Y para lanzar sus apuestas sobre lo ocurrido, la memoria se basa en los conocimientos que tiene y los incluye en nuestros recuerdos, porque lo más probable es que acierte o se acerque lo suficiente como para que nos baste.

En un estudio que refleja esta particularidad de la memoria, un grupo de personas escucharon una historia sobre un individuo que iba a un restaurante. Pasado un tiempo se les pidió que indicaran si el relato que habían leído incluía algunos acontecimientos concretos, asignando un grado de confianza a diversas frases que se les proporcionó. Los participantes recordaron bien los hechos que sí habían aparecido, especialmente si eran hechos que no suelen suceder cuando vamos a un restaurante —situaciones sorprendentes pero verosímiles—. También descartaron sin dificultad acontecimientos incongruentes con la historia que no habían aparecido. Sin embargo, muchos aseguraron recordar acontecimientos que no habían aparecido en la historia. Se trataba precisamente de hechos que suelen formar parte de una típica velada en un restaurante, como pedir la cuenta al terminar de cenar.

Algo parecido se constató en un experimento en que los voluntarios leyeron un párrafo sobre la vida de una persona llamada Carol Harris. El texto explicaba que, de niña, Carol había sido muy problemática. Una semana después los participantes recibieron una lista de frases y se les pidió que identificaran las que habían aparecido en el párrafo sobre Carol y descartasen las que no. Una de esas frases afirmaba que Carol era ciega y sorda, aunque esa información no constaba de ningún modo en el texto original. Lo interesante es que a la mitad de los participantes, antes de proceder a evaluar las frases, se les indicó que Carol Harris, en realidad, era Helen Keller, una famosa escritora cuya historia de superación, tras haber perdido la vista y el oído a los diecinueve meses de edad, era bien conocida por los participantes. Quienes recibieron esta información antes de la prueba, tuvieron mayor tendencia a afirmar que la citada frase había aparecido en el párrafo. Sus conocimientos habían acudido al rescate para completar lo que no recordaban, de un modo tan sutil que creían estar recordándolo.

En definitiva, el modo en que funciona nuestra memoria hace que los falsos recuerdos sean recurrentes e inevitables. Buena parte de lo que no conseguimos recordar simplemente nos lo inventamos sin darnos cuenta. Aunque nuestra memoria casi siempre acierte al incluir conocimientos relacionados con lo que tratamos de recordar, incluso si no formaron parte de ello, a veces se equivoca y ahí aparecen los falsos recuerdos. Por fortuna, esta operativa suele bastarnos para afrontar la cotidianeidad y la mayoría de las situaciones que la vida nos arroja; pero algunas veces, como veremos más adelante, puede tener consecuencias imprevisibles. En cualquier caso, esta no es la única manera en que nuestra memoria altera lo que creemos recordar.

Confundiendo la fuente

El 4 de octubre de 1992 los habitantes de Ámsterdam sufrieron una gran conmoción. Un avión de carga israelí, modelo Boeing 747, perdió dos de sus cuatro motores nada más despegar del aeropuerto internacional de Ámsterdam-Schiphol. Aunque estos aviones están preparados para volar con solo dos motores, resulta muy arriesgado hacerlo. Por eso, el comandante decidió dar media vuelta y regresar al aeropuerto. Pero no lo consiguió. Tras efectuar la maniobra de regreso, el avión había perdido mucha altura y, cuando sobrevolaba el barrio de Bijlmermeer, se estrelló contra un edificio de apartamentos de once plantas. Parte del edificio se vino abajo y se desató un incendio de dimensiones catastróficas. Los cuatro tripulantes del avión y treinta y nueve personas que aquella tarde se encontraban en el edificio fallecieron. El acontecimiento se consideró una catástrofe nacional y durante días fue el principal tema de los noticiarios y las tertulias en los medios de comunicación. Las televisiones mostraron imágenes de lo que quedaba del edificio en llamas y del trabajo de los equipos de rescate, quienes consiguieron poner a salvo a algunos supervivientes. Las crónicas periodísticas relataron una y otra vez lo sucedido, ilustrándolo con todo tipo de imágenes, y se entrevistó a los pocos testigos que lo presenciaron. Las conversaciones aquellos días apenas trataron de otra cosa. Todo el país supo de la tragedia de un modo u otro.

Diez meses después del trágico acontecimiento, unos investigadores holandeses encuestaron a casi doscientas personas sobre lo sucedido, con el objetivo de poner a prueba su memoria. Por motivos prácticos, los encuestados resultaron ser titulados universitarios que trabajaban en la universidad, de modo que se asumió que comprenderían las preguntas de la encuesta sin dificultad. Básicamente, debían confirmar si habían visto por televisión las imágenes del avión colisionando con el edificio, y, de ser así, explicar cuánto tardó en desatarse el fuego después de la colisión. El 55 por ciento de los participantes confirmaron haber visto las imágenes y pudieron, por lo tanto, estimar el tiempo que había tardado en desbocarse el incendio. Un 18 por ciento declaró no acordarse de ese detalle. El problema es que, en realidad, las imágenes del avión impactando con el edificio no existían. Era imposible que las hubieran visto. Aun así, solo diez meses después del accidente, más de la mitad de los encuestados estaban seguros de haberlas visto, hasta el punto de que la mayoría de ellos podían recordar cuándo se inició el incendio —aunque tampoco hubiese imágenes de ello.

Uno de los errores que habitualmente comete la memoria consiste en confundir la fuente de nuestros recuerdos. A veces creemos haber leído algo en un lugar distinto al que lo hicimos, o erramos sobre quién nos dio una noticia. Pero una confusión muy frecuente es la que ocurre cuando no somos capaces de discernir si una cosa la vivimos o solamente la imaginamos. Los contenidos de nuestra memoria a largo plazo, al fin y al cabo, son los ecos de lo que pensamos, las huellas de todo cuanto pasó por nuestra memoria de trabajo —ese "espacio mental" en el que situamos la información a la que estamos prestando atención y donde podemos jugar con ella para razonar e imaginar—. Por eso, resulta muy difícil distinguir entre los recuerdos generados por la percepción sensorial y los recuerdos generados por el pensamiento y la imaginación. Lo comprobamos cada vez que al salir de casa nos preguntamos si hemos cerrado la puerta con llave o solo lo hemos imaginado.

Replicar este fenómeno en el laboratorio es bastante sencillo. Podemos proyectar una lista de palabras, una a una, y acompañar la mitad de ellas con una imagen del objeto al que hacen referencia. En cuanto a la otra mitad, pedimos a los participantes que sean ellos los que visualicen el objeto en su mente. Entonces, dejamos pasar un determinado periodo de tiempo y luego les preguntamos si las palabras de la lista se presentaron acompañadas de una imagen o no. Cuando se procede de este modo, las personas creen haber visto imágenes acompañando a alrededor de un tercio de las palabras que en realidad no las llevaban. Haber pensado en ellas deja un rastro tan parecido a haberlas visto que es difícil de discernir, sobre todo cuanto más tiempo pasa. Experimentos así incluso se han replicado pidiendo a las personas que realicen una acción o se imaginen realizándola.

Estos errores de atribución, derivados de confundir la fuente de nuestros recuerdos, también son un tipo de falsos recuerdos. En realidad, los falsos recuerdos que generamos con una lista de palabras relacionadas por su significado, como en el ejemplo de las palabras relacionadas con «dormir», pueden explicarse tanto por la intromisión de nuestros conocimientos previos —añadimos una palabra que tendría todo el sentido que formase parte de la lista— como por una confusión de la fuente —no sabemos si la palabra en cuestión estaba realmente en la lista o lo que sucedió es que pensamos en ella al oír las demás.

Confundir la fuente tampoco suele ser un problema en nuestro día a día, pues, al fin y al cabo, no recordamos con exactitud cuándo, ni dónde, ni cómo obtuvimos la mayoría de los conocimientos que tenemos. Pero a veces puede resultar importante recordar la fuente, como cuando nos viene a la mente la opinión que oímos sobre un producto que queremos comprar, pues no sería lo mismo que dicha opinión viniese de alguien en quien confiamos o de un anuncio, por ejemplo. También puede resultar útil no confundir los sueños con acontecimientos que realmente ocurrieron.

Preguntas sugerentes

Estudios como el del accidente de avión en Ámsterdam no solo ponen de manifiesto que los falsos recuerdos pueden generarse por confusión de la fuente. También constatan un hecho muy interesante: que una de las formas más eficaces de introducir falsos recuerdos en la memoria de una persona es a través de las preguntas que se le plantean para que recuerde algo. Cuando las preguntas incluyen información que da por hecho algún aspecto del acontecimiento a recordar —como que existían imágenes sobre la colisión del avión con el edificio—, la probabilidad de que nuestra memoria se amolde a ello es alta. Esto es algo que ya en los años setenta puso de manifiesto una de las personas más reconocidas en el estudio de los falsos recuerdos, Elizabeth Loftus.

En un trabajo de investigación ya clásico del equipo

de Loftus, un grupo de voluntarios vio un vídeo que mostraba un pequeño accidente de tráfico. A continuación, los investigadores les plantearon varias preguntas sobre lo que habían observado. Pero las preguntas no eran exactamente iguales para todos, sino que contenían diferencias muy sutiles que insinuaban cosas distintas. Por ejemplo, una pregunta podía ser: «¿A qué velocidad estima que iban los vehículos cuando *toparon*?», mientras que su versión alternativa podía ser: «¿A qué velocidad estima que iban los vehículos cuando *se estrellaron*?». Quienes recibían la segunda versión de la pregunta, que contenía un verbo más agresivo, solían sugerir velocidades mayores que los que leyeron la primera. Incluso aquellos eran más propensos a recordar haber visto cristales en la escena del accidente que quienes leyeron la versión más suave. El modo en que se planteaba la pregunta era suficiente para alterar la evocación de sus recuerdos.

Pero quizá un hecho más preocupante aún ocurre cuando las preguntas incorporan información de algo que no sucedió y más tarde se vuelve a preguntar sobre lo sucedido. En este sentido, el equipo de Loftus también puso de manifiesto que incluir en las preguntas una información sobre los sucesos a recordar podía alterar los recuerdos a largo plazo. Esto es, no solo sesgaba el modo en que el sujeto respondía a la pregunta en el momento en que se le preguntaba, sino que también cambiaba sus recuerdos. En concreto, tras mostrar un pase de diapositivas sobre un accidente de tráfico, un grupo de voluntarios respondió a la pregunta: «¿Algún otro vehículo adelantó al Datsun rojo cuando este se detuvo ante la señal de ceda el paso?». Pero la señal de tráfico que aparecía en las imágenes era, en realidad, un stop. Cuando días más tarde se pidió a los participantes que indicaran qué señal de tráfico habían visto en las diapositivas, los que habían recibido la falsa información integrada en la pregunta se decantaron más por un ceda el paso que quienes no la habían recibido.

Las consecuencias de que podamos alterar la memoria con tan solo introducir información sesgada en las preguntas que realizamos tiene tremendas consecuencias en un asunto que no es menor: los interrogatorios a los testigos de crímenes. Buena parte de las sentencias que han enviado a miles de personas a la cárcel, o incluso a la silla eléctrica, se han fundamentado en el testimonio de personas que presenciaron los hechos. En Estados Unidos, por ejemplo, se estima que el 20 por ciento de las condenas se basan en las declaraciones de testigos como principal prueba del delito. Según el Registro Nacional de Exoneraciones de ese país, el 69 por ciento de los condenados que han sido exonerados —después de pasar años o décadas en la cárcel— gracias a pruebas de ADN fueron culpabilizados basándose en identificaciones incorrectas por parte de los testigos.

En 1984, Jennifer Thompson sufrió una terrible agresión sexual cuando un hombre la asaltó en su propio apartamento. En la rueda de reconocimiento de sospechosos, Jennifer manifestó tener muchas dudas y no estar segura en absoluto de quién era su agresor, si es que acaso estaba entre los presentes. Pero al final se decidió por señalar a uno, expresando que era el que más se parecía, pero sin estar segura de que lo fuese. El agente de policía que la acompañaba asintió con un «OK». Puede que incluso realizara algún sutil gesto de aprobación. El caso es que, semanas más tarde, Jennifer había pasado de no estar segura en absoluto a creer firmemente que aquel individuo había sido su agresor. «Estoy completamente segura de que ese hombre fue quien me atacó», declaró en un juicio en presencia del acusado. Aquel hombre se llamaba Ronald Cotton y fue condenado a cadena perpetua. Tras once años encerrado, las pruebas de ADN permitieron dar con el auténtico agresor y Ronald fue puesto en libertad. Jennifer no podía dar crédito a lo que había pasado y se sintió terriblemente desolada por haber acusado a una persona inocente. No comprendía cómo su memoria la había podido engañar así. Tras la resolución del caso, Jennifer y Ronald volvieron a encontrarse y convirtieron su desdicha en una extraordinaria historia de redención y perdón. Incluso escribieron un libro juntos para alertar de la falibilidad de la memoria de los testigos y de la necesidad de revisar los procedimientos policiales para obtener testimonios. Por desgracia, la mayoría de las historias sobre identificaciones erróneas de supuestos criminales no tienen un final feliz.

¿Cómo es posible que un simple amago de asentimiento expresado en un «OK» pueda tener tanto poder para alterar la memoria de una persona? Desde luego puede que haya mucho más detrás de esta situación. Es posible que Jennifer confundiera la fuente de sus recuerdos y creyera haber visto a Ronald en la escena del crimen, cuando en realidad solo lo vio en la rueda de reconocimiento.

De hecho, podemos apreciar un fenómeno relacionado con este tipo de errores cuando experimentamos una sensación de familiaridad: somos conscientes de haber visto u oído algo antes, pero no sabemos dónde ni cuándo. El problema es que a veces, sin darnos cuenta, confiamos en esa sensación para reconstruir nuestras vivencias y entonces damos pie a que surjan falsos recuerdos. Los estudios de neuroimagen han permitido corroborar que la sensación de familiaridad que acompaña a los falsos recuerdos puede estar implicada, al menos en parte, en que las personas acaben dando por buenos esos recuerdos.

Otro caso singular de testimonio erróneo atribuible a un falso recuerdo fue el que estuvo a punto de cambiarle la vida al psicólogo australiano Donald Thomson. Un día después de aparecer en un programa de televisión —hablando ni más ni menos que de las frecuentes inconsistencias de la memoria de los testigos—, la policía fue a buscarle a su domicilio. Una mujer a quien habían agredido sexualmente en su propia casa la noche en que se emitió el programa lo había reconocido como su agresor. Por fortuna para Thomson, el programa había sido en directo, alrededor de la hora en que se había producido el crimen, por lo que su coartada no tenía fisuras. Al parecer, la mujer había visto el programa poco antes de sufrir la agresión y había confundido el rostro del psicólogo con el del agresor. El fenómeno tras este tipo de errores, en que las identidades de dos personas se intercambian en nuestra memoria, se conoce como «transferencia inconsciente» y corresponde a otra de las formas que toman los falsos recuerdos ocasionados por una confusión de la fuente.

Editando los recuerdos

En los errores por confusión de la fuente, dos o más experiencias distintas se entremezclan en un mismo recuerdo, de tal modo que no somos capaces de discernir qué detalles provinieron de cada episodio, sino que perdemos su rastro y creemos apelar a una única situación. Además, las cosas que pensamos e imaginamos también pueden proveer material para la confusión, casi como si las hubiéramos vivido. Esto último significa que una pregunta o una conversación, por ejemplo, al guiar nuestro pensamiento, pueden actuar como si de una nueva experiencia vivida en primera persona se tratase, para a continuación mezclarse con otros recuerdos.

Pero ¿por qué se mezclan nuestros recuerdos? Para explicarlo podemos basarnos en uno de los modelos que hemos empleado en este libro al explicar cómo funciona la memoria. Según este modelo, nuestras experiencias se registran en la memoria como patrones neuronales concretos, que representan la información recibida. A diferencia de los ordenadores, nuestra memoria no va guardando la información procedente de cada experiencia en un espacio "libre", sino que reaprovecha todos los datos que ya contiene, procedentes de experiencias anteriores y que son comunes a la nueva experiencia. En otras palabras, las experiencias similares, o que poseen elementos en común, comparten algunos patrones neuronales. En nuestra memoria, por lo tanto, cada fragmento de información tiene su lugar específico —su patrón neuronal— y, si ya está "lleno" porque alguna experiencia previa lo aportó, se aprovecha para representar y reconstruir cualquier nueva experiencia que incluya esa información. En general, somos capaces de distinguir experiencias distintas porque las combinaciones de patrones neuronales que las representan no son exactamente iguales. Para empezar, contendrán referencias de tiempo o lugar diferentes, especificando dónde y cuándo sucedió lo registrado. Sin embargo, esta diferenciación, que es bastante evidente cuando las experiencias son recientes, se va difuminando con el tiempo, hasta el punto de que resulta harto complicado distinguir entre ellas. Los detalles que hicieron única cada experiencia se van perdiendo y solo nos va quedando el trasfondo que tenían en común. Esos detalles que se pierden, precisamente, incluyen los que nos permitían asociar el recuerdo a la fuente del mismo: al lugar, modo e instante en que lo adquirimos. Sin ellos, las diversas experiencias que apelan a unos mismos hechos, ideas o acciones se difuminan y entremezclan, y perdemos la capacidad de distinguir su origen.

Este modelo sobre cómo funciona la memoria tiene una implicación muy relevante para el asunto que nos ocupa: cada vez que revisitamos un recuerdo, lo volvemos susceptible de ser modificado. En el capítulo anterior vimos que evocar un recuerdo pone en marcha una nueva ronda de consolidación, que puede fortalecerlo y hacer más probable que podamos volver a evocarlo en el futuro. Pero cuando reactivamos los patrones neuronales de un recuerdo, no solo los sometemos a una reconsolidación, sino que los sensibilizamos y permitimos que puedan incorporar nueva información, uniéndose a otros patrones que la experiencia en curso esté activando simultáneamente. De hecho, es gracias a esto que podemos aprender y generar nuevas ideas, conectando contenidos de nuestra memoria que se mantenían ajenos al ser activados a la vez.

En realidad, cada episodio de evocación reconstruye un recuerdo de un modo concreto, dejando atrás detalles que contenía y añadiendo otros que la memoria infiere a partir de sus conexiones a otros recuerdos. Puesto que lo evocado se reconsolida mientras que la información excluida no lo hace, el recuerdo original queda sesgado por su reconstrucción imperfecta durante la evocación. Cada vez que recordamos algo, lo modificamos sin darnos cuenta de ello.

Existen otras formas de comprender cómo opera la memoria, pero todas deben dar explicación al fenómeno de los falsos recuerdos en concreto y la falibilidad de la memoria en general, no solo en términos de olvido. Ya hemos visto que las alteraciones que sufren nuestros recuerdos son habituales, aunque normalmente no tienen mayor repercusión. Al fin y al cabo, la memoria suele acertar bastante a la hora de completar la información necesaria para reconstruir nuestras experiencias. Aunque también hemos apreciado que, en ocasiones, confiar en su precisión sin tener en cuenta sus limitaciones puede tener consecuencias desastrosas.

En cualquier caso, podría parecernos que los falsos recuerdos son solo confusiones menores derivadas de la mezcla de recuerdos y conocimientos procedentes de distintas experiencias. Nada más lejos de la realidad. Las alteraciones de nuestra memoria pueden ser tan extremas como para que lleguemos a recordar acontecimientos que nunca sucedieron. Como ya se ha dicho, las experiencias que no vivimos, pero que imaginamos, pueden dejarnos un rastro en la memoria similar al que deja haberlas vivido. Cuando, con el tiempo, se pierden las referencias que nos permiten recordar que solo las imaginamos, las posibilidades de que creamos que fueron reales son sorprendentes.

Vivencias no vividas

A finales de los años ochenta y principios de los noventa, en Estados Unidos aparecieron múltiples casos de personas que afirmaban haber recuperado recuerdos de los que no habían tenido constancia desde que eran niños. Lo más preocupante es que no se trataba de hechos anecdóticos sin importancia, sino de supuestos abusos que habían sufrido durante la infancia. Lo que tenían en común la mayoría de estas personas era que habían recuperado tales recuerdos después de someterse a varias sesiones de psicoterapia, con terapeutas que empleaban métodos como la hipnosis y la visualización guiada para ayudarles a alcanzar sus recuerdos reprimidos en lo más profundo de su memoria, o al menos eso les habían asegurado. Es importante señalar que no se trataba de personas que siempre habían recordado tales hechos y que al fin hallaron el valor para denunciarlos, sino que afirmaban haberlos olvidado por completo durante décadas y haberlos recuperado gracias a la terapia.

Como es lógico, estas personas empezaron a demandar a sus supuestos agresores: familiares, vecinos, maestros y todo aquel que había emergido en su memoria como presunto abusador. En uno de esos casos, un padre de familia llamado Paul Ingram, agente de policía de profesión, fue acusado por varios de sus hijos de haberlos sometido a abusos sistemáticos durante años cuando eran niños, algo que ellos habían recordado gracias a la terapia. Paul juraba no tener constancia de nada de lo que sus hijos lo acusaban, pero asumió que debía ser cierto «porque los había educado para honrar siempre la verdad». Tras semanas de interrogatorios y sesiones de terapia sugestiva, Paul, al igual que sus hijos, empezó a recordar. Sin embargo, los hechos que padre e hijos relataban no acababan de encajar con las otras pruebas. Por ejemplo, al principio los hijos negaron que los abusos incluyeran ritos satánicos, pero después de varios días de terapia ahondando en ese aspecto, empezaron a rememorar que, en efecto, su padre les infligía quemaduras con hierros candentes y les causaba cortes para extraer su sangre y emplearla en tales rituales. Aun así, ninguno de ellos mostraba rastros de cicatrices.

La evidente falta de pruebas quedó a un lado cuando Paul decidió confesar y asumir su culpabilidad a partir de los recuerdos que él había recuperado. No fue hasta más tarde, ya en la cárcel, cuando empezó a comprender que tanto sus presuntos recuerdos como los de sus hijos, en este caso al menos, habían sido producto de su imaginación. Un psicólogo que intervino en el caso aportó algunas pruebas de ello. Al sospechar de la fiabilidad de los recuerdos de Paul y sus hijos, decidió inventarse un hecho que, de entrada, los hijos negaron rotundamente que hubiese sucedido durante los presuntos abusos. Al interrogar a Paul, le dijo que sus hijos le habían contado dicho acontecimiento. Paul, desconcertado, también lo negó al principio. Pero, después de varios días dándole vueltas, terminó por incorporarlo a sus recuerdos y confirmarlo.

A finales del siglo pasado, los cientos de casos de personas que presuntamente recuperaban recuerdos reprimidos tras someterse a determinados tipos de terapia desataron uno de los debates más acalorados de la historia de la psicología. No en vano, los avances que se habían realizado desde los años setenta en materia de falsos recuerdos inclinaron a muchos psicólogos a pensar que el tipo de terapias que se estaban empleando en aquellos casos tenía muchos números de estar provocando falsos recuerdos, tal y como habían probado una y otra vez en el laboratorio. Por ejemplo, el hecho de invitar a los pacientes a visualizar el pasado sugestionados por las orientaciones del terapeuta, que en ocasiones incluso podía estar predispuesto a encontrar algún recuerdo de abuso infantil costase lo que costase, era una práctica claramente proclive a generar falsos recuerdos. Ya vimos cómo la mayoría de los encuestados recordaban haber observado el avión colisionando con el edificio de Ámsterdam, cuando en realidad solo lo habían imaginado. En cuanto a la hipnosis, como dijimos en el capítulo anterior, no contamos con evidencias de que contribuya a recordar mejor nuestras experiencias. No obstante, el hecho de que los sujetos crean que sí ayuda y que se les presione para que recuerden su pasado en este supuesto estado de alta sugestión, invita a sospechar que sus revelaciones sean poco más que falsos recuerdos. Es más, si las personas creen que la hipnosis tiene tal poder, es probable que confíen mucho más en la veracidad de los sucesos que visualizan en su mente, sean precisos o no.

Cabe decir que la hipnosis puede proveer una vía de escape para un testigo que de buenas a primeras no se atrevió a dar todos los detalles que recordaba, quizá por algún conflicto de intereses. Si el testigo cree que la hipnosis tiene el poder de recuperar recuerdos que de otro modo son irrecuperables, puede aprovechar la ocasión para hacer ver que gracias a la hipnosis los recordó, cuando antes no lo había logrado. Es una posibilidad que no debemos descartar cuando se trata de evaluar la eficacia de esta técnica en contextos reales.

La idea de que las personas pueden reprimir recuerdos durante años de manera inconsciente, quizá para evitar el sufrimiento que estos les causan, es muy interesante, pero apenas cuenta con evidencias científicas plausibles y mucho menos con el consenso de la comunidad científica. No se niega que existan casos en que las personas hayan recuperado recuerdos traumáticos de manera espontánea tras años habiéndolos dado por olvidados, pues existen algunos ejemplos indiscutibles en la literatura científica, pero se considera que son casos excepcionales, que no reflejan un mecanismo típico de la memoria. En cambio, la generación de falsos recuerdos es muy frecuente y cuenta con infinidad de evidencias. Como ya se dijo, puede que los falsos recuerdos sean tan comunes como los despistes y los olvidos, pues al igual que estos, son una consecuencia natural del modo en que opera la memoria. Además, si una cosa es sabida sobre los acontecimientos con una gran carga emocional es que resulta muy difícil olvidar que sucedieron, todo lo contrario a lo que sugieren quienes defienden la noción de los recuerdos reprimidos. Lo que realmente cuesta es olvidarlos, no recordarlos. Ya vimos en el capítulo anterior los mecanismos neurobiológicos concretos mediante los cuales las emociones fuertes modulan la consolidación de los acontecimientos que las han acompañado, asegurándose de que los recordamos de manera preferente.

Es importante insistir en que los investigadores en estas cuestiones no descartan que haya casos de represión confirmados —personas que recuperan recuerdos traumáticos de su infancia, como abusos sexuales, que luego son corroborados por otro tipo de pruebas—, pero, dada la frecuente dificultad de contar con otras pruebas para confirmar tales acontecimientos, y teniendo presente la tremenda tendencia de nuestra memoria a generar falsos recuerdos, subrayan la necesidad de garantizar que las personas no se someten a técnicas sugestivas para alcanzar dichos recuerdos. En realidad, en la inmensa mayoría de los casos de recuerdos "reprimidos" que se han podido confirmar con otras pruebas, los sujetos recuperaron los recuerdos de manera espontánea, normalmente porque un estímulo en el ambiente se los recordó, pero no porque fuesen a terapia —con frecuencia, van después de recuperarlos.

En un estudio realizado en 2007, un equipo de investigadores comparó los casos de personas que siempre habían recordado episodios de abuso infantil que habían sufrido con los de personas que presuntamente los habían olvidado y vuelto a recuperar de adultos. Entre estos últimos estaban los casos de personas que los habían recuperado de manera espontánea —por ejemplo, al volver años después al lugar de los hechos— y los de personas que los habían obtenido tras varias sesiones de terapia. La proporción de casos nunca olvidados que habían podido ser confirmados por otras pruebas, además del testimonio de las víctimas —por desgracia, el abuso infantil es un crimen que puede resultar difícil de contrastar con otras pruebas—, fue del 45 por ciento. La proporción de casos respaldados por pruebas en el supuesto de víctimas que habían recuperado sus recuerdos espontáneamente fue del 37 por ciento, muy parecido al anterior. En cambio, la proporción de casos surgidos tras la terapia que contaban con el respaldo de terceras pruebas fue del 0 por ciento. Obviamente, eso no significa que ninguno de estos casos pudiese ser cierto, pero nos alerta del peligro que conlleva la sugestión y nos recalca la conveniencia de no emplear determinadas prácticas que dificultan discernir entre recuerdos reales y falsos recuerdos. Porque si los recuerdos que producen estas técnicas son falsos, pueden destrozarles la vida a muchas personas, incluidas las presuntas víctimas. Y si los recuerdos son reales, el hecho de haberlos rescatado mediante prácticas sugestivas puede restarles credibilidad.

Así las cosas, la investigación sobre la falibilidad de nuestra memoria ha avanzado mucho en las últimas décadas. La conclusión es que los falsos recuerdos son un fenómeno muy habitual y cotidiano, fácil de reproducir en el laboratorio. Todos cometemos pequeños errores de este tipo con frecuencia. Ahora bien, la generación de falsos recuerdos de presuntas vivencias tan dramáticas como las mencionadas antes no parece nada habitual. Los investigadores arguyen que los casos de recuerdos recuperados son excepcionales y no responden a un mecanismo convencional de la memoria. Por lo tanto, deben demostrar que la alternativa —esto es, que sean falsos recuerdos— es una explicación más plausible. En este sentido, ¿han podido los experimentos aportar pruebas de que este tipo de falsos recuerdos tan increíbles son frecuentes en determinadas circunstancias? Así es. Más allá de los experimentos anecdóticos con listas de palabras o historias irrelevantes, los científicos han conseguido, una y otra vez, implantar falsos recuerdos de acontecimientos enteros en la memoria de las personas.

Implantando recuerdos

Para la mayoría de las personas, un viaje en globo aerostático es, sin duda, una experiencia única e inolvidable. Si alguien ha viajado en globo alguna vez, es muy probable que lo recuerde. Del mismo modo, si uno nunca ha viajado en globo —por lo menos, no a partir de cierta edad—, también lo sabría. Sin embargo, en un experimento en que los padres de los participantes dieron fe de que sus hijos jamás habían viajado en globo cuando eran niños, se consiguió implantar este recuerdo a la mitad de ellos mediante un simple procedimiento: se les mostró una fotografía falsificada en la que aparecían siendo críos en un globo, junto con un familiar. Después de varias entrevistas para poner a prueba su memoria, el 50 por ciento de los participantes declararon recordar parcial o totalmente aquel viaje en globo.

En las últimas décadas, los investigadores que estudian la volubilidad de nuestra memoria han descubierto múltiples procedimientos que promueven la implantación de falsos recuerdos en buena parte de las personas que se someten a ellos. La modificación de fotografías o vídeos es uno de ellos, pero hay más. Y cabe destacar que precisamente la hipnosis y la visualización guiadas están entre las técnicas que han resultado efectivas. Con estos procedimientos, los psicólogos —bajo la atenta supervisión de los comités de ética de investigación— han conseguido que muchas personas "recuerden" acontecimientos de su vida que nunca sucedieron, incluso hechos tan inverosímiles como haber visto un fantasma. Algunos estudios incluso han conseguido que las personas pierdan el apetito por algún tipo de alimento en concreto, después de hacerles recordar falsamente que de pequeños sufrieron un terrible empacho.

El primer trabajo científico que puso de manifiesto la posibilidad de implantar falsos recuerdos de cierto calado llegó de la mano del equipo de Elizabeth Loftus. Por medio de nada más que tres entrevistas, lograron que una cuarta parte de los participantes en su estudio empezaran a recordar que de pequeños se habían perdido en un centro comercial, a pesar de que sus familiares confirmaron que tal hecho nunca había sucedido. Para lograr su objetivo, los investigadores solo tuvieron que dar por ciertos esos acontecimientos, diciéndoles a los voluntarios que sus familiares se los habían explicado, y a continuación pedirles en varias ocasiones que tratasen de recordarlos. Esto normalmente se hace mezclando acontecimientos verdaderos que han proporcionado los familiares de los voluntarios con acontecimientos inventados por los investigadores.

Otros trabajos posteriores de diversos grupos de investigación han implantado falsos recuerdos tan destacables como haber armado un buen lío en una boda al derramar la ponchera sobre los padres de la novia, haber sido sometido a una operación, o haber resultado herido de gravedad por el ataque de un animal, la agresión de otro niño o un accidente casero. Como puede notarse, se trata de acontecimientos que, de ser ciertos, comportarían una importante carga emocional, por lo que debería resultar fácil discernir si uno los vivió o no realmente. Aun así, entre el 20 y el 50 por ciento de las personas que participan en estos estudios terminan incorporando esos recuerdos a su memoria y proporcionando detalles de su propia cosecha sobre los mismos, aunque en realidad tales hechos nunca les ocurrieron.

Algunos estudios incluso han puesto de manifiesto que, cuando a los participantes se les revela que varios de los acontecimientos sobre los que hablaron con los investigadores eran falsos, la mayoría de quienes los creyeron no consiguen identificarlos. En el momento en que se incorpora un falso recuerdo a la memoria, puede parecer tan certero como un recuerdo real. De ahí que tantos testigos de crímenes hayan podido fallar en su testimonio, aun sin ninguna mala intención.

Distinguir los falsos recuerdos

Un testimonio equivocado puede causar mucho dolor. Dolor para quien resulta acusado e incluso condenado aun sabiéndose inocente; dolor para quien, convencido, lo señaló y años después descubrió su equivocación; y dolor para todos los familiares, amigos y demás allegados que se preocupan por ellos. Así, entender bien cómo se generan los falsos recuerdos no es solo una cuestión de curiosidad científica, sino que tiene aplicaciones muy relevantes.

En general, las personas creen que la memoria es como una cámara de vídeo y que sus únicos defectos se plasman en la pérdida espontánea de información o en el hecho de no haberla registrado bien por falta de atención. Asumimos que una información que estaba en nuestra memoria puede desaparecer o extraviarse en ella, pero damos por hecho que, si algo sigue ahí y podemos evocarlo, será fiel a la realidad. Sin embargo, cuando uno aprecia lo extremadamente voluble que es nuestra memoria, comprende lo falibles que pueden ser las declaraciones de los testigos, sobre todo cuando se trata de recordar acontecimientos que provocaron grandes dosis de estrés. Es evidente que no tiene ningún sentido descartar sistemáticamente los testimonios de un crimen por el mero hecho de que la memoria tenga sus limitaciones, pero tampoco podemos ignorar estas circunstancias y menospreciar que, en algunas ocasiones, la forma en que funciona la memoria nos puede jugar una mala pasada. Desde luego, este es un asunto extremadamente delicado, y de ahí que resulte tan importante seguir investigando sobre el fenómeno de los falsos recuerdos en particular y el funcionamiento de nuestra memoria en general. Las víctimas y la sociedad en su conjunto merecen que seamos capaces de identificar con precisión los auténticos responsables de los actos criminales.

En este sentido, algunos investigadores han tratado de averiguar si es posible discernir entre recuerdos genuinos y falsos recuerdos. En general, las personas suelen poder explicar más detalles y expresan tener mayor claridad cuando relatan recuerdos genuinos. Sin embargo, se trata de una diferencia estadística. Es imposible decir si un recuerdo concreto es real o falso en relación a estas circunstancias. Al fin y al cabo, con el paso del tiempo los recuerdos genuinos también se van haciendo fragmentarios, vagos y borrosos por efecto del olvido. La claridad de los recuerdos reales se da sobre todo cuando corresponden a acontecimientos recientes, de manera que es más difícil implantar falsos recuerdos de sucesos ocurridos pocos días atrás —aunque procedimientos como el de las listas de palabras funcionan en el corto plazo—. En cambio, cuando se trata de hechos lejanos en el tiempo, la confusión es más probable.

Las técnicas de neuroimagen tampoco han resultado muy útiles para diferenciar los falsos recuerdos. Algunos investigadores han empleado estas tecnologías —como la imagen por resonancia magnética funcional o la tomografía por emisión de positrones— para visualizar la actividad del cerebro cuando las personas rememoran un hecho cierto en comparación a cuando recuperan un falso recuerdo que les fue implantado. En su conjunto, el solapamiento de las regiones cerebrales implicadas en ambos casos es enorme. Las pequeñas diferencias que se han encontrado pueden observarse solo a nivel estadístico, por lo que, de nuevo, no hay forma de juzgar con suficiente certidumbre si un recuerdo en particular es producto de una experiencia real o de la imaginación.

Precisamente, si se compara por medio de técnicas de neuroimagen la actividad cerebral cuando recordamos respecto a cuando imaginamos, resulta difícil apreciar diferencias. Esto ha llevado a varios psicólogos y neurocientíficos a sugerir que los falsos recuerdos no son una tara de nuestra memoria, sino la consecuencia inevitable de su principal función: ayudarnos a imaginar el futuro.

Recordar o imaginar

En general, pensamos que la memoria sirve para recordar el pasado, pero quizá su función sea, en realidad, ayudarnos a prever el futuro. Al fin y al cabo, ¿qué ventaja adaptativa proporcionaría la memoria si solo sirviese para mirar atrás? ¿De qué nos sirve recordar si no es para actuar de forma más oportuna y ventajosa en adelante?

En capítulos anteriores vimos que nuestra memoria funciona de una manera tremendamente eficiente, disgregando la información que recibe en sus componentes y aprovechando todas las partes que ya obtuvo en experiencias anteriores para no guardar dos veces la misma información. Para ello, debe funcionar como una red que conecta los fragmentos que constituyen los recuerdos de múltiples maneras, de tal modo que pueda reconstruir unos recuerdos u otros combinando sus piezas a discreción. Sin embargo, esta arquitectura no solo proporciona una gran eficiencia biológica. Gracias a ella, la memoria nos dota de al menos dos facultades extraordinarias. Por un lado, nos permite conectar los contenidos relevantes de nuestros recuerdos con la información de las experiencias en curso para reaccionar de una forma más oportuna. Y por otro, hace posible que construyamos "recuerdos" de acontecimientos que nunca existieron, es decir, nos permite imaginar. E imaginar es fundamental para prever el futuro y ser más eficaces afrontándolo.

En cuanto a lo primero, para que la información dispuesta en la memoria guíe nuestras acciones, es esencial que podamos extraer los fragmentos relevantes de los recuerdos y vincularlos a la información que aportan las nuevas experiencias. En otras palabras, para que el pasado nos ayude a guiar el presente, es necesario que la memoria nos permita extraer y combinar las partes relevantes de los recuerdos, en vez de proporcionarnos reproducciones completas y exactas de acontecimientos anteriores. Los nuevos acontecimientos no suelen ser exactamente iguales que los vividos antes. Si los recuerdos no pudiesen librarse de las referencias que los hacen únicos, no lograrían desligarse del contexto específico en que fueron adquiridos y, por lo tanto, no se transferirían a nuevas situaciones. Es más, si los recuerdos no se descompusieran en los elementos que los conforman, apenas podríamos invocar nada que encajara con las nuevas experiencias y guiar así nuestra conducta. Pero disgregar los recuerdos tiene un precio, y es que en última instancia podemos perder las referencias que nos permitían identificar su origen.

En cuanto a lo segundo, la forma en que la memoria reconstruye los recuerdos no se diferencia mucho de cómo crea los productos de la imaginación. Así las cosas, es razonable suponer que una memoria que nos permite imaginar pueda cometer el tipo de errores que llamamos «falsos recuerdos». No en vano, se ha observado que las personas que tienen mayor habilidad para la visualización mental, también suelen ser más susceptibles a generar falsos recuerdos. Se podría decir que recordar e imaginar son las dos caras de una misma moneda.

Por supuesto, el cerebro debe contar con algún sistema para ayudarnos a diferenciar entre fantasía y realidad. Aunque existan los falsos recuerdos, es evidente que por lo general somos capaces de discernir si un acontecimiento sucedió o no, por mucho que hayamos olvidado o modificado algunos detalles. En efecto, hay al menos una región del cerebro, en la corteza prefrontal, que parece monitorizar los recuerdos que activamos y que nos ayudaría a determinar su origen. En realidad, las personas pueden llegar a estimar mejor la certeza de un recuerdo —a decidir si es real o no— de manera deliberada, aprendiendo a interpretar las propiedades que caracterizan los recuerdos reales y las sensaciones que provocan los falsos recuerdos. Por ejemplo, si las personas aprenden a no guiarse por la sensación de familiaridad que acompaña tanto a recuerdos reales como falsos recuerdos y a decidir si un recuerdo es real o no en relación a si pueden extraer algunos detalles específicos, mejoran su capacidad de discriminar entre sucesos reales o imaginados. Aunque, por desgracia, esto solo resulta una ayuda en determinados casos.

En definitiva, a pesar de que contamos con mecanismos cerebrales para distinguir si unos hechos en nuestra memoria derivan de una experiencia real o de algo que imaginamos —o soñamos—, estos no son infalibles. Como ya apuntamos antes, los errores debidos a confundir la fuente son otra situación en que recordar e imaginar se entrelazan estrechamente: una vez imaginamos algo, los ecos que deja en nuestra memoria se confunden con experiencias reales, de tal modo que algo que ahora sabemos que es producto de nuestra imaginación, más tarde puede confundirse con un suceso real. El tiempo puede hacer que olvidemos que solo lo habíamos imaginado.

¡Eureka! O no...

Confundir recuerdos e imaginación provoca otro curioso fenómeno con consecuencias relevantes: la «criptomnesia». La imaginación nos proporciona la virtud de la creatividad, nos permite combinar conocimientos y recuerdos de nuevas maneras para dar con ideas originales. El problema es que a veces tenemos ideas que en realidad... fueron de otros. Es más, uno puede creer que acaba de tener una gran revelación cuando lo cierto es que solo está recordando una idea que ya tuvo antes. Esta es una situación tan frustrante como habitual entre aquellos que acostumbramos a poner por escrito nuestras reflexiones.

La criptomnesia se produce cuando uno no es consciente de que sus ideas o creaciones no son originales, sino que, en realidad, las está recordando sin darse cuenta. Se trata de un fenómeno muy habitual. Sin embargo, sus consecuencias pueden ser espinosas en determinadas situaciones: a veces la línea que permite diferenciar entre un producto de la criptomnesia y un producto del plagio es muy fina.

Uno de los casos más célebres de presunta criptomnesia implicó a George Harrison, miembro de The Beatles. En 1971, el músico Ronnie Mack demandó a Harrison por haberse basado en su canción *He's So Fine* para componer su gran éxito *My Sweet Lord*. Las similitudes eran muy aparentes, pero el Beatle alegó no tener constancia de haber copiado la canción de Mack expresamente. El juez sentenció lo siguiente: «¿Empleó Harrison la música de *He's So Fine* deliberadamente? Creo que no. Aun así, es obvio que *My Sweet Lord* es la misma canción que *He's So Fine*, solo que con letra distinta, y Harrison tuvo acceso a *He's So Fine*. Esto, en términos legales, es una infracción de los derechos de autor, y no deja de serlo porque se haya cometido de manera inconsciente». Por desgracia para Harrison, en estos asuntos la ley solo atañe a lo que ha sucedido y no al modo en que haya sucedido.

Curiosamente, se cuenta que a Paul McCartney le ocurrió todo lo contrario con *Yesterday*. Tras llegarle la inspiración nada más despertarse una mañana con la tonadilla en su mente, McCartney escribió la célebre canción, pero decidió guardarla. Tenía la extraña sensación de que no era suya, de que la había oído antes. Pasados unos meses y después de contrastar su originalidad, *Yesterday* salió a la luz y el mundo fue un lugar un poco mejor.

Si unimos el hecho de que uno pueda confundir un recuerdo con una idea genuina y la circunstancia de que podemos implantar falsos recuerdos en las personas, entonces es fácil concluir que también deberíamos ser capaces de "implantar ideas". En efecto, en el arte de la persuasión hay pocas tretas tan efectivas como plantar la semilla de una idea en la mente de nuestro interlocutor y dejar que los mecanismos de la memoria hagan su magia. Por supuesto, la maniobra requiere sacrificar la autoría de la idea y dejar que la otra persona piense que fue suya. Aunque la probabilidad de éxito es baja, cuando funciona su resultado es muy robusto.

El pasado a ojos del presente

Un tipo particular de falso recuerdo atañe a las percepciones que tenemos sobre nuestro pasado en términos generales, esto es, en relación a cómo éramos antes. Se trataría de los recuerdos que guardamos sobre nuestras ideas, sentimientos o atributos anteriores, en vez de recuerdos sobre sucesos en particular.

A este respecto, la investigación pone de manifiesto que las personas tienden a recordar diversos aspectos de su pasado de manera sesgada, de tal modo que encajen mejor con sus conocimientos, creencias y expectativas del presente. Múltiples estudios han recabado información sobre alguna característica de un grupo de personas y un tiempo después (meses o años) les han vuelto a preguntar por ello. Aún más importante es que también les han pedido que recuerden qué respondieron en la primera ocasión. Aquellas personas cuyas características (ideas, sentimientos, etcétera) no han cambiado entre las dos encuestas, suelen acertar respecto a cuáles fueron sus respuestas iniciales. Pero las personas que han experimentado algún cambio tienden a recordar de manera sesgada, afirmando que sus respuestas del pasado se parecían a las del presente más de lo que realmente lo hacen.

Por ejemplo, varios estudios han encuestado a numerosas personas acerca de su satisfacción en su relación de pareja en dos ocasiones distantes en el tiempo. Cuando las respuestas entre ambas encuestas coinciden, las personas no suelen errar sobre cuáles eran sus sentimientos en el pasado. Pero cuando las circunstancias en la relación han cambiado, los encuestados suelen afirmar que sus sentimientos del pasado ya apuntaban en dicha dirección. Esto es, si la relación se degradó o incluso terminó, las personas acostumbran a recordar el pasado peor de lo que era. Y si la relación mejoró, su memoria se inclina a hacerles creer que su relación siempre fue tan buena. Esta tendencia a recordar el pasado de forma que resulte más coherente con el presente se conoce como «sesgo de consistencia». Y no solo conlleva que cambiemos el pasado por influencia del presente, sino que también cambiamos el presente al convencernos de que el pasado lo corrobora.

Sin embargo, a veces ocurre todo lo contrario. En efecto, un fenómeno opuesto al sesgo de consistencia es el sesgo de cambio, el cual puede suceder cuando los individuos realizan un esfuerzo o una inversión económica para conseguir cambiar algo. En estos casos, las personas suelen recordar su estado inicial peor de lo que era —y de lo que es en el presente—, de manera que su memoria contribuye a que experimenten una sensación de mejora, se haya producido o no. Quizá de este modo evitan la disonancia cognitiva que provocaría haberse esforzado o haber gastado dinero para nada.

En el fondo, tanto el sesgo de consistencia como el sesgo de cambio responderían a un mismo fenómeno, conocido como «sesgo de confirmación»: la tendencia que tenemos a interpretar y recordar nuestras experiencias de tal modo que encajen con nuestras creencias y expectativas. Cuando unos hechos no cuadran con nuestras ideas o incumplen nuestras previsiones, experimentamos una disonancia cognitiva. La sensación que acompaña a este conflicto interior es desagradable, por lo que de inmediato se activa nuestro sesgo de confirmación para resolverlo y recuperar el sosiego mental. El sesgo de confirmación nos lleva a reinterpretar la nueva información para que encaje con nuestras ideas, o bien a quitarle importancia e ignorarla. También nos lleva a recordar de manera sesgada, olvidando los aspectos conflictivos y recordando de manera preferente los que coinciden con nuestras tesis.

En resumidas cuentas, el sesgo de confirmación influye en que nuestras experiencias nos parezcan coherentes con lo que creemos, sabemos y esperamos, de forma que nos ayuda a llegar a las conclusiones a las que ya queríamos llegar desde el principio.

¿Qué te había dicho?

Podríamos sugerir que los sesgos de la memoria sacrifican la verdad a cambio de bienestar emocional. Concluir que nuestras ideas han sido coherentes a lo largo de nuestra vida y que nuestros esfuerzos han dado sus frutos —al menos en parte— nos ayuda a sentirnos mejor. También lo hace creer que nuestras expectativas en el pasado eran más acertadas de lo que lo fueron en realidad.

Es curioso cómo las opiniones sobre una jornada de fútbol cambian antes y después de los partidos. Los aficionados muestran propensión a olvidar el pronóstico que realizaron antes de un encuentro y las razones que arguyeron para justificarlo si el resultado finalmente no es el esperado. En múltiples estudios se ha encuestado a los aficionados de diversos deportes antes y después de un partido en particular, y la tendencia que se observa en la mayoría de ellos es clara: cuando las personas obtienen una nueva información sobre un suceso —en este caso, el resultado de un partido—, les resulta difícil obviarla para recordar cuáles eran realmente sus expectativas antes de conocerla. Lo que sabemos en el presente altera nuestros recuerdos sobre lo que sabíamos —y esperábamos— en el pasado.

Este efecto no solo se ha observado en pronósticos deportivos, sino también en otro tipo de acontecimientos cuyo resultado suele ser incierto y estar sujeto a la opinión pública, como elecciones legislativas, sentencias judiciales, concursos, etcétera. En todos ellos, las personas tienden a recordar que sus pronósticos y sus sentimientos eran más ajustados a los hechos que finalmente sucedieron de lo que habían declarado antes del desenlace.

El hecho de que lo que hoy sabemos altere nuestra percepción de lo que sabíamos en el pasado también estaría detrás de lo que se conoce como «la maldición del conocimiento» o «el punto ciego del experto». Este fenómeno sucede cuando una persona que ha adquirido muchos conocimientos sobre alguna disciplina tiene dificultades para apreciar lo difícil que le puede resultar a un principiante comprender algún concepto o dominar algún procedimiento. La persona olvida las dificultades que ella misma debió superar en su momento hasta alcanzar la maestría y se sorprende de las que manifiestan los *amateurs*, o simplemente las ignora. En realidad, no hace falta haber aprendido mucho para notar este sesgo: cuando las personas descubrimos la solución a un problema para el que no fuimos capaces de dar solución —o nos costó mucho—, de repente nos parece de lo más fácil y no entendemos cómo otras personas no lo ven.

Este sesgo nos ocurre desde bien pequeños. En un estudio realizado con un grupo de niños de entre cinco y diez años, se les mostró el funcionamiento de un pantógrafo. Se trata de un instrumento de dibujo un tanto complejo que permite ampliar una imagen usando la original como guía. Después de la demostración, el 70 por ciento de los niños afirmó que habría sido capaz de descubrir el funcionamiento por su cuenta, sin explicación alguna. No obstante, cuando a otro grupo de niños, de características similares, se le propuso descubrir por su cuenta cómo funcionaba el pantógrafo, ninguno de ellos fue capaz de averiguarlo.

Cabe remarcar que estos aparentes cambios en la percepción de lo que sabíamos no suelen ser voluntarios. Los sesgos actúan al margen de nuestra conciencia, llevándonos a recordar las cosas de un modo distinto a cómo sucedieron. La forma en que funciona la memoria contribuye a estos sesgos. Por ejemplo, es fácil apreciar que, en muchas ocasiones, a duras penas recordamos cuáles fueron nuestros sentimientos, ideas u opiniones en el pasado respecto a algún tema en particular. ¿Qué opinábamos sobre lo que sucedería a causa del Brexit? ¿Qué expectativas teníamos sobre la evolución de la pandemia de COVID-19? Para rellenar esos huecos, la memoria realiza inferencias a partir de nuestros conocimientos actuales. Esta forma de operar de la memoria contribuye sin duda al sesgo de consistencia.

Precisamente, la consistencia puede revelarse como otra propiedad de la memoria, dependiendo del modo en que se mire. En este sentido, en el próximo capítulo veremos cuán tenaz y testaruda puede ser nuestra memoria. Porque, con frecuencia, la memoria se niega a olvidar lo que querríamos olvidar, o bien se resiste a descartar lo que sabe cuando descubrimos que no es correcto.

6

La tenacidad de la memoria

Cuando lo difícil es olvidar

El olvido suele parecernos algo negativo y, sin embargo, a veces lo deseamos con amargura. «Es tan corto el amor, y es tan largo el olvido», lamentaba Pablo Neruda en su famoso poema 20. Si bien en ocasiones lo que nos cuesta es recordar, en otras daríamos lo que fuese por conseguir deshacernos de nuestros recuerdos. Por desgracia, del mismo modo que no podemos decidir qué recordaremos, tal como decidimos apretar el botón para iniciar la grabación en un vídeo, tampoco podemos elegir qué olvidaremos con la facilidad con que borramos un archivo del ordenador. Momentos terroríficos, tristes o embarazosos de nuestra vida esperan agazapados entre bambalinas para inmiscuirse sin piedad en el escenario de nuestros pensamientos y turbarnos el ánimo a la más mínima ocasión. ¿Acaso no sería fantástico poder privarles el acceso a nuestra mente o incluso eliminarlos para siempre y evitar la pesadumbre de su retorno?

Con todo, la mayoría de nosotros es afortunado, pues de un modo u otro, con el paso del tiempo, el olvido va difuminando nuestras vivencias y debilitando su intensidad emocional poco a poco. Jill Price, la mujer que podía recordar cualquier día de su vida, no cuenta con esa ventaja. Por eso, con frecuencia se aflige por no lograr dejar atrás ni el más mínimo detalle de las vivencias desagradables que la martirizan: «Desearía no tener esta habilidad, pues más que un don es una maldición». Nadie mejor que quien no puede olvidar nada para concienciarnos de la suerte de contar con una memoria que olvida.

Pero son sobre todo las personas que han vivido experiencias particularmente traumáticas quienes saben bien lo que uno daría por poder olvidar a discreción. Testigos y víctimas de crímenes, soldados que fueron a la guerra, supervivientes de alguna calamidad... Todos ellos deben convivir con recuerdos que les hielan la sangre e incluso los incapacitan como personas cada vez que el más mínimo indicio se los devuelve a la mente. Olvidar es con frecuencia una cuestión de bienestar emocional. Como expresa Barbra Streisand en la canción *The way we were*: «Los recuerdos pueden ser preciosos y, sin embargo, lo que es demasiado doloroso recordar simplemente elegimos olvidarlo». Saber lo que queremos olvidar es fácil, no obstante, ¿existe algún modo de incentivar su olvido?

El cine ha flirteado con la idea de máquinas que pudiesen borrar nuestros recuerdos de manera selectiva. En la película *¡Olvídate de mí!*, Jim Carrey y Kate Winslet son una pareja que, tras una dolorosa ruptura, deciden borrarse de sus memorias el uno al otro para no recordar nada de su relación. Por este motivo acuden a una clínica que ofrece tales servicios a demanda. Desgraciadamente, por muy deseable que pudiera resultar para algunas personas someterse a un tratamiento así, este tipo de tecnología no existe hoy en día.

Sin embargo, más allá del proceso de olvido general, que todo lo desgasta, las personas sí tenemos cierta capacidad de olvidar de manera selectiva aquello que nos interesa dejar atrás. Igual que podemos hacer cosas para recordar mejor algo en particular, también podemos actuar para olvidarlo de manera preferente.

En el capítulo anterior mencionamos el concepto de «represión», la noción de que las personas entierran sus recuerdos traumáticos de manera inconsciente por una suerte de mecanismo de defensa que trata de evitar el sufrimiento que esos recuerdos les causan. Si bien existen casos de personas que han recuperado recuerdos traumáticos después de pasar años sin haberlos rememorado, eso no significa que esta omisión ocurra de manera involuntaria y mucho menos que este proceso sea algo habitual —pues lo habitual es recordarlos bien toda la vida—. De hecho, como ya se dijo, la comunidad científica mantiene serias dudas al respecto. En cambio, la supresión —que no represión— es un fenómeno frecuente y bien documentado que consiste precisamente en promover el olvido de algo de manera deliberada. Pero ¿cómo?

La receta para olvidar parece obvia de buenas a primeras. Si los recuerdos son las reverberaciones de nuestros pensamientos y percepciones —de aquello que pasó por nuestra memoria de trabajo— y cada vez que volvemos a pensar en algo lo sometemos a una nueva ronda de consolidación que lo fortalece, entonces para olvidar «solo» hay que evitar pensar en ello. Es tan fácil decirlo como difícil hacerlo.

En el ensayo *Notas de invierno sobre impresiones de verano* (1863), Fiódor Dostoyevski reflexionaba sobre este mismo dilema: «Trate de hacer lo siguiente: no piense en un oso polar. Y verá como el maldito oso aparecerá en su mente a cada minuto». Un siglo después, el psicólogo Daniel Wegner decidió comprobar la afirmación del escritor ruso realizando un sencillo experimento: le pidió a un grupo de estudiantes que verbalizaran aquello en lo que iban pensando durante cinco minutos mientras trataban de no pensar en un oso polar. En caso de que el oso se inmiscuyera en sus pensamientos, debían hacer sonar una campanilla. Y así, pese a haberles dado la instrucción de no pensar en el oso polar, las campanillas de cada voluntario sonaron, de media, más de una vez por minuto. Wegner sugirió que la dificultad de reprimir los pensamientos indeseados se debía a que, mientras un mecanismo de nuestra mente los bloqueaba, otro iba monitorizando que así fuese, lo que irónicamente los devolvía al tren de pensamiento.

Con todo, impedir que un recuerdo acuda a nuestra mente no es imposible. Y según la investigación existen dos maneras de conseguirlo, que son complementarias: bloqueando la evocación al detectar el estímulo que suele activarla, o bien desviando el pensamiento hacia otros menesteres. Esto es comparable a lo que haríamos para evitar la colisión con el coche que acaba de frenar bruscamente ante nosotros: podríamos pisar el freno o cambiar de carril (o ambas cosas).

Suprimir la evocación

En el supuesto de que un estímulo suela recordarnos algo que no deseamos recordar, resulta posible evitarlo a tiempo, aunque esto parezca como tratar de detener un reflejo que se ha disparado. De hecho, es muy parecido.

Cuando conseguimos automatizar una respuesta, esta suele desencadenarse sola en presencia del estímulo adecuado. Sin embargo, en muchas ocasiones tenemos la capacidad de refrenarla para proporcionar una respuesta más oportuna. Esto es algo que podemos observar claramente cuando se trata de respuestas motoras. Por ejemplo, en los videojuegos en que debemos disparar a objetivos que van apareciendo de forma repentina, pero que nos penalizan por disparar contra los objetivos incorrectos, necesitamos frenar nuestra reacción inmediata a tiempo cuando la diana que aparece es de estas últimas. Es lo mismo que ocurre cuando hacemos el ademán de apartarnos una mosca de la cara, pero retenemos el gesto a tiempo al percatarnos de que se trata de una avispa.

En el laboratorio se estudia esta capacidad de inhibir respuestas por medio de protocolos similares al del videojuego mencionado. Así, en una pantalla van apareciendo letras sueltas, en intervalos de tiempo irregulares, y se pide a los voluntarios que cliquen un botón tan pronto como aparezca una, excepto si se trata de la A, por ejemplo. Los sujetos ponen en marcha la respuesta (alcanzar el botón) tan pronto como algo aparece en la pantalla, pero deben refrenar su impulso si resulta que es una A.

Ahora bien, analizar la posibilidad de frenar la aparición de un recuerdo en la mente es algo más complicado. En primer lugar, los participantes estudian varias parejas de ítems (palabras, rostros, imágenes o combinaciones de ellos) de tal forma que consigan recordar con cierta fluidez el segundo ítem cuando se les proporciona el primero de cada pareja. A continuación, se les presentan los primeros ítems de cada pareja de uno en uno y en orden aleatorio, acompañados de una instrucción: pensar en su asociado o evitar hacerlo.

Es evidente que no podemos saber qué está pasando en la mente de los voluntarios, es decir, constatar si realmente están logrando impedir el recuerdo del ítem emparejado o no. Pero el hecho es que un examen posterior puede evidenciar consecuencias muy interesantes de la pretendida inhibición: las asociaciones entre ítems que se procuró no recordar parecen olvidarse más que las demás. En efecto, si un tiempo después del ejercicio en que los sujetos trataron de evocar unos ítems y contener otros, se les pide que traten de recordar tantas parejas de ítems como puedan, se pone de manifiesto que recuerdan mucho menos las que se les había pedido no evocar.

Por supuesto, sabemos que practicar la evocación es una de las mejores formas de consolidar lo aprendido. Si comparamos ítems que hemos evocado con aquellos que hemos tratado de no evocar, es lógico que los primeros se recuerden mejor. Ahora bien, ¿el efecto de la supresión de la evocación es equivalente a no haber practicado, o va más allá, consiguiendo provocar más olvido que la mera falta de práctica? En algunos experimentos, el examen final incluye parejas de ítems que los participantes estudiaron al principio pero que no aparecieron en el ejercicio de evocar o no evocar —no tuvieron que intentar recordarlos ni tratar de evitar hacerlo—. Como es esperable, estos ítems se recuerdan menos que los que se pidió evocar durante el ejercicio. Sin embargo, lo más relevante es que los voluntarios recuerdan mejor estos ítems no practicados que lo que trataron de inhibir previamente. Algo sucede en la mente de las personas que consigue reducir el poder de evocación de las pistas cuyo ítem relacionado se trató de bloquear.

Los estudios de neuroimagen muestran que una región de la corteza prefrontal se activa tanto en las situaciones en que tratamos de inhibir una reacción motora como cuando las personas intentan suprimir la evocación de un recuerdo. La diferencia es que, cuando se trata de una respuesta motora, esta región parece actuar sobre la corteza motora, reduciendo su actividad. En cambio, cuando se trata de bloquear la evocación, la disminución de la actividad ocurre en el hipocampo. Es como si dicha región de la corteza prefrontal dirigiese nuestro empeño por inhibir las respuestas y actuase sobre las partes del cerebro que las ejecutan, para así frenar su acción.

Se desconoce por medio de qué mecanismos conseguimos frenar la evocación, pero el hecho es que los experimentos reflejan que, cuando al menos lo intentamos, el olvido actúa de manera preferente sobre los recuerdos indeseados y este efecto es más marcado que si no tenemos que bloquear la evocación porque no nos encontramos con los estímulos que la desencadenen.

Pensar en otra cosa

La otra manera de evitar que un estímulo nos traiga a la mente un recuerdo indeseado consiste en conectar dicho estímulo a otro contenido en nuestra memoria y hacer que esta vinculación resulte más fuerte que la original. En otras palabras, consiste en provocar deliberadamente una interferencia retroactiva —hacer que un nuevo recuerdo reemplace al anterior—. Como se señaló en uno de los capítulos anteriores, la interferencia constituye uno de los mecanismos más relevantes que explican el olvido.

En este caso, lo que uno hace cuando se encuentra con el estímulo que suele evocarle el recuerdo indeseado no consiste en bloquear la evocación sin más, sino en pensar en otra cosa, sobre todo en algo que también pueda asociar al estímulo desencadenante. Como hemos comentado, la práctica de la evocación refuerza lo evocado en nuestra memoria, pero ¿qué sucede si procuramos que lo evocado consista en algún aspecto del estímulo distinto al que no queremos recordar? Cada acto de evocación refuerza en la memoria las conexiones evocadas, al tiempo que debilita las alternativas que no se evocaron.

En un destacado experimento, varias personas debían

estudiar una serie de parejas de palabras que consistían en una categoría y un ejemplo de dicha categoría, aunque para cada categoría, estudiaban más de un ejemplo. Así, la serie incluía parejas como «rojo-tomate» y «rojo-sangre», «bebida-ron» y «bebida-vino», «animal-perro» y «animal-elefante», etc. A continuación, realizaban un ejercicio en que debían completar las parejas a partir de la primera palabra y una pista de la segunda, tal como «rojo-to____». De las parejas que usaban la misma categoría, solo se practicaba una posible opción, es decir, si aparecía «rojo-to____», no aparecía «rojo-sa___». Además, algunas categorías no se practicaban nunca. Supongamos que la categoría «bebida» no se practicó. Un tiempo después, los individuos debían recordar con qué palabras habían visto casada cada categoría al principio del experimento. Por ejemplo, ¿qué palabras habían acompañado a la categoría «rojo», y cuáles a la categoría «bebida»? Como es lógico, las parejas de las categorías que no se practicaron (como «bebida-ron» o «bebida-vino») se recordaron mucho menos que las que fueron practicadas («rojo-tomate»). Sin embargo, lo que salta más a la vista es que las opciones alternativas a la categoría practicada («rojo-sangre») se recordaban mucho menos que las que ni siquiera se practicaron. Es decir, practicar la evocación de la asociación «rojo-tomate» inhibía otras asociaciones con la categoría «rojo», tales como «rojo-sangre», haciendo que fueran menos accesibles incluso que las palabras no practicadas. Evocar un recuerdo asociado a un hecho puede inhibir los otros recuerdos asociados al mismo hecho.

Una situación en que las pistas que nos hacen recordar algo provocan el olvido de las alternativas que podríamos haber recordado, se produce en los ejercicios de lluvia de ideas en grupo. Para sorpresa de algunos, los estudios sobre la productividad de este tipo de reuniones pone de manifiesto que no es una buena idea realizar una lluvia de ideas en grupo sin antes haber llevado a cabo una reflexión individual. Cuando las personas van poniendo en común sus ideas sobre la marcha, sucede que estas ideas condicionan las que alcanzan los demás, y al final suelen aparecer menos ideas en conjunto que si las ponen en común después de haber pensado cada uno por su lado. Las propuestas que van surgiendo actúan como pistas que provocan la evocación de ideas parecidas, pero inhiben las alternativas a las que quizá se hubiera llegado sin esta interferencia.

Curiosamente, el olvido que ocurre al evocar una asociación alternativa no actúa sobre la asociación no evocada en sí, sino que afecta al recuerdo no evocado directamente, provocando que sea menos accesible incluso si se busca por medio de otras pistas. Es como si el hecho de recordar preferentemente una de las asociaciones se acompañase de un proceso implícito de bloqueo de las alternativas, que tuviese como consecuencia el mismo efecto que hemos comentado antes cuando se trata de inhibir expresamente la evocación: que debilitamos el poder de evocación de los recuerdos bloqueados.

Con todo, tratar de olvidar de la forma que se ha explicado, esto es, por medio de cambiar nuestra respuesta cognitiva ante los estímulos que nos traen a la mente lo que no deseamos recordar, es muy complicado. En realidad, a veces es imposible desvincular un estímulo del recuerdo que preferimos evitar, por ejemplo, cuando el propio estímulo representa dicho recuerdo o cuando la relación entre ellos es muy estrecha. En estos casos, lo más eficaz no suele ser tratar de bloquear la evocación o deshacer la conexión en nuestra memoria, sino simplemente evitar encontrarse con los estímulos que nos traen los recuerdos indeseados a la mente.

Evitar las pistas

Cuando se trata de prevenir un despiste, esto es, evitar que no reparemos en algo en el momento en que resultaría oportuno hacerlo, actuamos sobre nuestro entorno para garantizar que en él aparezcan los estímulos (las pistas) que nos conduzcan a pensar en ello. Tuvimos la oportunidad de apreciar esta situación cuando discurrimos acerca de la memoria prospectiva. Pues bien, si lo que queremos impedir es lo contrario —que nos venga algo a la mente—, no hay nada más obvio que hacer lo opuesto: procurar que las pistas que suelen evocarlo no aparezcan en nuestro entorno. Sin duda, todos somos conscientes de ello y lo hacemos de manera intuitiva al evitar encontrarnos con una persona, un objeto o un lugar que asociamos a alguna situación que nos abruma con emociones negativas. Quien más quien menos sabe que, cuando nuestro entorno está apegado a recuerdos amargos, cambiar de aires ayuda a alejarlos de nuestros pensamientos.

En el capítulo dedicado a nuestra capacidad para vencer al olvido, vimos que la coincidencia entre el contexto en que se generan los recuerdos y el contexto en que se tratan de recuperar es un factor que puede marcar la diferencia entre recordar y olvidar. Aquellas circunstancias que están presentes cuando codificamos una información actuarán a modo de pistas para recuperarla *a posteriori*. Así que los mismos experimentos que reflejaban que las personas recuerdan más cosas cuando se encuentran en el mismo entorno en que las vivieron también nos sirven para corroborar que alejarse de dichos entornos —o modificarlos— nos ayuda a mantener a raya los pensamientos que tuvimos en ellos.

De un modo similar, el estado de ánimo que nos acompaña durante un acontecimiento hace que seamos más proclives a recordarlo cuando nos volvemos a sentir así. Por eso, en el caso de sucesos que conllevan emociones negativas, esta circunstancia puede derivar en un círculo vicioso que nos debilita. Por ejemplo, estar afligido nos lleva a recordar preferentemente sucesos tristes, los cuales hacen que nos sintamos aún más compungidos. Así, conseguir salir de esa dinámica, distrayéndose o pensando en otras circunstancias más felices, contribuye a reducir el peligro de caer en una espiral desoladora. En realidad, cuando las personas sufren una experiencia traumática y no consiguen dejar de darle vueltas, tienen mayor riesgo de sufrir una depresión.

Es difícil menospreciar el poder de las pistas a la hora de delimitar el olvido. La presencia de los estímulos adecuados en el ambiente puede echar por los suelos cualquier intención de olvidar, ya que los mecanismos del olvido suelen empezar por reducir la accesibilidad a nuestros recuerdos, pero no tanto su disponibilidad —siguen ahí, pero nos cuesta encontrarlos—. Al fin y al cabo, el olvido no suele ser un hecho consumado, y el día menos pensado unas circunstancias particulares pueden conseguir activar aquello en lo que no habíamos reparado durante mucho tiempo. En este sentido, ¿qué significa que hayamos olvidado algo y de repente lo hayamos recuperado? Hay muchas cosas en las que no pensamos durante años y años, y un buen día, a causa de que la pista adecuada aparece en el ambiente, las recordamos. ¿Significa eso que las habíamos olvidado? ¿O simplemente no se habían dado las condiciones adecuadas que nos hicieran pensar en ellas? Lo cierto es que, en estas situaciones, por muchos años que hayan pasado, sentimos como si nunca hubiésemos olvidado lo que de repente evocamos, esto es, no nos resulta nuevo. Aun así, desempolvar un rincón abandonado de nuestra memoria suele producirnos una sensación especial, positiva o negativa, en función del significado que tiene para nosotros lo evocado.

La cuestión de fondo cuando tratamos de olvidar algo deliberadamente es si aspiramos a borrarlo de nuestra memoria a largo plazo o más bien nos contentamos con que no se entrometa en nuestros pensamientos de manera obstinada, lo cual es un objetivo más realista. Si se trata de recuerdos dolorosos, lo que realmente deseamos es evitar la reacción emocional que nos provoca rememorarlos. Por ello, manejar las pistas que nos ofrece el entorno puede ayudarnos a reducir las intromisiones y, en caso de recuerdos que conllevan emociones intensas, facilitarnos la oportunidad de darnos un respiro, mientras el tiempo ayuda a rebajar su impacto en nuestro ánimo.

Recordar para olvidar

A pesar de que podemos incentivar el olvido de ciertas cosas —como una información que ya no necesitamos—, cuando los recuerdos que deseamos descartar acarrean una gran carga emocional —lo cual es, en realidad, el motivo más habitual por el que querríamos borrarlos—, intentar olvidarlos por medio de impedir que se inmiscuyan en nuestra mente puede no ser una buena idea. Paradójicamente, pensar en los asuntos que nos atribulan puede ayudarnos en el propósito de reducir el dolor que causan, mucho más que tratar de evitar rememorarlos.

En los experimentos en que pedía a los voluntarios que evitasen pensar en un oso polar, Daniel Wegner realizó una observación muy interesante: quienes habían hecho el esfuerzo deliberado de no pensar en el oso más tarde experimentaban un efecto rebote, esto es, el animal volvía con más frecuencia a la mente de quienes habían tratado de inhibirlo antes. De un modo parecido, cuando intentamos cerrar el paso a un recuerdo que llama a la puerta de nuestra mente, podemos experimentar intrusiones mucho más intensas después, sobre todo cuando se trata de un recuerdo con gran carga emocional.

Como vimos en el capítulo sobre la persistencia de la memoria, determinados estímulos y acontecimientos consiguen afianzarse mejor en nuestra memoria porque la amígdala, una estructura del cerebro que evalúa la información que recibimos y sopesa el riesgo que supone para nuestras metas, se activa y pone en marcha una respuesta emocional cuando advierte peligro. En este proceso, la amígdala envía señales al hipocampo para que consolide de manera preferente el episodio vivido, pero también registra por su cuenta los estímulos que precedieron y acompañaron a la experiencia, con el objetivo de poder activarse con mayor antelación la próxima vez que aparezcan. Así, la respuesta emocional se asegura de que contamos con recuerdos conscientes de un suceso que supuso un riesgo —registrados por el hipocampo—, pero también deja una huella más allá de la memoria consciente —en la amígdala— capaz de desatar las emociones nuevamente, al menor indicio de que la situación se vuelva a repetir, incluso antes de que nos percatemos de ello. Hablamos de este último fenómeno en el primer capítulo, al referirnos al condicionamiento emocional.

Pero las emociones no solo apuntalan los recuerdos de situaciones estresantes y establecen los mecanismos para reaccionar de nuevo con rapidez, sino que también tienen un efecto resonador: nos incitan a pensar sobre lo ocurrido una y otra vez. Eso hace que sea especialmente difícil apartarlo de nuestra mente, sobre todo cuando los acontecimientos son recientes. Y puesto que tales recuerdos reactivan la reacción emocional como si estuviésemos reviviendo el acontecimiento, preferiríamos que no nos costase tanto ignorarlos.

Pero ¿por qué las emociones nos empujan a seguir

pensando en algo en lo que no deseamos pensar? ¿Acaso no basta con haber afianzado en nuestra memoria los sucesos que tuvieron una relevancia vital por si vuelven a ocurrir? Algunos investigadores sugieren que, en realidad, este fenómeno podría constituir un mecanismo de autorregulación emocional, que actuaría con vistas a apaciguar el impacto generado por la experiencia traumática, por medio de enfrentarse a ella. Pensar en algo puede ayudarnos a cambiar el recuerdo, reinterpretarlo y reducir su carga emocional. Y es que solo los recuerdos que se reactivan pueden ser modificados. Por consiguiente, en vez de tratar de ignorar los sucesos dolorosos con la esperanza de olvidarlos, podríamos decir que la mente nos invita a modificarlos por medio de su evocación. Al fin y al cabo, difícilmente conseguiremos olvidarlos después del proceso de consolidación preferente que han experimentado, dada su carga emocional. Y si no vamos a olvidarlos, mejor aprender a convivir con ellos.

Una de las cosas que podemos cambiar en relación a un recuerdo es el significado que le atribuimos. A veces, aquello que nos genera las emociones negativas no son los acontecimientos que recordamos en sí, sino la interpretación que realizamos de ellos, es decir, el significado que les damos. Y el significado que damos a un suceso está relacionado con las otras cosas a las que lo hemos conectado en nuestra memoria. Por eso, airear y compartir en un entorno seguro los recuerdos dolorosos puede contribuir a cambiar sus conexiones y, por lo tanto, su significado. Por ejemplo, en el caso de un estudiante que haya sufrido un revés académico cuyo recuerdo le hace sentirse fracasado, pensar en ello puede permitirle reevaluar las repercusiones del mismo para minimizarlas, así como asociar el suceso a unas causas pasajeras, que no condicionan su desempeño futuro. Es decir, puede procurar quitarle importancia en el contexto global de su carrera académica e interpretar que su fracaso se debió a algo que puede cambiar en adelante —por ejemplo, no se esforzó lo suficiente o no usó buenas estrategias de aprendizaje—, en vez de atribuirlo a un factor inamovible —por ejemplo, que su habilidad no da para más.

Un tipo de pensamiento habitual que nos invade en las horas y los días posteriores a un suceso que tuvo consecuencias negativas para nosotros consiste en plantearse qué hubiera pasado si hubiésemos actuado de otra manera. Así, imaginamos una y otra vez la situación sopesando qué habríamos podido hacer para salir airosos de la misma. Esta tendencia sugiere que el impulso que sentimos para rememorar lo ocurrido podría tener otro motivo adaptativo: con más tiempo para reflexionar sobre ello, nos induciría a hallar una solución para afrontarlo con éxito en el eventual caso de revivir una situación similar en el futuro. Desde el punto de vista de la eficacia biológica, recordar un mal trago, pero no guardar en la memoria el modo de hacerle frente, no parece muy ventajoso.

Sea como sea, el hecho es que la terapia más eficaz en el caso de personas que han sufrido una experiencia traumática —en especial, aquellas que han vivido circunstancias extremadamente perturbadoras— consiste en exteriorizar sus recuerdos y enfrentarse a ellos progresivamente, con el apoyo y la orientación de un terapeuta cualificado, que guíe el proceso paso a paso a lo largo de múltiples sesiones. Por un lado, el procedimiento pretende reducir la respuesta automática de estrés que se deriva del condicionamiento emocional, por medio de un proceso de habituación; y por el otro, la terapia busca ayudar a la persona a reevaluar el significado que atribuye a los acontecimientos vividos, en relación a sus metas y a su imagen de sí misma.

La ayuda de un terapeuta guiando el proceso puede resultar fundamental para que la tendencia a darle vueltas y más vueltas al suceso traumático no se enquiste en una espiral obsesiva sin salida, en que la persona no consigue encontrar la manera de dar otro significado a sus experiencias y dejarlas atrás. Dicho de otra manera, la tendencia a rememorar lo ocurrido una y otra vez no es beneficiosa *per se*, sino que constituye una parte necesaria de un proceso que debe seguir una evolución adecuada para conseguir reducir la carga emocional asociada a la experiencia. Aunque en muchas situaciones de nuestra vida esto es algo que la mayoría de las personas conseguirá hacer por su cuenta, cuando se trata de sucesos profundamente traumáticos o en el caso de personas especialmente sensibles, es recomendable contar con la ayuda de un especialista.

Evitar crear nuevos recuerdos

Hemos visto cómo es posible promover el olvido tratando de suprimir la evocación de las cosas que no deseamos recordar, aunque eso no suele ser una buena idea si se trata de recuerdos recientes de gran intensidad emocional, y si realmente queremos reducir el dolor que causan. Ahora bien, a veces es posible prevenir para no tener que curar. En efecto, de igual modo que influimos en el olvido actuando sobre la evocación, también podemos hacerlo de buenas a primeras, tratando de evitar la codificación. Si reducimos la calidad de la codificación en primera instancia, será menos probable que lo vivido perdure en nuestra memoria. Esto es precisamente lo que hacemos cuando nos tapamos los ojos ante una escena desagradable en una película de terror. También lo hacemos cuando evitamos sostener en nuestra mente la información relativa a lo que acabamos de experimentar, para minimizar cualquier tipo de procesamiento prolongado de la misma. Al fin y al cabo, si cuando queremos recordar algo optamos por pensar con qué conocimientos previos podemos conectarlo, buscamos relaciones entre la nueva información y lo que sabemos, etcétera, es lógico que, para no recordarlo, simplemente optemos por evitar realizar esas elaboraciones mentales.

Esto es lo que suele suceder en los experimentos en que se van mostrando una serie de ítems (palabras, imágenes, etcétera a los participantes, junto con la instrucción de recordarlos u olvidarlos. Los individuos no solo terminan recordando mejor los ítems que debieron recordar, sino que también reportan haber utilizado dicha estrategia: si la instrucción era la de recordar, ponían en juego algunas técnicas de elaboración de manera deliberada; si la instrucción era la de olvidar, simplemente descartaban el ítem y esperaban al siguiente. Ahora bien, inhibir la codificación de una información no solo consiste en mantenerse pasivo frente a la misma, dejando de hacer el tipo de cosas que haríamos si tuviéramos que recordarla. Por el contrario, algunos estudios han revelado que la intención de no recordar activa determinados mecanismos que requieren de recursos mentales.

En efecto, en algunos experimentos los participantes ven una serie de ítems en una pantalla, de uno en uno, junto con la instrucción de recordarlos u olvidarlos. Pero además, tras cada ítem e instrucción, deben realizar una acción que requiere de mucha concentración, como clicar un botón lo más rápido posible cuando aparece un objeto en la pantalla. Este tipo de tareas adicionales sirven para medir el nivel de carga cognitiva que el individuo está experimentando, pues cuanto mayor sea la exigencia cognitiva de lo que está haciendo —tratando de recordar u olvidar, en este caso—, mayor será la interferencia que experimentará a la hora de realizar la tarea adicional y, por lo tanto, peor será su desempeño en esta última. En el caso de una tarea como responder con rapidez a un estímulo, el tiempo de respuesta se dilatará en función de la carga cognitiva de la tarea anterior.

Cuando se han realizado este tipo de experimentos, las hipótesis de partida han pronosticado una mayor carga cognitiva cuando las personas reciben la orden de recordar, en comparación a cuando se les indica que olviden. Pero, de manera sorprendente, los tiempos de reacción en la segunda tarea acostumbran a ser mayores cuando la instrucción consiste en olvidar. Esto sugiere que los mecanismos que ponemos en marcha cuando tratamos de evitar la codificación de un estímulo no se limitan a evitar hacer esfuerzo alguno, sino que la inhibición requiere poner en marcha procesos mentales que consumen recursos cognitivos.

Estos mecanismos que conspiran para favorecer el olvido se ponen también de manifiesto en otro tipo de experimentos en que las personas no saben si deben olvidar o recordar hasta que han codificado una lista de objetos entera, por lo que ya no tienen la oportunidad de decidir si codificar cada ítem con mayor o menor empeño. Por ejemplo, en algunos estudios los participantes leen una lista de unas diez palabras y, al terminar, se les pide que la recuerden o que la olviden —esto último suele justificarse con alguna mentira piadosa, tal como comentar que el investigador se equivocó y la lista no era la correcta—. Luego se les presenta una nueva lista de diez palabras más. Al terminar, se solicita que traten de recordar tantas palabras de la primera lista como puedan —a los que debían olvidarla, el investigador les cuenta algo así como que se le ha ocurrido que sería interesante comprobar cuánto pueden recordar de aquella primera lista—. En general, estos experimentos muestran que las personas recuerdan menos palabras cuando se les pidió que las descartaran que cuando recibieron la instrucción de recordarlas. Pero ¿es este un efecto real o los voluntarios simplemente están menos inclinados a esforzarse por recuperar las palabras de la lista que se les dijo que olvidasen y ahora se les pide recordar? Cuando los investigadores también les solicitan recordar tantas palabras como puedan de la segunda lista, sucede algo muy interesante: quienes debían olvidar la primera lista pueden recordar más palabras de la segunda lista que quienes debían recordar ambas. Es decir, la interferencia proactiva de la primera lista sobre la segunda es menor en los individuos del grupo que debía olvidar, lo que sugiere algún efecto implícito en la intención de olvidar la primera lista.

En cualquier caso, algo distinto ocurre cuando la inhibición se produce durante la codificación en comparación a cuando se pone en marcha más tarde. Esta afirmación se basa en que, cuando se inhibe la codificación, no quedan rastros de lo bloqueado en la memoria. En cambio, cuando se inhibe la evocación, lo reprimido se puede detectar con pruebas de memoria implícita, que ponen de manifiesto que aún se conserva un sentido de familiaridad en relación a lo olvidado. Por consiguiente, cuando la información ya ha sido codificada, deshacerse completamente de ella es siempre más difícil que si de buenas a primeras se impide la codificación. Lo que no ha sido codificado sencillamente no está en la memoria.

¿Qué sucedió?

Una forma particular de inhibición de la codificación es justo lo que sucede cuando el consumo excesivo de alcohol produce lagunas en la memoria de una persona, de tal modo que no recuerda los hechos acontecidos durante la intoxicación, a pesar de que estuvo consciente y realizó todo tipo de cosas. Estas lagunas o *blackouts*, llevadas al extremo de lo absurdo, son la base del guion de las películas *Resacón en Las Vegas* (*¿Qué pasó ayer?*, en Hispanoamérica), una saga de comedias en que cuatro amigos despiertan tras una noche de excesos sin recordar nada de lo sucedido.

El alcohol tiene múltiples efectos sobre las funciones cognitivas y motoras; entre ellos, entorpece el equilibrio, la coordinación, el tiempo de reacción, el autocontrol, la toma de decisiones y un largo etcétera. Pero, además, el alcohol altera el funcionamiento del hipocampo, de modo que le impide registrar los recuerdos de los acontecimientos en curso. Cuanto mayor es la concentración de alcohol en sangre que se alcanza, mayor es la probabilidad de sufrir lagunas, aunque el factor más determinante para que se produzcan parece ser la rapidez con que incrementa el nivel de alcoholemia del sujeto. Por eso, beber con el estómago vacío o consumir gran cantidad de alcohol en un periodo de tiempo breve nos hace más proclives a padecer lagunas.

En realidad, los efectos del alcohol en el hipocampo ya se producen con niveles de alcoholemia bajos. La mayoría de las lagunas que se sufren tras consumir alcohol pasan desapercibidas porque son fragmentarias, de modo que afectan únicamente a algunos detalles concretos de lo ocurrido, como el contenido de una conversación o un suceso en particular. En general, uno solo es consciente de que no recuerda esos detalles específicos cuando alguien se los comenta; de lo contrario, es habitual no darse cuenta de ello. Ahora bien, a partir de cierto grado de intoxicación, las lagunas pueden ser en bloque, de manera que la persona no recuerda nada desde un momento determinado en adelante, normalmente hasta que se echa a dormir. Estas amnesias alcohólicas severas pueden abarcar periodos de horas e incluso días.

Cuando la función del hipocampo se ve comprometida por los niveles de alcoholemia alcanzados, la persona puede emplear su memoria de trabajo y, por lo tanto, puede actuar como si estuviera despierta —aunque algo perjudicada—, pero no registra parte o nada de lo que experimenta, de tal forma que es imposible que más tarde recupere la información de lo que hizo en esas circunstancias. Simplemente, no está en su memoria. Sin embargo, el sujeto no pierde recuerdos de los acontecimientos ocurridos con antelación al estado de intoxicación y, de hecho, puede usarlos mientras está ebrio. Por consiguiente, en estos casos la persona alcoholizada padece una amnesia anterógrada. Este tipo de amnesia es análoga a la que sufren los sujetos cuyo hipocampo ha sufrido daños o ha sido extirpado, como es el caso de Clive Wearing o Henry Molaison, solo que, afortunadamente, es temporal. Ahora bien, el consumo excesivo de alcohol de manera prolongada, como se da en casos de alcoholismo severo, puede derivar en el síndrome de Korsakoff, una afección que se caracteriza, entre otras cosas, por una amnesia anterógrada permanente. Quienes la desarrollan, por lo tanto, sufren una severa pérdida de la facultad de generar nuevos recuerdos.

El síndrome de Korsakoff es una de las causas más frecuentes de amnesia. Se debe a una deficiencia de vitamina B1 o tiamina, una sustancia esencial para el metabolismo energético de la glucosa —el único nutriente que puede emplear el cerebro—, que debe obtenerse por medio de la dieta —como todas las vitaminas—. El consumo de bebidas alcohólicas provoca la inflamación de las paredes del tubo digestivo, lo cual dificulta la absorción de la tiamina, y reduce las reservas de esta vitamina en el hígado. También obstaculiza los procesos bioquímicos que confieren a la tiamina su estado activo. Además, el alcoholismo suele conducir a la malnutrición por abandono personal, hasta el punto de que el afectado puede llegar a reemplazar la ingesta de alimentos por el consumo de alcohol en muchas ocasiones. Por si fuera poco, el alcohol tiene efectos neurotóxicos que van deteriorando progresivamente el tejido nervioso.

A medida que avanza el síndrome de Korsakoff, el sujeto suele rellenar las lagunas en su memoria mediante confabulaciones —es decir, falsos recuerdos que la persona da por ciertos—, de manera que, en las primeras fases de la enfermedad, sus déficits memorísticos pueden pasar desapercibidos. En fases más avanzadas, la afección también suele provocar amnesia retrógrada —cuando el individuo pierde recuerdos anteriores a la enfermedad—, que en casos severos puede abarcar extensos periodos de la vida del paciente. Para entonces, las confabulaciones se hacen más evidentes, aunque con frecuencia no para quienes las padecen.

Aunque las causas del síndrome de Korsakoff no parecen encontrarse en una disfunción del hipocampo, otras regiones del cerebro relacionadas con la memoria se muestran claramente afectadas en las imágenes por resonancia magnética. Es el caso de los cuerpos mamilares, unas estructuras que conectan el hipocampo con el tálamo, lo que les confiere un papel esencial en el procesamiento de la información de la memoria episódica. Se desconoce si la amnesia anterógrada debida al síndrome de Korsakoff se debe a déficits en la codificación, en la evocación o en ambos procesos. Una dificultad para establecerlo radica en que los casos clínicos son muy heterogéneos, puesto que los efectos de la enfermedad dependen de la extensión del tejido dañado y de las estructuras cerebrales afectadas en particular. De todos modos, el resultado eventual termina siendo más o menos el mismo: la pérdida de la facultad de recordar lo vivido.

Olvidar para aprender

Hemos visto que, cuando los recuerdos acarrean emociones intensas, desdibujarlos en nuestra memoria por medio del olvido contribuye a la autorregulación emocional. Pero olvidar también resulta indispensable para otros menesteres ajenos a las emociones. Por ejemplo, olvidar nos ayuda a trascender los hechos concretos y desarrollar conceptos transferibles a nuevas situaciones.

Cuando hablamos de Jill Price y su don para recordar cualquier día de su vida, no solo nos percatamos de sus problemas para dejar atrás los recuerdos emocionalmente lastimosos, sino que también descubrimos qué sucede cuando a uno le es imposible olvidar los detalles de sus vivencias: que le resulta difícil abstraer y apreciar el trasfondo de los hechos. Kim Peek tenía un problema similar, aunque quizá mucho más marcado.

Los hechos pueden aprehenderse en una sola experiencia, pero los conceptos requieren conectar aquello que varios hechos tienen en común, desprenderse del resto y dar entidad propia al vástago de ese cruce. Si los hechos no pudieran librarse de sus particularidades, los procesos de abstracción se verían comprometidos. Quizá olvidar es simplemente la consecuencia de que nuestra memoria no sea un mero almacén de datos, sino una factoría de significados. Y aunque su materia prima sean los objetos y los sucesos concretos, en su cadena de montaje estos se procesan para que algunas de sus partes terminen integradas en un vasto mosaico de ideas y conceptos. En otras palabras, nuestra mente parece preferir los hechos concretos cuando se trata de aprender. Quizá por eso pedimos ejemplos cuando no entendemos algo. Pero el objetivo no es recordar los ejemplos en sí, sino aquello que ejemplifican. El resto suele ser desechable.

Ahora bien, aunque olvidamos sin percatarnos de ello al dar forma a las ideas que aprendemos, hay circunstancias en que resulta necesario poner en marcha un proceso de olvido de mucho más calado para seguir aprendiendo. En efecto, esto es precisamente lo que ocurre cuando lo que debemos aprender no encaja con lo que sabemos. En estos casos cobra sentido la noción de «desaprender».

Cuando se trata de aprender nuevas habilidades motoras, la necesidad circunstancial de desaprender puede resultar bastante obvia. Ocurre siempre que necesitamos evitar la ejecución de determinadas posturas o acciones que hemos aprendido con tanta consistencia que no necesitamos ni pensar para llevarlas a cabo, porque las hemos automatizado. Conducir un coche con el volante a la derecha por el carril izquierdo de las bulliciosas calles de Londres puede resultar un reto muy estresante para alguien que hasta ese momento solo ha conducido vehículos con el volante a la izquierda y por el lado derecho de la calzada. De un modo parecido, aunque más sencillo, un peatón acostumbrado a las calles de Madrid debe desaprender el ademán de mirar a la izquierda antes de cruzar y aprender a mirar hacia la derecha para evitar ser atropellado en la capital británica.

Sin embargo, sería discutible afirmar que en estos casos nuestra memoria sea mucho más testaruda que cuando tratamos de aprender una nueva habilidad que nos resulta nueva. Al fin y al cabo, la memoria procedimental suele ser lenta y requerir múltiples sesiones de práctica hasta que dominamos una nueva habilidad con cierta fluidez, esto es, de tal modo que la podamos llevar a cabo sin pensar en ella. Por eso, quizá la tenacidad de nuestra memoria se haga notar más cuando se trata de aprender nuevos conceptos que son incompatibles con nuestros conocimientos previos. En especial, porque la memoria explícita suele ser mucho más veloz que la procedimental, hasta el punto de que suele bastarle una sola oportunidad para aprender algo nuevo; pero cuando lo nuevo no encaja con lo previo, la memoria explícita —en especial, la semántica— puede ser muy testaruda y negarse a desechar su patrimonio, lo que dificulta el nuevo aprendizaje. Curiosamente, las dificultades que atraviesa nuestra memoria explícita cuando necesitamos desaprender suelen pasarnos mucho más desapercibidas que las que experimentamos ante el aprendizaje de habilidades que entran en conflicto con nuestras habilidades previas. Esto es así porque, con frecuencia, terminamos evitando el "desaprendizaje" en beneficio de las ideas que atesoramos.

Cuando aprender implica desaprender

Un documental de finales de los años ochenta, *A Private Universe* (en castellano, *Un universo personal*), parte de una anécdota que ilustra muy bien la terquedad de la memoria semántica. El filme empieza en el contexto de la ceremonia de graduación de una de las universidades más prestigiosas del mundo: Harvard. Para ser admitidos en esta universidad, los estudiantes tuvieron que presentar un expediente académico impecable, por lo que podemos suponer que habían superado su etapa escolar con honores. Sin embargo, cuando a veintitrés de estos estudiantes se les hizo una sencilla pregunta sobre algo que estudiaron hasta en tres ocasiones durante su escolaridad —en las etapas de Elementary School, Middle School y High School—, el resultado fue sorprendente. «¿Por qué hace calor en verano y frío en invierno?», les preguntaron. De los veintitrés encuestados, veintiuno apelaron a la distancia de la Tierra al Sol: «La órbita de la Tierra es elíptica y el Sol se sitúa en un foco de la elipsis; por eso, a lo largo del año hay una época en que el planeta está más cerca del Sol y hace más calor. Cuando el planeta se encuentra más cerca, es verano».

La respuesta parece tener sentido, pero no es correcta. Si lo fuera, en toda la Tierra experimentaríamos las mismas estaciones al mismo tiempo, y todos sabemos que cuando en el hemisferio norte es verano, en el hemisferio sur es invierno, y viceversa. La respuesta correcta tiene que ver con la cantidad de energía solar por unidad de superficie que recibe cada región del planeta a lo largo del año (véase figura 5), pero esto es lo de menos. El caso es que estos estudiantes brillantes que llegaron a Harvard, a pesar de haber estudiado la explicación correcta hasta tres veces a lo largo de su escolaridad, no la integraron en su memoria a largo plazo y, por el contrario, mantuvieron una noción sobre las estaciones que probablemente tenían ya en su infancia.

Algunos investigadores se han inspirado en esta anécdota para poner de manifiesto científicamente cuán testaruda puede ser la memoria cuando aprender requiere desaprender. Por ejemplo, en un estudio con cincuenta estudiantes universitarios, Kevin Dunbar y sus colaboradores pusieron a prueba su capacidad para aprender el modelo científico de las estaciones a partir de una buena explicación. En primer lugar, comprobaron que solo tres de los estudiantes conocían la respuesta correcta. Del resto, la mayoría daba la misma explicación que los estudiantes de Harvard del documental mencionado —la distancia de la Tierra al Sol— o bien indicaba que la Tierra tiene el eje de rotación inclinado respecto al plano de su órbita y por eso es verano en el hemisferio que queda «más cerca» del Sol. A continuación, los investigadores les mostraron un vídeo de la NASA que explicaba de manera magistral el modelo científico de las estaciones. El vídeo empezaba

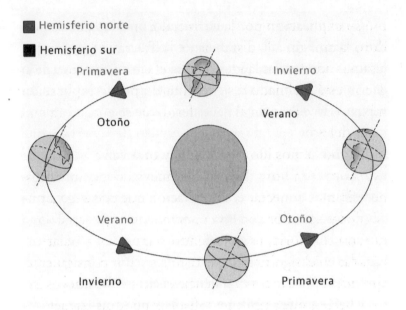

Hemisferio norte
Hemisferio sur

Primavera · Invierno · Otoño · Verano · Verano · Otoño · Invierno · Primavera

Figura 5: El modelo científico de las estaciones del año. Puesto que el eje de rotación de la Tierra está inclinado respecto al plano de su órbita, en un extremo del recorrido alrededor del Sol, el hemisferio norte queda encarado hacia la estrella y recibe mayor cantidad de energía por unidad de superficie. En el otro extremo de la órbita ocurre justo lo contrario. En los puntos intermedios, ambos hemisferios reciben la misma cantidad de radiación, y se produce la primavera y el otoño, respectivamente.

por refutar la explicación de la distancia de la Tierra al Sol —por la cuestión de la no coincidencia de las estaciones en los dos hemisferios— y luego procedía a exponer de forma clara y muy gráfica el modelo oportuno. A pesar de ello, cuando poco tiempo después los investigadores volvieron a evaluar las ideas de los estudiantes en relación a la causa de las estaciones del año, solo uno de ellos cambió su explicación por la correcta. Entre los demás perduró la alusión a la distancia de la Tierra al Sol, aunque algunos adoptaron la idea de que el eje de rotación de la Tierra está inclinado y se decantaron por la explicación mixta: «Es verano en el hemisferio que se encuentra más cerca del Sol».

Como hemos ido viendo una y otra vez a lo largo de este libro, a la hora de adquirir nuevos conocimientos, necesitamos conectar la información que nos llega a través de los sentidos con los conocimientos que ya alberga nuestra memoria, estableciendo relaciones asociativas basadas en el significado o el contexto. Por consiguiente, aprender consiste con frecuencia en acumular nuevos datos y hechos que amplían y sofistican nuestras estructuras conceptuales. Por ejemplo, si observamos una raza de perro que no habíamos visto nunca antes, incorporaremos ese dato al concepto de «perro» que figura en nuestra memoria, enriqueciéndolo.

En otras ocasiones, aprender consiste en establecer nuevas conexiones entre algunos de nuestros conocimientos previos, con el objetivo de construir nuevas ideas y conceptos. En este caso, la información del entorno nos invita a realizar estas conexiones y descubrir nuevos significados que son fruto de la vinculación entre ideas que hasta entonces se habían mantenido inconexas en nuestra memoria. Así, si apreciamos el hecho de que para detener un objeto en movimiento tendremos que realizar más fuerza cuanto más grande sea este objeto y cuanto más rápido vaya, construiremos en nuestra mente la Segunda Ley de Newton, según la cual la intensidad de una fuerza es directamente proporcional a la masa del cuerpo que la recibe y la aceleración —el cambio de velocidad— que este experimenta: $F = m \cdot a$. En otras palabras, hace falta más fuerza para cambiar la velocidad de un camión que de una motocicleta, y cuanto mayor sea el cambio de velocidad, mayor será la fuerza aplicada. Para comprender esta idea debemos realizar conexiones entre conceptos y hechos que ya están en nuestro haber. Si estas nuevas conexiones se consolidan, habremos construido e incorporado un nuevo conocimiento a nuestra memoria a largo plazo. Por cierto, por muy simple que parezca la conexión del ejemplo, cabe decir que tuvieron que pasar milenios de historia humana hasta que alguien como Isaac Newton llegase a deducirla por su cuenta. Esto nos recuerda que la manera más fácil de descubrir y construir nuevos conceptos es con la ayuda de alguien que nos los haga ver por medio de una buena explicación y los ejemplos adecuados. Otra cosa es que para recordarlos será necesario hacer algo más.

Ahora bien, a veces aquello que experimentamos no es compatible con las estructuras conceptuales que hemos construido en nuestra memoria, porque resulta contradictorio con ellas o porque requiere de estructuras alternativas que no habíamos empleado antes para dar significado a dichas experiencias. La Primera Ley de Newton establece que los objetos conservarán su movimiento en línea recta y a velocidad constante si ninguna fuerza actúa sobre ellos. Pero nuestras experiencias nos dicen lo contrario: si no seguimos empujando, un objeto no se mantendrá en movimiento. Comprender y asimilar la Primera Ley de Newton no solo implica aprender algo nuevo, sino también renunciar a parte de los conocimientos que hemos ido acumulando a diario sobre el comportamiento de los objetos a nuestro alrededor. Y esto no es sencillo, porque nuestra memoria se opondrá. O, mejor dicho, para nuestra memoria, modificar las estructuras de conexiones que construyó previamente es muy costoso y sostener los procesos que materialicen este cambio exigirá algo más que una mera experiencia que no encaje con ellas. En cualquier caso, esto no es algo que se pueda resolver de la noche a la mañana, en especial si las estructuras con que contamos en nuestra memoria forman un modelo conceptual donde todo encaja a la perfección.

Así sucede precisamente con la explicación incorrecta de la causa de las estaciones del año: las personas sabemos que el Sol genera calor, que cuanto más nos acercamos a una fuente de energía térmica más nos calienta y que la órbita de la Tierra es elíptica, por lo que a veces la Tierra está más cerca del Sol que otras. Por eso, no es extraño que asumamos que las estaciones se deben a la distancia de la Tierra al Sol: todo cuadra. El problema viene cuando algunos hechos no encajan con estas conclusiones (¿por qué es verano en Europa cuando es invierno en Australia?). En estas circunstancias, incorporar la nueva información de manera permanente solo es posible si antes reestructuramos las redes conceptuales existentes. Esta reorganización de la memoria que desemboca en la adquisición de nuevos conceptos, en sustitución de otros conceptos previos, es lo que los investigadores en psicología cognitiva y del desarrollo denominan «cambio conceptual». Algunos expertos, no obstante, también usan este término para referirse a cualquier modificación que experimente un concepto, incluida la mera adición de nuevas propiedades o casos, sin necesidad de alterar sus fundamentos previos —por ejemplo, añadir un nuevo tipo de perro al concepto de perro.

El caso es que deshacer o debilitar las conexiones conceptuales existentes para crear o reforzar otras nuevas es mucho más complicado que simplemente añadir nuevas conexiones a las estructuras existentes. En realidad, cuando nuestros conocimientos —e ideas— se ven desafiados por una nueva experiencia que los cuestiona, experimentamos una disonancia cognitiva. Esta se acompaña de una sensación desagradable que, como toda emoción negativa, deseamos aplacar cuanto antes para recuperar el sosiego. Pero cambiar nuestras redes conceptuales no es una solución sencilla, así que quizá por eso nuestro cerebro nos invita a resolver el conflicto inclinándonos por protegerlas. De este modo, acude al rescate nuestro sesgo de confirmación, la tendencia que nos induce a luchar contra la información que no nos encaja de múltiples maneras: reinterpretándola para conseguir que cuadre con nuestras ideas previas, ignorándola, refutándola, descartándola y, en último término olvidándola. El sesgo de confirmación es un fenómeno que testimonia nuestra inclinación a conservar los esquemas conceptuales previos y que pone de manifiesto lo difícil que es provocar un cambio conceptual.

Los estudios de neuroimagen permiten observar el sesgo de confirmación en acción. Kevin Dunbar y Jonathan Fugelsang analizaron mediante imágenes por resonancia magnética funcional lo que sucedía en el cerebro de unos estudiantes universitarios mientras veían vídeos que mostraban escenas que encajaban o no con sus conocimientos previos. Cuando los estudiantes observaban situaciones que eran consistentes con sus preconcepciones, algunas áreas del cerebro involucradas en el aprendizaje —el núcleo caudado y el giro parahipocampal— mostraban niveles de activación por encima de la línea de base. Ahora bien, cuando las imágenes eran inconsistentes con sus ideas, las regiones que presentaban niveles altos de activación eran el córtex cingulado anterior, el precúneo y la corteza prefrontal dorsolateral. El córtex cingulado anterior es una región del cerebro que se asocia a la detección de errores y la inhibición de respuestas, mientras que la corteza prefrontal dorsolateral es una de las principales regiones involucradas en la memoria de trabajo. Por consiguiente, estos resultados sugieren que, cuando la información que reciben las personas es compatible con sus conocimientos previos, el cerebro está abierto a incorporarla, pero si la nueva información resulta incongruente con lo que ya sabemos, de entrada se inclinará por ofrecer cierta resistencia.

Más allá de una buena explicación

El fenómeno del cambio conceptual pone de manifiesto que, si bien una buena explicación nos ayuda a descubrir nuevas ideas que por nuestra cuenta sería poco probable que formásemos, para acabarlas integrando en nuestra memoria a largo plazo hace falta algo más. Ya lo apreciamos con los estudiantes universitarios y sus dificultades para aprender el modelo de las estaciones a partir de un vídeo de la NASA. En aquella ocasión, además, volvimos a observar cómo los contenidos de nuestra memoria intervienen cuando aprendemos algo, deformando así la información entrante para forzar su encaje en los moldes preestablecidos. Esto saltaba a la vista en el caso de los estudiantes que mezclaban su modelo basado en la distancia con el hecho de que la Tierra tenga el eje de rotación inclinado y acababan apelando a la distancia de cada hemisferio terrestre con respecto al Sol. Su nueva concepción combinaba elementos de sus conocimientos previos y elementos de la nueva explicación.

Otros estudios aportan evidencias de que una explicación no suele resultar suficiente para producir determinados tipos de cambio conceptual. En un trabajo clásico de principios de los años noventa, Stella Vosniadou y William Brewer entrevistaron a sesenta alumnos de 1.º, 3.º y 5.º de Primaria con el objetivo de conocer sus ideas sobre la forma de la Tierra. Cuando les preguntaron por ello de buenas a primeras, la mayoría de los niños y niñas de todas las edades respondió que la Tierra era redonda (¡vaya pregunta!). Sin embargo, cuando los investigadores indagaron un poco más en sus ideas mediante preguntas indirectas o pidiéndoles hacer dibujos, la diversidad de ideas que se reveló fue enorme. En algunos casos, los niños y niñas concebían el planeta como una esfera cuya mitad inferior estaba formada por tierra y su otra mitad, por aire. Las personas, los animales y las casas se situaban en la parte central, donde la superficie era plana. En otros casos imaginaban una esfera achatada o incluso concebían que había dos Tierras: por un lado estaba la Tierra planeta, que era redonda, y por otro, el mundo donde vivimos, que es plano. A los niños y niñas de este estudio les resultaba muy difícil renunciar a la idea de que hay un «arriba» y un «abajo» y concebir una Tierra redonda, con personas y objetos en toda su superficie, por mucho que aseguraran esto los adultos. De hecho, esta observación y otras más condujeron a Stella Vosniadou a sugerir el término de «modelo sintético»: esa explicación que mezcla elementos de los conocimientos previos y de las nuevas experiencias para construir un nuevo modelo explicativo en que encajen unos con otros. Por lo tanto, el modelo de las estaciones del año que junta el papel de la distancia al Sol con el hecho de que el eje de la Tierra está inclinado, y concluye que las estaciones se deben a la distancia de cada hemisferio al Sol, sería un modelo sintético creado por los estudiantes universitarios de los que hablamos unas líneas más arriba.

El hecho de que para aprender determinadas cosas sea necesario un cambio conceptual de cierto calado nos recuerda que el aprendizaje no es un mero acto receptivo, sino que los procesos de la memoria requieren acciones generativas. Dicho de otro modo, la memoria no es un almacén de datos, sino una red de significados que se construyen de manera activa. Por eso, prestar atención a una buena explicación nos puede ayudar a comprender y aprender una nueva idea, pero con demasiada frecuencia resultará insuficiente para integrarla en nuestra memoria a largo plazo de un modo permanente. Así, la habilidad de enseñar va más allá de proporcionar explicaciones estructuradas y claras, ricas en ejemplos y que consigan promover el interés y la atención de las personas. Desde luego, esta es una parte muy importante de la enseñanza efectiva. No obstante, como hemos podido apreciar, para contribuir al aprendizaje de nuestros semejantes también necesitamos saber cómo ayudarles a transitar entre sus concepciones previas y las que pretendemos que adquieran, facilitándoles el tipo de experiencias que promoverán el cambio conceptual.

La senda del cambio conceptual

Como hemos observado, aprender no solo consiste en ampliar ideas preexistentes con más datos, sino que a menudo implica rehacer algunas ideas que el individuo emplea para interpretar el mundo que lo rodea. Además, estas ideas suelen formar parte de estructuras conceptuales mayores, las cuales casan entre sí. Cambiar una idea que encaja con otras muchas y que ha resultado útil para interpretar múltiples experiencias no es sencillo ni mucho menos inmediato. Si bien no hay métodos mágicos que resulten infalibles, contamos con evidencias de que algunas estrategias de enseñanza son más eficaces que otras.

Según el modelo clásico de cambio conceptual, lo primero que debe suceder para poner en marcha este proceso es que los conceptos o ideas que uno posee entren en conflicto con una nueva experiencia, de tal modo que el sujeto perciba que sus modelos explicativos tienen puntos débiles o son incongruentes con lo experimentado. Por ejemplo, en el caso del modelo de las estaciones del año, la concepción inicial de los estudiantes de Harvard —según la cual en verano hace más calor porque la Tierra está más cerca del Sol— queda en entredicho ante la circunstancia de que no gozamos a la vez de la misma estación en los dos hemisferios del planeta. Este será un hecho discrepante que causará una disonancia cognitiva. Como ya hemos comentado, la disonancia será una condición necesaria, pero no suficiente, puesto que el individuo puede optar a continuación por dejarse llevar por su sesgo de confirmación e ignorar la nueva experiencia, u olvidarla por no profundizar más en ella. El sesgo de confirmación y los mecanismos de la memoria también pueden conspirar para reinterpretar la experiencia y recordarla de una forma distinta, de tal modo que encaje mejor con los conocimientos previos del individuo. Algo así lleva a las personas a generar modelos sintéticos, como ocurre cuando los estudiantes integran el hecho discrepante de que no se den las mismas estaciones en los dos hemisferios del planeta a la vez, a partir de su interpretación basada en que «un hemisferio se sitúa más cerca del Sol que el otro».

Si el cambio conceptual está destinado a progresar, el individuo necesita motivación para adoptar una explicación mejor. En esto ayuda el hecho de que la explicación recibida no solo permita dar sentido a la experiencia discrepante, sino también a todas las experiencias que la explicación previa justificaba. Además, es imprescindible que la nueva explicación resulte inteligible, esto es, que el sujeto pueda construirla a partir de sus conocimientos previos y encaje con estos. Sin embargo, la explicación del modelo científico de las estaciones que ofrecía el vídeo de la NASA, en el experimento con estudiantes universitarios mencionado anteriormente, poseía todas estas cualidades. Y, aun así, no fue muy efectiva por sí sola. Para promover el cambio conceptual, el sujeto debe ir más allá e implicarse en actividades que le obliguen a poner a prueba la nueva explicación. Por eso, es esencial que esta cuente con capacidad predictiva, es decir, que permita explicar con éxito nuevas situaciones que en un principio no han sido consideradas.

Al fin y al cabo, aprender conceptos es crear significados que puedan transferirse a nuevas situaciones. En el caso de necesitar un cambio conceptual, todo esfuerzo deliberado para intentar comprender el nuevo modelo y todo empeño en aplicarlo en distintos contextos contribuirá a su evolución. Por desgracia, debemos asumir que el "recableado" que debe producirse en nuestra memoria a largo plazo para que el cambio ocurra requiere inevitablemente de tiempo y múltiples oportunidades para practicar con lo aprendido. Y, por consiguiente, exige motivación por parte del individuo.

Conocimientos inflexibles

Otra faceta de la terquedad de la memoria se da cuando lo que hemos aprendido se niega a acudir en nuestra ayuda, justo cuando resultaría útil aplicarlo para resolver un problema nuevo o interpretar adecuadamente una nueva situación. Esta circunstancia atañe a lo que se conoce como «transferencia del aprendizaje», es decir, la capacidad de aplicar lo aprendido en un contexto distinto al contexto en que se aprendió.

En varias ocasiones a lo largo de este libro hemos hablado de las dificultades que experimentamos para evocar un recuerdo o un conocimiento cuando las pistas que nos ofrece el entorno no coinciden con las que estuvieron presentes durante el episodio de aprendizaje, esto es, cuando el contexto de evocación difiere del contexto de codificación. El contexto en que aprendemos algo influye en las conexiones que realizamos en nuestra memoria, las cuales constituirán los caminos para llegar hasta lo aprendido cuando tratemos de evocarlo. Este contexto no solo se refiere a las circunstancias en que nos encontramos —el lugar y el momento donde nos situamos, las personas y objetos con los que interaccionamos, etcétera—, sino también, y en especial, al contexto que plantea la información que recibimos: los ejemplos utilizados, los aspectos enfatizados y todo aquello que condicione qué conocimientos previos movilizaremos para interpretar los hechos. Precisamente, los conocimientos previos activados serán los puntos de anclaje de los nuevos conocimientos, las puertas de acceso para llegar a ellos en nuestra memoria. Sin embargo, en general, tendemos a vincular lo aprendido a los aspectos concretos del contexto en que lo aprendimos, de manera que, cuando nos situamos en un nuevo contexto cuyo aspecto superficial no coincide con el anterior, nos resulta difícil apreciar la idoneidad de emplear lo aprendido, aunque en realidad sea aplicable.

Por ejemplo, en un estudio clásico sobre la transferencia del aprendizaje, Terezinha Nunes Carraher y sus colaboradores entrevistaron a un grupo de niños brasileños que trabajaban vendiendo artículos en la calle. Los investigadores pudieron comprobar la gran habilidad que estos niños poseían para realizar cálculos matemáticos relacionados con las transacciones comerciales que llevaban a cabo a diario. Sin embargo, cuando se les planteaban los mismos tipos de problemas matemáticos fuera de ese contexto, les resultaba mucho más difícil resolverlos, incluso si debían utilizar los mismos números y operaciones. Así, un niño podía calcular con suma facilidad cuántos cruceiros (la moneda de Brasil por aquel entonces) debía cobrarle a un cliente que pedía seis kilogramos de sandía, a cincuenta cruceiros el kilogramo; pero en cambio tenía dificultades para resolver la operación escrita como «6 × 50» o para hallar la solución de un problema en otro contexto que requería de esa misma operación —por ejemplo, «Un pescador ha capturado cincuenta peces. Otro pescador ha capturado seis veces más. ¿Cuántos peces ha capturado el segundo pescador?»—. Cuando aprendemos algo en un contexto concreto, a nuestra memoria le cuesta percatarse de su utilidad fuera de dicho contexto.

Como ya hemos visto, olvidar los detalles de nuestras experiencias contribuye a extraer su trasfondo, lo que facilita que podamos transferirlo a nuevas situaciones. Sin embargo, esto no es suficiente para conseguirlo, ni mucho menos. La construcción de conceptos e ideas que trasciendan los hechos concretos no solo requiere olvidar los detalles de las experiencias, sino procesar múltiples experiencias que difieran en su aspecto superficial, pero compartan su trasfondo. De hecho, lo que quizá permite que olvidemos los detalles y que sostengamos la estructura profunda de las circunstancias es que esta última será precisamente lo que tendrán en común varias experiencias, mientras que los detalles específicos de cada situación no se repetirán. Por lo tanto, abstraer requiere situar las mismas ideas en múltiples contextos: un mismo trasfondo, con diferente aspecto superficial. Quizá por este motivo, alcanzar la capacidad de transferir el aprendizaje sea mucho más difícil de lo que puede parecer.

Con todo, las dificultades para transferir el aprendizaje no solo ocurren a nivel de la memoria explícita. También las podemos apreciar en los otros tipos de memoria. Pero quizá el caso más frustrante sea el que atañe a la memoria procedimental. En especial, porque tendemos a creer que al desarrollar determinadas habilidades, estas repercutirán en nuestro desempeño en otras habilidades. Es lo que sucede, por ejemplo, cuando aprendemos latín, ajedrez, matemáticas o programación. También es común la creencia de que determinadas habilidades cognitivas, como la creatividad o la resolución de problemas, son transversales y, una vez desarrolladas en un contexto, son aplicables en cualquier otro.

Por desgracia, la investigación sobre la transferencia del aprendizaje en general no respalda estas intuiciones. En el segundo capítulo ya vimos que ni siquiera la memoria puede ejercitarse como si fuera un músculo, con independencia del contexto. Esto es algo que ponían de manifiesto los atletas de la memoria, quienes, después de largas horas de entrenamiento, podían memorizar extensas listas de determinados objetos, pero conservaban una capacidad memorística normal para cualquier otra cosa. Algo similar sucede con las demás habilidades cognitivas: podemos desarrollarlas en el contexto de una disciplina, pero esto no significa que se puedan transferir fácilmente a otras disciplinas. En general, solo mejorarán en el ámbito concreto en que se practiquen, vinculadas de manera indisociable a los conocimientos propios de dicha disciplina.

Ahora bien, las personas se diferencian por su facilidad para aprender y realizar otras tareas cognitivas en general. Todas las habilidades tienen un componente innato y un componente ambiental. En cuanto a la memoria, hemos visto cómo la adquisición de conocimientos mejora su capacidad para asimilar más conocimientos que estén relacionados con los anteriores. Pero ¿cómo evoluciona la memoria a lo largo de la vida de una persona? ¿Qué aspectos de su desarrollo estarán más condicionados por la genética y cuáles por las experiencias del individuo? Sobre esto trataremos en el siguiente y último capítulo.

7

El desarrollo de la memoria

Donde no alcanza la memoria

¿Cuál es el recuerdo más temprano que conservamos? ¿Qué edad teníamos en aquel entonces? Cuando los investigadores han lanzado estas preguntas a nutridos grupos de voluntarios, la media de edad declarada se ha situado alrededor de los tres años. Desde siempre, los humanos hemos tenido constancia de que algo nos impide recordar nuestras primeras experiencias en el mundo, desde que nacemos —o incluso antes— hasta que alcanzamos alrededor de esa edad. Este fenómeno se conoce como «amnesia infantil» y, aunque ha sido objeto de investigación durante más de un siglo, aún desconocemos sus causas.

El primer problema a la hora de estudiar este fenómeno es que resulta muy complicado confirmar que un recuerdo que procede de nuestra más tierna infancia sea genuino. En el capítulo sobre las fallas de la memoria tuvimos la oportunidad de descubrir la facilidad con que generamos falsos recuerdos y los asumimos como ciertos, en especial cuando corresponden a sucesos muy lejanos en el tiempo. Sin ir más lejos, el investigador de la memoria David Bjorklund explicó en una ocasión que recordaba perfectamente cuando tuvo bronquitis siendo aún un bebé: «Mi cuna estaba cubierta por una sábana, pero recuerdo que miraba a través de los barrotes y veía el salón. Puedo oír el silbido del vaporizador, sentir la opresión en mi pecho y oler el Vicks VapoRub. Desde entonces, el olor del Vicks VapoRub me provoca malestar...». Sin embargo, cuando David compartió ese recuerdo con su madre, esta no tuvo más remedio que desmontarle su versión: «Tú fuiste un bebé muy sano... Ese fue tu hermano pequeño, Dick. Tú tenías unos tres años por aquel entonces...». David nunca había sido aquel bebé con bronquitis que en su memoria creía ser. Los falsos recuerdos pueden parecernos muy reales.

El caso es que algunos estudios que clamaron haber logrado desenterrar recuerdos anteriores a los tres años de los voluntarios que participaron en ellos lo hicieron por medio de técnicas de visualización guiada, hipnosis y otros procedimientos sugestivos que, según sabemos hoy, son muy dados a generar falsos recuerdos (hablamos de ello en el capítulo 5). La mayoría de los trabajos de investigación que han puesto a prueba el fenómeno de la amnesia infantil han concluido que, en efecto, las experiencias que vivimos antes de cierta edad —alrededor de los tres años— no quedan a nuestro alcance una vez superada esa etapa de nuestra vida. Ni siquiera cuando se trata de vivencias con una alta carga emocional.

Por ejemplo, un acontecimiento vital de gran impacto emocional para un niño es el nacimiento de un hermano. Además, se trata de un suceso cuyos detalles resultan relativamente fáciles de contrastar con otras personas de su entorno, como sus padres. Así, unos investigadores entrevistaron a niños de entre cuatro y doce años para preguntarles sobre sus recuerdos acerca del nacimiento de un hermano o hermana, que se produjo cuando tenían entre dos y once años. Les preguntaron detalles como quién cuidó de ellos mientras su madre estaba en el hospital, dónde conocieron al recién nacido, qué otras personas lo visitaron, etcétera. También entrevistaron a los padres para conocer su versión y poder contrastar las respuestas de los menores. Como era de esperar, todos los niños que tenían por lo menos tres años cuando vivieron estos acontecimientos los recordaban con gran fidelidad, independientemente del tiempo que hubiese pasado. Sin embargo, quienes aún no contaban los tres años en tan señalada fecha apenas recordaban nada. Además, los escasos recuerdos de quienes parecían rescatar alguna reminiscencia bien podían corresponder a falsos recuerdos inducidos por las historias que sus padres les habían explicado posteriormente sobre aquel día. He aquí la dificultad para confirmar si un recuerdo que desafía la noción de la amnesia infantil es veraz o solo una ilusión.

Muchos otros estudios han analizado los recuerdos de acontecimientos memorables en niños —y no tan niños— que los habían vivido antes o después de los tres años, con resultados similares a los anteriores. Un aspecto curioso que han permitido revelar los estudios con niños, en comparación a los mismos estudios con adolescentes y adultos, es que el periodo afectado por la amnesia infantil depende de la edad de la persona que trata de recordar. Es decir, mientras que los adultos no suelen recordar apenas nada de lo ocurrido antes de los tres o cuatro años de edad, los niños pequeños pueden llegar más lejos e incluso recordar acontecimientos que ocurrieron cuando tenían entre dos y tres años, asumiendo que no son falsos recuerdos. Conviene considerar que los críos son más sensibles a la sugestión, por lo que cabría conceder la posibilidad de que esta observación estuviera reflejando, en realidad, su mayor predisposición a confundir la fuente de sus recuerdos. El debate está servido.

El porqué de la amnesia infantil

Con independencia de cuándo termina, es evidente que hay un periodo de nuestra vida que ni niños ni adultos podemos recordar. Siendo así, cabe preguntarnos: ¿a qué se debe? Por supuesto, existen dos posibles opciones: o bien los bebés aún no son capaces de codificar y guardar sus experiencias en forma de recuerdos por medio de la memoria episódica, o bien estos recuerdos son frágiles y se acaban olvidando con cierta facilidad. Como veremos, las pruebas con que contamos en la actualidad nos llevan a inclinarnos más por la segunda opción, pero aún queda mucho por averiguar.

En base a la investigación con humanos y otros animales, en las últimas décadas se han propuesto varias explicaciones a la amnesia infantil. Desde el ámbito de la psicología, algunos investigadores han sugerido que los individuos no pueden generar recuerdos personales, concernientes a la memoria episódica, hasta que no han desarrollado un sentido de sí mismos como individuos. Esta toma de conciencia del yo acostumbra a suceder alrededor de los dos años de edad, y se conviene que una prueba de ello es el hecho de que, a partir de esa edad, los infantes pueden reconocerse en un espejo. Por ejemplo, si con sumo cuidado pintamos un puntito rojo en la nariz de un bebé y lo ponemos ante un espejo, el gesto de tocarse su nariz constataría que ha reconocido su reflejo. En un trabajo de investigación clásico, se hizo precisamente esto con bebés de diversas edades. Apenas ningún menor de veintiún meses actuó como si se hubiera reconocido en el espejo, mientras que el 70 por ciento de los bebés entre veintiuno y veinticuatro meses sí lo hizo.

Los psicólogos que subrayan la relación entre el desarrollo de la autoconciencia y el fin de la amnesia infantil sugieren que la memoria episódica no puede operar correctamente si no existe un yo con el que poner en relación los acontecimientos vividos. Al fin y al cabo, la memoria episódica no solo va ligada a una serie de coordenadas definitorias como el lugar y el momento en que ocurrieron los sucesos registrados, sino también a la referencia de que uno estuvo allí. En otras palabras, si la memoria episódica guarda "aquello que nos ocurrió", primero debe existir el sujeto "al que le ocurren los hechos" para poder formarse. Ahora bien, a pesar de que el final de la amnesia infantil correlaciona razonablemente con la adquisición del sentido del yo, no está de más recordar que correlación no implica causalidad. Es decir, quizá la coincidencia sea fortuita, porque ambas habilidades maduran en paralelo, o quizá se deba al desarrollo, en esta etapa de la vida, de mecanismos que son la causa de ambas habilidades.

Otros investigadores señalan el desarrollo del lenguaje como el punto de inflexión en la maduración de la memoria episódica. En su caso, sugieren que la memoria declarativa —la que nos permite almacenar información que podemos expresar verbalmente— depende del lenguaje y, por lo tanto, los niños en etapa preverbal registran sus recuerdos de un modo que luego resulta irrecuperable por medio de este tipo de memoria. En el primer capítulo procuramos destacar la diferencia entre memoria declarativa —o explícita— y memoria implícita. Una característica diferenciadora de la primera —y el motivo de que se llame «declarativa»— es que puede adquirirse y expresarse por medio del lenguaje, aunque en realidad incluya todo tipo de información sensorial. El caso es que si la vía para recuperar esta información pasa por su abstracción asociada al lenguaje, difícilmente podremos evocar los recuerdos que formamos cuando aún no habíamos desarrollado nuestras habilidades lingüísticas.

Algunos de los experimentos clásicos cuyos resultados se han esgrimido para respaldar esta teoría consistieron en proporcionar una experiencia memorable a infantes entre dos y tres años de edad, a los que un año más tarde se les entrevistaría para averiguar qué recordaban. La experiencia consistía en jugar con una «asombrosa máquina reductora», un dispositivo "mágico" que provocaba la ilusión de menguar el tamaño de los juguetes que los pequeños introducían en ella. Los investigadores, además de jugar con ellos, analizaron las habilidades lingüísticas de los niños y tomaron buena nota del lenguaje empleado durante la sesión. Un año más tarde, los pequeños recordaban bien su experiencia con la fabulosa máquina, pero acusaban una circunstancia muy curiosa: a pesar de que habían mejorado notablemente su expresión verbal y, en especial, su vocabulario, cuando se trataba de explicar sus vivencias de un año atrás se limitaban a usar las palabras que conocían entonces. En efecto, era como si sus recuerdos episódicos solo pudiesen evocarse asociados al lenguaje que dominaban cuando los generaron. Si esto fuera así, significaría que ante la carencia de los rudimentos lingüísticos más básicos, ningún recuerdo sería registrable de un modo que luego pudiese recuperarse por medio de los mecanismos de la memoria episódica.

Cambios en el hipocampo

Si bien la teoría sobre la base lingüística de la memoria episódica cuenta con el respaldo de evidencias tan sugerentes como las descritas, resulta contraintuitivo pensar que no podamos conservar recuerdos de experiencias sensoriales previas a la adquisición del lenguaje, que por lo menos pudiésemos evocar en nuestros adentros, aunque seamos incapaces de expresarlos verbalmente. De hecho, los experimentos con «la fabulosa máquina reductora» y con otro tipo de experiencias han puesto de manifiesto que con frecuencia se ha subestimado la memoria de los bebés porque no se han explorado otras formas de evocar lo que recuerdan, independientes del lenguaje. Por ejemplo, repetir un procedimiento para demostrar que recuerdan lo que hicieron —aunque unas líneas más abajo discutiremos sobre la dificultad de distinguir entre memoria explícita e implícita en bebés.

El caso es que los neurocientíficos han buscado su propia explicación a la amnesia infantil. Para ello, han indagado en los cambios biológicos que suceden en el cerebro en la etapa del desarrollo en que suele darse por terminado este periodo de ausencia de recuerdos explícitos. Para ello ha resultado fundamental, en primer lugar, haber descubierto que otros animales, además de los humanos, experimentan un fenómeno análogo a la amnesia infantil. Este hecho no solo es esencial para facilitar la investigación neurobiológica, sino que además pone en aprietos a las teorías sobre la amnesia infantil tan antropocentristas como las basadas en el desarrollo del lenguaje o la capacidad de reconocerse en un espejo.

En efecto, mamíferos como los monos y los roedores parecen olvidar con facilidad las experiencias previas a un momento concreto de su desarrollo —alrededor de los 21-24 días después de nacer, en el caso de las ratas—, por lo que ofrecen modelos no humanos para estudiar los cambios que ocurren en el cerebro que podrían explicar las causas de la amnesia infantil. Aunque los animales no pueden expresar sus vivencias verbalmente, sí nos muestran que recuerdan cosas, como el camino a través de un laberinto, el lugar donde se escondió un alimento, la manera de conseguir un premio o la presencia de un estímulo en apariencia inofensivo que, en realidad, supone un riesgo o una oportunidad, entre muchas otras posibilidades. Dejando de lado —de momento— la discusión sobre qué conductas reflejan recuerdos dependientes de la memoria episódica y cuáles dependen de otros sistemas de memoria, el hecho es que muchas de las cosas que los animales pueden aprender a cierta edad no perduran cuando la experiencia de aprendizaje se produce en el presunto periodo de amnesia temprana. Por ejemplo, si entrenamos a unas ratas de entre quince y diecisiete días de edad para que aprendan el camino más adecuado hasta la salida de un laberinto, al cabo de un par de semanas ya no muestran signos de recordarlo. En cambio, si el entrenamiento se realiza con ratas de veinticuatro días o más, los animales conservan su desempeño en esta tarea un mes más tarde, e incluso de manera indefinida.

Gracias a la investigación con estos modelos animales, los neurocientíficos han podido dilucidar que el hipocampo, la región del cerebro asociada a la generación de recuerdos episódicos, suele seguir un periodo de maduración posterior al nacimiento que coincidiría razonablemente bien con el periodo de amnesia infantil. Así, algunos investigadores han sugerido que quizá la alta tasa de neurogénesis —el nacimiento de nuevas neuronas— que se produce en el hipocampo durante la primera etapa de la vida de los animales estudiados podría explicar que esta estructura aún no estuviese preparada para llevar a cabo la consolidación de los recuerdos, por lo que se olvidarían rápidamente. Otros se han decantado por considerar que la causa de la amnesia infantil no es un problema de la codificación o la consolidación, sino de la capacidad de recuperar los recuerdos. No en vano, estudios tanto en animales como en humanos han puesto de manifiesto que es posible recordar algo que se aprendió durante el periodo de amnesia infantil si se presentan recordatorios periódicamente. Tengamos presente que el olvido puede ocurrir porque lo que estuvo en nuestra memoria se desvanece o porque somos incapaces de encontrarlo en ella.

En 2016, Alessio Travaglia y un equipo de investigadores estadounidenses aportaron evidencias de que alrededor de la edad en que termina el periodo de amnesia infantil en las ratas, el hipocampo experimenta una serie de cambios bioquímicos asociados al desarrollo que explicarían diferencias clave en la función de esta estructura en los individuos más jóvenes, en comparación con los que ya han superado el periodo de amnesia. Es más, sus resultados sugirieron que el hipocampo pasa por un periodo sensible en que estaría "aprendiendo" a generar los recuerdos episódicos a partir de las experiencias codificadas. Su estudio constató que algunos recuerdos dependientes del hipocampo que se generan durante el periodo de amnesia infantil quedan registrados de algún modo, pero el sujeto no es capaz de recuperarlos en circunstancias normales.

Aprendizajes sin recuerdos

En humanos, el fenómeno de la amnesia infantil nos permite apreciar que contamos con distintos sistemas de memoria, tal como vimos al principio de este libro. En efecto, el hecho de que seamos incapaces de recordar algo de nuestros tres o cuatro primeros años de existencia no significa que en ese periodo no aprendamos nada. En realidad, los bebés aprenden muchas cosas que los acompañarán el resto de su vida, solo que están relacionadas con los sistemas de memoria ajenos a la memoria episódica.

Sin ir más lejos, en el primer capítulo explicamos que el hecho de que algunas personas manifiesten fobia o aversión ante determinados estímulos sin saber el motivo de ello puede explicarse por sus experiencias en los primeros años de vida. Este tipo de reacciones se adquieren por medio de sistemas de memoria implícitos, responsables de aprendizajes como el condicionamiento emocional o la aversión gustativa, entre otros. En el condicionamiento emocional, una experiencia intensa queda registrada en la amígdala, la estructura de nuestro cerebro que evalúa los posibles riesgos de las situaciones en que nos encontramos y que puede poner en marcha la respuesta del estrés si detecta peligro. Al contar con un registro de estímulos que fueron asociados a situaciones de miedo o ansiedad, la amígdala es capaz de activar la respuesta emocional con rapidez, incluso antes de que seamos conscientes de lo que sucede. En adultos, la amígdala también apremia al hipocampo para que registre los recuerdos conscientes de la situación estresante, pero, claro, en el periodo de amnesia infantil, el hipocampo aún no estaría preparado para ello, por lo que del acontecimiento emocional solo nos quedaría la capacidad de reaccionar con miedo o ansiedad si una situación parecida se volviera a repetir. En otras palabras, si un menor de tres años tuvo una mala experiencia con un perro, por ejemplo, es posible que no recuerde nada de ello, pero que en adelante sienta aversión por estos animales. Lo mismo puede suceder si un alimento le sentó mal o si se dio la casualidad de que tuvo alguna dolencia gastrointestinal justo el mismo día que probó un alimento por primera vez. En realidad, algunos estudios sugieren que las experiencias profundamente traumáticas durante la primera infancia pueden predisponer a las personas a sufrir estrés postraumático y trastornos de ansiedad. Aunque en esa época de la vida las experiencias no se recuerden, sin duda pueden afectar a nuestra conducta por medio de sistemas de memoria implícitos.

Con todo, lo que aprendemos de bebés por medio de los mecanismos de memoria implícitos no son solo fobias y aversiones, ni mucho menos. Solo hay que recordar que la memoria procedimental, la que nos permite desarrollar nuevas habilidades, es un tipo de memoria implícita. En efecto, aunque apenas recordemos nada de nuestros primeros años de vida, de pequeños aprendemos un sinfín de cosas que serán esenciales para desenvolvernos en el futuro. Sin ir más lejos, en esta etapa los bebés están afinando sus habilidades motoras, como lo demuestra el ritmo con que mejora la precisión de sus movimientos y el hecho de que aprendan cosas tan notables como ponerse en pie y caminar. Por supuesto, también están desarrollando sus habilidades cognitivas, lo que incluye sus habilidades sociales y lingüísticas.

Uno de los aspectos del lenguaje que sorprendentemente los bebés adquieren durante el periodo marcado por la amnesia infantil y que, no obstante, siguen recordando el resto de su vida es el vocabulario. Al fin y al cabo, las palabras y sus significados se consideran parte de la memoria declarativa. En realidad, la amnesia infantil constituye otra circunstancia que constataría la distinción entre los dos tipos de memoria declarativa: la episódica y la semántica. En efecto, mientras que la memoria episódica parece no estar funcionando plenamente hasta los tres años de edad, la semántica está contribuyendo a la adquisición del vocabulario —y otros conocimientos— desde mucho antes. Quizá la memoria semántica es en realidad un híbrido entre la declarativa y la procedimental. Sea como fuere, el hecho es que las diferencias en la amplitud del léxico que dominan los niños y niñas con solo tres años pueden ser enormes, en función de las experiencias que el entorno les ha proporcionado. En un famoso estudio de Betty Hart y Todd Risley, se puso de manifiesto que los niños que gozaban de un entorno socioeducativo favorable, que los exponía a un lenguaje más rico, a los tres años dominaban más del doble de palabras que los niños en entornos más humildes. En cualquier caso, de la importancia de los primeros años para la adquisición del lenguaje seguiremos hablando más adelante, al referirnos a los conocidos como «periodos críticos o sensibles».

Los primeros aprendizajes

Por lo que respecta a la capacidad de aprender cosas que dependen de los sistemas de memoria implícita, los bebés nacen bien dotados. En este sentido, podríamos preguntarnos: ¿cuáles son las primeras cosas que aprendemos? Lo cierto es que ya antes de nacer, los fetos ponen de manifiesto sus facultades para el aprendizaje.

En primer lugar, no debería sorprendernos que los fetos en las últimas semanas de gestación muestren el tipo de aprendizaje más sencillo que conocemos: la habituación. Cuando se aplica un sonido sobre el vientre de la madre, el ritmo cardiaco del feto cambia y el pequeño suele dar alguna patadita, como respuesta natural ante un estímulo alarmante. Sin embargo, si el sonido se repite varias veces, el feto se habitúa y deja de responder. Un sonido nuevo reactivará su reacción, mostrando que el efecto no era consecuencia de la fatiga. Y tras habituarse al segundo estímulo, volverá a responder al primero, pero se habituará otra vez casi de inmediato, demostrando que "lo recuerda". Este aprendizaje perdura después en el recién nacido, el cual se habitúa más rápidamente al mismo sonido que otros bebés que no tuvieron la oportunidad de habituarse a él mientras estaban en el vientre materno. Curiosamente, algunos estudios han encontrado una relación entre la rapidez con que los fetos y los recién nacidos se habitúan a los estímulos irrelevantes por primera vez y el cociente intelectual que presentan de más mayores. Es más, la falta de habituación del feto puede ser indicativo de alguna complicación.

El otro tipo de aprendizaje que podríamos presuponerle al feto es el condicionamiento clásico. Nos referimos al hecho de que un estímulo que de buenas a primeras no produce ninguna respuesta en él acabe por hacerlo al asociarlo a otro estímulo que provoca esa respuesta de manera natural. En recién nacidos resulta relativamente fácil poner de manifiesto este tipo de aprendizaje. Por ejemplo, en un estudio con bebés de un solo día, los investigadores les presentaban varias veces un aroma neutral —que no provocaba ninguna respuesta en ellos— y a continuación los acariciaban. Al día siguiente, al presentarles el mismo aroma, los bebés respondían girando la cabeza hacia el origen del mismo, cosa que no hacían otros recién nacidos que el día anterior solo habían recibido caricias, o bien solo habían sido expuestos al aroma, o bien siempre habían recibido las caricias *antes* del aroma. Los bebés que habían aprendido a asociar el aroma con la caricia, además, respondían tanto si estaban despiertos como si estaban dormidos.

Otros trabajos han empleado diferentes estímulos para constatar el condicionamiento en neonatos. Por ejemplo, a partir de un sonido seguido por un leve soplo de aire que provoca el cierre de los párpados. En todos estos experimentos se ha constatado que los recién nacidos muestran algún tipo de condicionamiento, aunque les cuesta adquirirlo más que a los individuos de mayor edad. Sin embargo, estudiar este tipo de aprendizaje en humanos durante el periodo prenatal es bastante complicado, por lo que las pruebas experimentales que confirman que los fetos también lo manifiestan suelen proceder de investigaciones con animales.

Ahora bien, en las últimas semanas antes del parto, los fetos están aprendiendo además otro tipo de cosas como, por ejemplo, reconocer el sonido de la voz que oyen con mayor frecuencia: la de su madre. ¿Cómo podemos saberlo? En primer lugar, al igual que vimos al hablar de la habituación, los fetos en las últimas semanas de gestación ya pueden oír o por lo menos responden ante estímulos auditivos. En segundo lugar, gracias al coraje de algunas mujeres encinta que aceptaron tragarse micrófonos para contribuir al avance de la ciencia, sabemos que los sonidos del exterior alcanzan el vientre; sin embargo, los sonidos que mejor se oyen son la voz de la madre y el latido de su corazón. En tercer lugar, los recién nacidos no pueden hablar para decirnos qué sonidos reconocen, pero ya en los primeros días tras su alumbramiento nos muestran que prestan más atención a la voz de su madre que a la de cualquier otra persona. En realidad, un estudio que monitorizó el ritmo cardiaco de fetos en las últimas semanas de gestación mostró que su ritmo cardiaco se aceleraba cuando se reproducía una grabación de la voz de la madre sobre el vientre materno, a diferencia de lo que ocurría con grabaciones de otras voces.

Una forma muy curiosa de comprobar la preferencia que los bebés han desarrollado por la voz de su madre, al mismo tiempo que nos demuestran otra de sus habilidades para aprender, consiste en hacer que sean ellos los que decidan la voz que quieren escuchar. Esto es lo que lograron unos investigadores que configuraron un chupete capaz de activar una grabación de la voz de la madre o bien de otra persona, en función del ritmo con que el bebé lo succionaba. De este modo, los bebés —con menos de tres días de edad— no solo mostraron que preferían escuchar a su madre, sino que eran capaces de aprender cómo conseguirlo y actuar en consecuencia —de hecho, los bebés aprenden a ajustar el modo en que succionan el pecho materno para obtener la leche—. Este tipo de aprendizaje se conoce como «condicionamiento instrumental» y consiste en asociar una conducta a un resultado. Como conclusión de este estudio y otros anteriores, los investigadores sugirieron que la preferencia por la voz de la madre se había formado durante el periodo prenatal. Al fin y al cabo, si este aprendizaje se diera durante las primeras horas después del parto, los neonatos también deberían preferir la voz de su padre frente a otros hombres, pero la realidad es que no ponen de manifiesto esta preferencia y, de hecho, muestran mayor predilección por las voces femeninas e, incluso, por el sonido de los latidos del corazón.

Empleando el mismo mecanismo del chupete anterior, otro experimento reveló que los recién nacidos eran capaces de reconocer una historia que sus madres leyeron en voz alta cada día, durante las últimas seis semanas antes del alumbramiento, y que no habían vuelto a oír desde que nacieron. De nuevo, los neonatos demostraban su inclinación por escuchar dicha historia al ajustar el ritmo de sus succiones para que se activase una grabación que la reproducía, en comparación a otra historia que no oyeron mientras estaban en el útero. Esto sucedía incluso si las grabaciones no las había realizado su madre. Por supuesto, los investigadores no interpretaron que los bebés reconociesen la historia por su contenido semántico, sino por las propiedades acústicas de su vocabulario y su prosodia. En otras palabras, lo que ya estarían aprendiendo las criaturas desde el periodo prenatal no solo serían las propiedades sonoras de la voz de su madre —su tono y timbre—, sino también los sonidos específicos de lo que esta dijera. Ello incluiría, claro está, los sonidos característicos de su lengua. En este sentido, otros estudios han revelado que los neonatos ya pueden distinguir la lengua materna de otras lenguas.

Muchos otros experimentos han sacado partido del condicionamiento instrumental para evaluar la capacidad de aprendizaje de los bebés y la durabilidad de lo que aprenden más allá del periodo de amnesia infantil. Por ejemplo, cuando se trata de criaturas menores de siete meses, un procedimiento consiste en situar un móvil o carrusel encima de la cuna y atarlo suavemente al tobillo del bebé, de tal modo que, si da una patada, el carrusel empieza a moverse para regocijo del pequeño. Con este montaje, los bebés demuestran que enseguida aprenden a activar el carrusel, pues incrementan la frecuencia con que dan pataditas por encima de lo habitual. Este aprendizaje perdura un par de días si no se ofrece ningún recordatorio —cuanto más mayores son, más perdura—, pero puede conservarse durante semanas si el bebé vuelve a situarse en el mismo contexto días antes de poner a prueba su memoria.

De hecho, la influencia del contexto para que el bebé muestre su mayor tendencia a dar pataditas para mover el carrusel es esencial. En experimentos en que se ha cambiado un poco la decoración de la cuna tras el condicionamiento instrumental, los bebés vuelven a actuar como si ignorasen la asociación entre las patadas y el agradable zarandeo del carrusel. El contexto condiciona que lo aprendido se ponga de manifiesto o no. Es más, la capacidad de los bebés para transferir su aprendizaje de un contexto a otro está marcadamente condicionada por la posibilidad de haber observado una asociación entre dichos contextos. Por ejemplo, si enseñamos a un bebé cómo realizamos una serie de acciones sobre un muñeco de peluche, este será capaz de imitarlas con el mismo muñeco, pero no lo hará si le damos un muñeco distinto. Ahora bien, si el bebé ha tenido la oportunidad de ver los dos muñecos juntos previamente, entonces sí que sabrá imitar las acciones con el segundo muñeco, aunque solo se las hayamos modelado con el primero. Así lo han mostrado diversos estudios sobre aprendizaje por imitación.

¿Recuerdos conscientes?

Hasta aquí hemos visto que, a pesar de que los adultos apenas atesoremos recuerdos de la primera etapa de nuestra vida, los bebés —¡y los fetos!— están aprendiendo muchas cosas que aparentemente no dependen de la memoria episódica, sino de otros sistemas de memoria. ¿Significa eso que los bebés no presentan ningún tipo de memoria episódica? Lo cierto es que resulta muy complicado concluir si ciertos aprendizajes que pueden realizar los bebés son solo implícitos o gozan de recolección consciente. En especial, porque la manera más sencilla de determinar si un sujeto es consciente de lo que ha aprendido es preguntándoselo, pero los bebés aún no han desarrollado lo suficiente sus habilidades lingüísticas. Sería fantástico poder consultarle a un neonato que aprendió a reproducir una grabación de la voz de su madre —ajustando el ritmo de succión de su chupete— si es consciente de cómo lo hace. O bien preguntarle a un bebé que participó en los experimentos con el móvil sobre la cuna si en realidad sabe cómo ponerlo en marcha. Sabemos que los aprendizajes implícitos son independientes de la recolección consciente y que incluso se pueden adquirir o poner de manifiesto en situaciones de inconsciencia —como los bebés que respondían al aroma que asociaron a las caricias aun estando dormidos—. Por lo tanto, es difícil concluir si alguna demostración de aprendizaje por parte de los más pequeños refleja que gocen de memoria episódica propiamente.

Aun así, existe un intenso debate acerca de cómo clasificar los aprendizajes de los bebés en relación a los sistemas de memoria implícitos o explícitos. Algunos investigadores creen que los bebés de pocos meses sí cuentan con memoria episódica, a pesar de que sus recolecciones conscientes no perduren mucho tiempo, lo que explicaría la amnesia infantil. En concreto, arguyen que algunas características de determinados aprendizajes son propias de la memoria episódica, a saber, el hecho de que se adquieran en un solo episodio, que perduren a pesar de no haber practicado y, en especial, que pacientes adultos con una profunda amnesia anterógrada —que no pueden generar recuerdos episódicos, pero conservan los sistemas de memoria implícitos— no logran realizarlos. Por ejemplo, cuando se trata de imitar un procedimiento sencillo, tal como realizar tres acciones sobre un muñeco de peluche, los bebés pueden aprenderlo, pero los adultos amnésicos, no. Pero si la memoria episódica se define en términos que exigen el desarrollo del lenguaje, entonces es sencillamente imposible demostrarla en bebés.

En la actualidad, prosigue el debate científico sobre cómo se desarrolla la memoria en los primeros años de vida. Un buen puñado de evidencias apuntan a que los distintos sistemas de memoria maduran a diferentes ritmos, con los sistemas de memoria implícitos llevando la delantera. Pero eso no significa que los sistemas explícitos, incluida la memoria episódica, no empiecen a mostrar algunas de sus cualidades desde el principio. Quizá solo lo hagan de manera parcial o "imperfecta", hasta que alcanzan cierto nivel de madurez. Ya vimos que la amnesia infantil podía llegar a explicarse por un cambio bioquímico que ocurre en el hipocampo alrededor de la etapa del desarrollo en que sus efectos terminan. Lo que está claro es que los bebés aprenden una gran cantidad de cosas y que, cuanto más mayores son, más rápido lo hacen y más perduran sus aprendizajes.

Los progresos de la memoria declarativa

A partir de los cuatro o cinco años de edad, no hay ninguna duda de que los niños cuentan con una memoria declarativa —incluyendo la episódica— que es plenamente funcional, aunque aún le queda mucho por mejorar. Las habilidades para adquirir nuevos conocimientos y conservarlos por más tiempo, así como la capacidad de transferirlos a nuevos contextos, van mejorando progresivamente hasta alcanzar el final de la adolescencia, incluso más allá. ¿Qué hace que la memoria declarativa experimente estos avances? Existen al menos tres factores que contribuyen a ello.

En primer lugar, conviene tener presente que las estructuras del cerebro asociadas a la memoria declarativa continúan madurando durante años. Entre ellas, cabe destacar la corteza prefrontal, implicada en el funcionamiento de la memoria de trabajo. Como el lector recordará, la memoria de trabajo consiste en la habilidad de sostener una determinada cantidad de información en nuestra mente, mientras le estamos prestando atención. En aras de la simplicidad, en el primer capítulo la definimos como el "espacio mental" donde pensamos, imaginamos y recordamos.

Así las cosas, la memoria de trabajo constituye la antesala de la memoria a largo plazo: todas las experiencias que recordamos y todos los conocimientos que adquirimos han tenido que pasar primero por la memoria de trabajo. Y evocarlos significa, precisamente, llevarlos de vuelta de la memoria a largo plazo a la memoria de trabajo. Por eso, la memoria de trabajo es fundamental para el aprendizaje, pues es el "lugar" de nuestra mente donde realizamos las conexiones entre lo que sabemos y lo que estamos experimentando. También es el proceso que nos permite establecer nuevas conexiones entre varios de nuestros conocimientos previos, para construir con ellos nuevas ideas y conceptos.

Sin embargo, la memoria de trabajo está limitada por su capacidad, esto es, por la cantidad de información que puede sostener simultáneamente y las operaciones que puede realizar con ella. Las diferencias que existen entre las personas en dicha capacidad se asocian al cociente intelectual y, en especial, correlacionan con las diferencias en la habilidad para aprender. En este sentido, la investigación en psicología cognitiva ha reflejado que la capacidad de la memoria de trabajo incrementa progresivamente durante la niñez hasta alcanzar su máximo alrededor del final de la adolescencia. Esto contribuiría a explicar por qué la habilidad para aprender va incrementando desde la infancia hasta bien entrada la adolescencia.

Otro motivo que influiría en la mejora de la memoria declarativa en el periodo que va de la infancia a la edad adulta estaría relacionado con lo que se conoce como «metamemoria». Este término se refiere al conocimiento que uno va adquiriendo sobre cómo funciona su memoria y al desarrollo de estrategias mnemotécnicas fundamentadas en dicha experiencia. Por ejemplo, cuando se trata de recordar un listado de objetos, los adultos suelen organizarlos en su mente por categorías semánticas (frutas, animales, instrumentos musicales, etc.), lo cual les ayuda a recordarlos mejor. En cambio, los niños no suelen tener en cuenta este beneficio cognitivo y, al tratar de recordar los objetos tal como se les proporcionan en la lista, recuerdan muchos menos. Ahora bien, si se les explica esta técnica —y la emplean—, su capacidad para recordar el listado incrementa de manera significativa.

Aunque las facultades metamemorísticas que las personas desarrollan espontáneamente suelen ser poco sofisticadas, las de los adultos acostumbran a ser mejores que las de los niños. En realidad, los niños no suelen tener en cuenta los efectos del olvido a la hora de estimar lo que recordarán en un futuro cercano, sino que suelen dar por hecho que lo que saben hoy, lo sabrán mañana. Los adultos también fallamos con frecuencia en estas estimaciones, pero en general tenemos más presentes los caprichos de la memoria y buscamos modos de compensarlos, ya sea con estrategias mnemotécnicas o apoyándonos en soportes externos (agendas, post-it, etcétera).

La ventaja del conocimiento

Con todo, uno de los factores que más contribuye a que la memoria declarativa de los niños mejore de manera formidable a medida que crecen no es ni más ni menos que la acumulación de conocimientos. Si una idea se ha repetido a lo largo de este libro es que la memoria se construye al ir conectando lo que sabemos con lo que estamos experimentando, o bien mediante la creación de nuevas conexiones entre lo que ya sabemos. De esto se infiere, por lo tanto, que cuanto más sabemos, más podemos aprender. Aunque, para ser exactos, la ventaja que nos dan los conocimientos previos solo existe cuando se trata de adquirir nuevos conocimientos que estén relacionados con ellos. En efecto, como ya se ha reiterado varias veces desde que hablamos de los atletas mnemonistas, la memoria declarativa no es como un músculo que podamos fortalecer en general por medio de la práctica. La memoria se va haciendo más eficaz para aprender aquellas cosas que estén relacionadas semánticamente con los conocimientos que ha ido adquiriendo. Cuanto más sabemos acerca de algo, más fácilmente aprendemos cosas nuevas relacionadas con ello.

En todo caso, para un niño que está construyendo los fundamentos de sus conocimientos sobre el mundo que lo rodea, cualquier avance va a marcar diferencias muy relevantes a la hora de ir mejorando su capacidad para seguir aprendiendo más. De hecho, si un conocimiento es esencial para seguir aprendiendo, ese es el léxico de la lengua materna. Y como se dijo unas líneas más arriba, las diferencias en el vocabulario que dominan los niños pueden ser muy amplias en función de su entorno, lo que contribuirá a crear también diferencias en su capacidad para aprender. Los niños que tienen más conocimientos no solo parten con ventaja a la hora de aprender cosas nuevas —que estén relacionadas con sus conocimientos—, sino que además aprenden más deprisa.

En un experimento clásico, la psicóloga cognitiva Michelene Chi puso a prueba la memoria de un grupo de niños de diez años aficionados al ajedrez y un grupo de adultos que no gozaban de grandes conocimientos sobre este juego. Cuando el test consistió en recordar una lista de números, los adultos mostraron ser superiores a los niños, como era de esperar dadas las diferencias en la capacidad de la memoria de trabajo. Ahora bien, en el momento de recordar las posiciones de varias piezas de ajedrez sobre un tablero, tras ojearlo unos segundos, los niños superaron a los adultos en más de un 50 por ciento de aciertos. Otros investigadores realizaron esta última prueba comparando niños y adultos que competían en torneos de ajedrez, y no se revelaron diferencias entre ellos. Estos resultados corroboran que adquirir conocimientos es una de las formas más eficaces de mejorar la capacidad de seguir aprendiendo, aunque también constata que los conocimientos adquiridos deben estar relacionados con lo que aprendemos para proporcionar esta ventaja.

Un efecto colateral curioso que conlleva la acumulación de conocimientos a lo largo de la vida se pone de manifiesto al comparar la facilidad con que los jóvenes de diferentes edades generan falsos recuerdos por medio del procedimiento que vimos en el capítulo sobre las fallas de la memoria: después de escuchar una lista de palabras que giran alrededor de una temática, se les pide que recuerden o evalúen qué palabras contenía la lista. Este procedimiento suele incentivar la creación de falsos recuerdos —es decir, recordar palabras que no estaban en la lista— gracias al hecho de que nuestra memoria, cuando se trata de evocar lo vivido, reconstruye las experiencias realizando inferencias basadas en el significado, esto es, completa los huecos de nuestras reminiscencias empleando los conocimientos que ya tenía y que relacionó con la experiencia durante el aprendizaje. Así, en una lista con los términos «cama, sueño, noche, pijama, roncar, descansar, despertador, etc.», es habitual que los sujetos recuerden haber oído la palabra «dormir» aunque esta no haya aparecido. El caso es que, en conformidad con este fenómeno, los adolescentes cometen más errores que los niños pequeños, presuntamente porque estos últimos cuentan con menos conocimientos —y menos conexiones entre ellos— que aquellos. Por ejemplo, en un estudio con niños y adolescentes de siete, diez y dieciocho años, los más jóvenes cometieron un 4 por ciento de errores, los medianos un 10 por ciento, y los mayores un 20 por ciento. Esta tendencia se ha replicado en diversos trabajos y estaría reflejando la sofisticación creciente de las redes de conocimientos que constituyen la memoria semántica. También estaría poniendo de manifiesto que, a medida que los individuos acrecientan sus conocimientos, su memoria trabaja centrándose más en el trasfondo (el significado) de los hechos y no tanto en los detalles específicos, lo que conlleva que a la hora de evocarlos se base más en realizar inferencias que en tratar de reproducir las experiencias de manera literal. A los niños pequeños se les da mejor recordar la información al pie de la letra, pero a medida que crecen y adquieren conocimientos, cada vez se apoyan más en ellos para aprender y recordar.

La observación anterior en ningún caso debería entenderse como un inconveniente para la adquisición de conocimientos. Lo que no se ha dicho acerca de los experimentos sobre la facilidad para crear falsos recuerdos es que los sujetos podían recordar muchas más palabras correctas cuanto más mayores eran. Si bien los niños pequeños poseen mayor habilidad a la hora de recordar las cosas con exactitud, son incapaces de recordar tantas como los mayores. El mecanismo de la memoria que consiste en inferir los acontecimientos vividos a partir de los conocimientos acumulados es precisamente lo que la hace tan eficaz. En vez de tratar de recordar los acontecimientos al pie de la letra, recrea una aproximación razonablemente buena que conserva el significado, aunque no necesariamente los mismos detalles. Esto tiene el pequeño inconveniente de que a veces falla, no solo eludiendo algún detalle, sino añadiendo elementos que no formaron parte de la experiencia. Aun así, suelen ser fallos asumibles, que no subvierten el trasfondo de lo que se recuerda. Si este es el precio por contar con una memoria que puede recordar muchas más cosas, bien vale la pena.

Así las cosas, la memoria va mejorando sus habilidades a medida que acrecienta su base de conocimientos. Lo que sabemos facilita la integración y la evocación de lo que aprendemos. Sin embargo, si la memoria se construye a partir de la creación de asociaciones entre los conocimientos que ya contiene y la información que proporcionan las nuevas experiencias, ¿deberíamos suponer que los recién nacidos llegan al mundo con algunos conocimientos previos? Como vimos, los fetos empiezan a aprender en las últimas semanas antes del alumbramiento, desde que sus órganos sensoriales están preparados para detectar estímulos de su entorno. Pero ¿sus pequeños cerebros parten siendo una *tabula rasa*, o bien traen de serie algunos conocimientos heredados por vía congénita?

Conocimientos innatos

La investigación en psicología y neurociencia del desarrollo, tanto con humanos como con modelos animales, ha revelado que los recién nacidos llegan al mundo con una serie de conocimientos sobre lo que se encontrarán en él que conforman la base de sus habilidades cognitivas. Se podría decir, además, que estos «conocimientos nucleares», que es como se denominan, proporcionan una suerte de esqueleto primigenio sobre el que empezar a añadir la información procedente de las experiencias, e iniciar así la construcción de las extensas redes de conocimientos que constituirán la memoria semántica.

El consenso científico actual es que por lo menos existen cuatro categorías de conocimientos nucleares, que atañen a diferentes aspectos de la experiencia con el mundo que nos rodea: los objetos inertes, los seres vivos, la numerosidad (las cantidades) y el espacio. Se trataría de unos conocimientos muy rudimentarios sobre física, biología (y psicología), aritmética y geometría. Algunos investigadores sugieren también una quinta categoría, que correspondería a conocimientos de tipo social, relativos a las propiedades de los miembros de nuestra misma especie.

En primer lugar, en relación con el mundo físico, los neonatos llegan al mundo sabiendo que la estampa que perciben visualmente no corresponde a una única entidad ininterrumpida, sino que ahí fuera existen objetos, entidades que son independientes del entorno que las rodea. Saben, además, que esos objetos poseen una serie de características: son continuos, tienen unos límites y ocupan un espacio que no puede ser ocupado al mismo tiempo por otro objeto. También saben que un objeto no puede desaparecer así como así ante sus narices ni teletransportarse. Por otro lado, los conocimientos innatos de física incluyen la noción de que los objetos no interaccionan a distancia y no se pueden mover espontáneamente, a no ser que entren en contacto con otro objeto. Estos conocimientos también les permiten predecir cuándo se moverá un objeto —por ejemplo, tras un impacto— y dónde esperar que se detenga nuevamente. Cuando los bebés de apenas unos meses presencian un truco de magia en que alguno de estos principios se incumple, manifiestan su desconcierto prestando más atención que si no ocurre nada raro. Por ejemplo, si metemos un objeto en una caja y luego les mostramos la caja vacía, es habitual que se queden mirando su interior con aparente sorpresa. También permanecen observando con incrédula atención el hecho de que un objeto quede suspendido en el aire tras retirarle el soporte que lo sostenía.

En cuanto a los conocimientos nucleares de biología (y psicología), la primera idea esencial que proporcionan es que existe un tipo de objetos especiales que se diferencian de los descritos en el párrafo anterior por algunas cualidades básicas. Nos referimos a los seres vivos, en especial a los animales. Así, acerca de estos objetos particulares, los recién nacidos saben que tienen intenciones y que actúan basándose en ellas. Esto incluye que se pueden mover por su cuenta y que lo hacen de un modo concreto. También saben que los seres vivos pueden tener rostro y son capaces de identificarlo en caso de que lo tengan, pues poseen conocimientos sobre la estructura básica de los rostros. De hecho, los recién nacidos muestran preferencia por los patrones que semejan rostros.

Estos conocimientos les permiten a los bebés distinguir a los seres vivos de los objetos inertes, incluso cuando se parecen mucho, como en el caso de los muñecos de peluche. No hace falta justificar por qué la evolución nos dotaría de la capacidad innata de identificar a los seres vivos a nuestro alrededor, pues su ventaja adaptativa es evidente.

Las nociones sobre aritmética previas a toda experiencia con que nacemos incluyen la posibilidad de comparar y distinguir cantidades pequeñas —hasta tres, y puede que hasta cuatro—. Así, cuando los neonatos se habitúan —cada vez prestan menos atención— ante dibujos que muestran dos objetos, recuperan su interés al presentarles dibujos con tres objetos, y viceversa. De este modo, nos demuestran que notan la diferencia entre dos y tres. No sucede lo mismo, por ejemplo, al comparar cuatro y cinco objetos.

Además de distinguir pequeñas cantidades, los bebés de pocos meses pueden realizar operaciones de adición y extracción con ellas. Esto lo apreciamos en el hecho de que mantienen su atención durante más tiempo ante situaciones aritméticas imposibles. Por ejemplo, en unos famosos experimentos, Karen Wynn mostraba a bebés de cuatro meses y medio cómo situaba dos figuras de Mickey Mouse detrás de un panel, una por una. Cuando el panel caía, los bebés se quedaban observando el resultado durante más tiempo si solo aparecía una figura (1 + 1 = 1), en vez de las dos que serían esperables (1 + 1 = 2). Uno podría argüir que quizá los bebés preferían mirar una figura en lugar de dos, pero esto quedaba descartado cuando el experimento consistía en una sustracción. Esto es, la escena partía de dos figuras que se ocultaban detrás de un panel, y a continuación la investigadora sacaba una de ellas. Al caer el panel, los bebés observaban más tiempo la escena cuando quedaban dos figuras (2 – 1 = 2), que cuando solo quedaba una (2 – 1 = 1). Lo mismo sucedía con otros resultados imposibles, como 1 + 1 = 3.

Como se ha dicho, más allá del número 3, los bebés no ponen de manifiesto que puedan distinguir entre cantidades parecidas, como 4 y 5, o 5 y 6. Sin embargo, sí exponen su capacidad para diferenciar cantidades grandes a bulto, siempre y cuando haya suficiente diferencia entre ellas. Esta habilidad persiste en los adultos, y como innata que es, podemos encontrarla en cualquier grupo humano, con independencia de su educación matemática. Así, los adultos munduruku, un pueblo de la Amazonia cuya lengua no posee palabras ni símbolos para contar más allá del 3, son tan hábiles comparando cantidades a ojo como los adultos occidentales que fueron a la escuela.

En cuanto a los conocimientos primigenios de geometría, se trata de nociones que proporcionan a los individuos una comprensión rudimentaria de las propiedades geométricas de los objetos y del espacio que los rodea. Así, encontramos la capacidad de distinguir tanto distancias como ángulos y la facultad de discriminar entre el lado izquierdo y el derecho. En general, se trata de conocimientos que facilitan el uso de la información geométrica que proporciona el entorno para orientarse en él.

Finalmente, los conocimientos nucleares de tipo social incluyen, entre otras cosas, la capacidad de reconocer el significado de las expresiones faciales de los miembros de nuestra especie, lo cual nos permite reconocer sus intenciones. Pero también la noción de que hay personas que son de nuestro grupo social y personas que no, y que podemos distinguirlas por ciertos caracteres, como los sonidos de su lengua o dialecto, o sus rasgos faciales. Esto último puede apreciarse en experimentos que revelan cómo los bebés aprenden pronto a reconocer los sonidos del habla de quienes los rodean, así como sus rasgos faciales, y que poco tiempo después de nacer ya muestran preferencia por ellos, pues les prestan mayor atención.

Obviamente, la existencia de los conocimientos nucleares debe interpretarse desde un punto de vista evolutivo. Llegar al mundo con estas nociones básicas sobre lo que nos encontraremos en él proporcionaba a nuestros antepasados una ventaja adaptativa evidente. Por ejemplo, la predisposición para reconocer a los miembros del propio grupo social, y conseguirlo por medio del reconocimiento fonético y facial, cobra sentido en el contexto de las sociedades prehistóricas, cuando los seres humanos —y sus antepasados homínidos— se organizaban en familias y tribus, con escasa relación entre ellas. En un mundo donde la propia tribu proporcionaba seguridad y no se sabía qué esperar de las otras tribus con las que uno se topaba, reconocer a los miembros de la comunidad resultaba muy relevante. En el mundo actual, sin embargo, estas nociones innatas no encajan bien con la realidad.

De hecho, aunque los conocimientos nucleares con que la evolución nos ha dotado fueran útiles para nuestros antepasados, tras el desarrollo cultural de nuestra especie algunos de ellos se han manifestado inadecuados en ciertas circunstancias. Por ejemplo, nuestras nociones innatas aseguran que los objetos físicos no pueden interaccionar en la distancia, lo que sin duda contribuye a que los fenómenos gravitatorios y magnéticos nos resulten tan contraintuitivos. Por no hablar de nuestras intuiciones sobre cómo se mueven los objetos, que convierten las leyes de Newton en un auténtico reto para nuestra comprensión. Algo parecido sucede a la hora de identificar como seres vivos los organismos que no se mueven de manera evidente. Para comprobarlo, solo hay que preguntarle a un grupo de niños de doce años si una patata es un ser vivo.

Por suerte, como demuestran estos ejemplos sobre la física intuitiva, los conocimientos nucleares no son inamovibles, sino que la adquisición de nuevos conocimientos por medio de la experiencia nos permite superarlos y llegar más allá. Esto incluye, por supuesto, los conocimientos nucleares de tipo social. Sin ir más lejos, cuando en su entorno inmediato los niños tienen la oportunidad de conocer la diversidad humana, se diluye la noción de que pueden distinguir a los miembros de su grupo por una fonética o unos rasgos concretos. En experimentos con bebés que han sido expuestos a los rostros de grupos étnicos bien distintos, aquellos dejan de mostrar preferencia por ninguno de estos.

Con todo, es natural preguntarse cómo es posible que los investigadores hayan llegado a estas conclusiones acerca de los conocimientos que nos acompañan desde que nacemos. ¿No podría ser que todas nuestras nociones sobre cómo es y cómo funciona el mundo procedan de nuestras experiencias? En realidad, esta era la corriente preponderante antes de los años ochenta, cuando psicólogos como el famoso Jean Piaget defendían que las personas nacen carentes de ningún tipo de conocimiento conceptual, y dotadas únicamente de los instrumentos perceptuales y motores necesarios para empezar a construirlos a partir de la experiencia. Por supuesto, cuestionar estos planteamientos no ha sido fácil y ha requerido décadas de investigación, tanto con seres humanos como, sobre todo, con otros animales.

Ya hemos mencionado algunos ejemplos de investigaciones con bebés humanos. Sin embargo, por motivos obvios, resulta difícil —si no imposible— averiguar qué saben los bebés antes de contar con ninguna experiencia. En estas circunstancias, los modelos animales nos pueden ayudar. Al fin y al cabo, si los conocimientos nucleares son parte de nuestro patrimonio genético, como producto de la evolución, sería razonable pensar que otros vertebrados también los posean. En este sentido, los pollitos son un modelo muy útil para este tipo de investigación, porque pueden gestarse en un entorno libre de todo estímulo sensorial —como incubadoras oscuras y con aislamiento acústico—, el cual garantiza que no registren experiencias previas a la eclosión —pues ya vimos que se puede empezar a aprender antes del nacimiento—.

Y puesto que nacen con plenas capacidades, pueden participar en experimentos para evaluar su conducta tan pronto como han salido del huevo, antes de que hayan tenido ninguna experiencia. Así pues, a partir de su comportamiento, los pollitos revelan que nacen con ciertos conocimientos sobre qué les deparará el mundo. Por poner un ejemplo bastante conocido, los pollitos nacen sabiendo que su madre debe tener unas características particulares que no tendrán otros objetos del entorno, como la facultad de moverse espontáneamente y de un modo singular. También muestran mayor preferencia por los patrones que semejan caras —de gallina o no— que por otros estímulos.

Por supuesto, aún queda mucho por averiguar. Los avances científicos siguen aportando novedades sobre los conocimientos que traemos al mundo y nos permiten corregir interpretaciones incorrectas que se hicieron previamente. Por ejemplo, Piaget sugirió que los bebés menores de un año no cuentan con la noción de que los objetos son permanentes —que no pueden desaparecer—, y no es extraño que llegase a esa conclusión al apreciar cómo cometen el llamado «error A-no-B». Cuando mostramos un objeto que llama la atención de un bebé y lo ocultamos tras un biombo (A), el bebé no duda de que sigue ahí detrás y lo alcanza. Ahora bien, si después de repetir este ejercicio varias veces, volvemos a situar el objeto detrás del biombo, pero antes de que el bebé lo busque le mostramos cómo lo movemos detrás de otro biombo (B), sucede algo curioso: el bebé lo vuelve a buscar detrás del primer biombo. Los bebés de diez meses suelen cometer este error, pero a partir de los doce meses ya no lo hacen. Ante esta observación, Piaget interpretó que los bebés menores de un año no comprenden aún la permanencia de los objetos. Sin embargo, muchos otros experimentos posteriores permitieron descartar dicha explicación y sugerir otras posibles. Como, por ejemplo, que los bebés menores de un año aún no han desarrollado el control inhibitorio —es decir, la función ejecutiva que permite abortar las acciones que uno ha planeado hacer—, y aunque ven que el objeto cambia de lugar, no pueden evitar llevar a cabo la maniobra que planearon cuando lo vieron desaparecer detrás del biombo A.

Actualmente, la comunidad científica apenas alberga dudas de que contemos con conocimientos sobre el mundo que no son fruto de la experiencia. Son conocimientos innatos. Como lo son ciertos comportamientos que también realizan los bebés sin que nadie les haya enseñado y que damos por sentados, como succionar un pezón. Ahora bien, la auténtica ventaja para el individuo la conforman todos los conocimientos que pueda adquirir por medio del aprendizaje a lo largo de su vida. Y en este sentido, nos podríamos preguntar: ¿es innata la habilidad para aprender?

La base genética del aprendizaje

Ya hemos señalado que nuestra capacidad para adquirir nuevos conocimientos se va incrementando a medida que los vamos acumulando. Por el modo en que funciona nuestra memoria semántica, los conocimientos que tenemos facilitan la incorporación de nuevos conocimientos, siempre y cuando puedan conectarse mediante relaciones de significado. Por lo tanto, nuestra habilidad para aprender está ligada, al menos en parte, a las experiencias y oportunidades de aprendizaje que nos ha brindado el entorno. Sin embargo, ¿existen diferencias genéticas entre las personas que den mayor ventaja a unas que a otras a la hora de aprender?

Además de los conocimientos previos, otro de los factores que nos permitía explicar por qué mejora la habilidad de aprender de los niños a medida que se hacen mayores era el incremento en la capacidad de la memoria de trabajo. Recordemos que la capacidad de la memoria de trabajo puede entenderse como la cantidad de información a la que podemos prestar atención y manipular en nuestra mente de manera simultánea. Esta capacidad condiciona la habilidad para aprender, y puesto que aumenta con la edad —hasta alcanzar su pico hacia el final de la adolescencia—, marca diferencias en el desempeño de los niños y adolescentes a lo largo de su desarrollo. La maduración tardía de la memoria de trabajo coincide con la circunstancia de que su operatividad depende de la corteza prefrontal, la región más anterior del cerebro. Precisamente, esta región es de las últimas en madurar, al no alcanzar su pleno desarrollo hasta bien entrada la veintena.

Ahora bien, aunque en general todo el mundo experimente una mejoría en la capacidad de su memoria de trabajo a lo largo de la infancia y parte de la adolescencia, las personas de la misma edad no gozan de la misma capacidad. Como en cualquier otra habilidad, existen diferencias de grado entre los individuos, y en el caso de la memoria de trabajo se deben en buena medida a la genética. En realidad, no existen evidencias de que la capacidad de la memoria de trabajo, en términos generales, pueda mejorarse por medio del entrenamiento. Al igual que sucede con la memoria a largo plazo, la memoria de trabajo se hace más eficiente cuando se trata de procesar información que está relacionada con los conocimientos que poseemos, pero ningún tipo de práctica consigue hacerla más eficaz para operar en general, esto es, con cualquier clase de información.

Así pues, las bases que establecen la capacidad de partida de la memoria de trabajo de una persona son en buena parte genéticas, lo cual ya nos estaría indicando que, en efecto, la habilidad para aprender depende también de ciertas cualidades que son innatas. En verdad, la investigación neurobiológica ha revelado algunos genes cuyas variantes marcan diferencias significativas en la capacidad de aprender de las personas. Por ejemplo, el gen BDNF (del inglés *brain-derived neurotrophic factor*) corresponde a una proteína que, entre otras cosas, participa en los procesos de plasticidad cerebral, esto es, en la codificación y consolidación de los recuerdos por medio de cambios en las sinapsis de las neuronas que se activaron con la experiencia. Existen diversas variantes o alelos de este gen, que dan lugar a versiones ligeramente diferentes de la proteína BDNF. La variante más habitual se denomina *Val*. La mayoría de las personas posee dos copias —una heredada del padre y la otra de la madre— de este alelo, pero aproximadamente un tercio de la población lleva al menos una copia de otro alelo llamado *Met*. La versión de la proteína que produce este alelo parece ser menos efectiva en lo que se refiere a su función relativa al aprendizaje, pues las personas con al menos una copia del alelo *Met* presentan un desempeño menor cuando su memoria declarativa se pone a prueba, en comparación con los portadores de dos alelos *Val*. En realidad, el desempeño de quienes han heredado dos alelos *Met* es el más bajo, de media; mientras que los individuos con un alelo *Met* y uno *Val* presentan un desempeño intermedio, también de promedio. En otras palabras, el alelo *Val* proporciona una ventaja innata para el aprendizaje.

El gen de la proteína BDNF no es el único que sabemos está asociado a la habilidad para aprender. Hoy en día conocemos muchos otros genes que influyen en ella, como el gen KIBRA, que también se asocia a la plasticidad neuronal y estaría relacionado con el ritmo con que olvidamos la información. O el gen NR2B, que es precisamente el que manipularon en ratones los científicos de los que hablamos en el segundo capítulo: después de provocar su sobreexpresión, estos investigadores obtuvieron ratones más "espabilados", a los que llamaron Doogie, como el niño médico interpretado por Neil Patrick Harris en la famosa serie de los noventa.

Aunque se ha descubierto un buen número de genes relacionados con la memoria y el aprendizaje, no hay duda de que quedan muchos más por descubrir. Y hay que tener presente que muchos genes no estarán directamente relacionados con los mecanismos de la memoria, pero quizá contribuyan al aprendizaje de manera indirecta, por ejemplo, mejorando el riego sanguíneo en el cerebro, reduciendo el miedo al riesgo o la ansiedad ante los retos, etcétera En cualquier caso, es indiscutible que la habilidad para aprender tiene una base hereditaria. De hecho, esto es algo que puede ponerse de manifiesto con relativa facilidad en otros animales, sin necesidad de localizar los genes correspondientes. Para ello, nada más sencillo que aplicar el mismo método con que la humanidad, a lo largo de la historia, ha constatado el carácter hereditario de muchos otros rasgos de los seres vivos: la selección artificial.

Buena parte de las características que presentan en la actualidad los animales y plantas domésticos es producto de la selección artificial. Eligiendo los individuos que se reproducirán en función de sus rasgos, a lo largo de muchas generaciones, los humanos han dirigido la evolución de estos organismos para su beneficio. Por ejemplo, a base de seleccionar las vacas que más leche daban y promover su reproducción preferente generación tras generación, los ganaderos han logrado animales que producen doce veces más leche que sus antepasados. Pero para que la selección artificial funcione es indispensable que los rasgos que se pretenden promover sean hereditarios.

En la primera mitad del siglo XX, el psicólogo Robert Tyron se preguntó si la capacidad de aprender cumplía con este requisito y, para comprobarlo, se puso manos a la obra. Así, partió de un grupo de ratas a las que entrenó para que aprendieran a sortear un laberinto. Entonces las separó en función de cuán veloces habían sido aprendiendo y cruzó las más rápidas con las más rápidas, y las más lentas con las más lentas. Tras varias generaciones aplicando el mismo procedimiento, consiguió que todas las ratas de la estirpe "rápida" aprendieran cómo salir del laberinto con más presteza que cualquiera de las ratas de la línea genealógica "lenta". Quedaba patente que la habilidad para aprender era heredable —por lo menos en lo referente a aprender el camino de salida en un laberinto.

Ahora bien, aunque muchos de los rasgos de un individuo tengan una base genética, eso no quiere decir que la genética lo decida todo. Todos sabemos que los genes que hemos heredado influyen en la estatura que alcanzaremos, pero es evidente que determinados factores ambientales, como la nutrición o ciertas enfermedades, también tendrán mucho que decir a la hora de la verdad. Por lo que respecta a la habilidad para aprender, ya hemos constatado que las oportunidades que proporciona el entorno para adquirir conocimientos influirán en nuestra capacidad para seguir aprendiendo. Pero también podríamos esperar que las experiencias que afecten al desarrollo cognitivo de los sujetos desempeñarán un papel relevante. En efecto, esto es algo que las ratas "rápidas" y "lentas" de Robert Tyron ya nos ayudaron a constatar hacia mediados del siglo xx.

Entornos enriquecidos

En los años cincuenta, varios investigadores partieron de las estirpes de ratas que había criado Robert Tyron para comprobar qué pasaría si sus descendientes se criaban en un entorno más estimulante de lo que es habitual en el laboratorio —un «entorno enriquecido»—, o bien lo hacían en un entorno privado de estimulación sensorial y social —un «entorno empobrecido»—. En el primer caso, las ratas acabadas de destetar fueron situadas en jaulas amplias y llenas de cachivaches para explorar y jugar, en compañía de otras ratas. En el segundo caso, las ratas se criaron aisladas de sus compañeras, en jaulas que contenían poco más que los recipientes para el agua y la comida. Las condiciones en que habían sido criadas sus antecesoras podría decirse que eran "intermedias".

Al cabo de varias semanas, los investigadores pusieron a prueba la capacidad de los roedores para aprender a salir de un laberinto. La sorpresa fue mayúscula al comprobar que, tras crecer en el entorno más estimulante, las ratas de ascendencia "lenta" aprendían a superar el reto con tanta solvencia como las de la estirpe "rápida". Por su lado, las ratas "rápidas" que se habían criado en condiciones de privación acusaban las mismas dificultades para aprender a salir del laberinto que las ratas "lentas". En resumen, las diferencias genéticas habían quedado veladas por los efectos del ambiente durante el desarrollo.

En los años siguientes, un buen número de investigadores empezaron a explorar qué sucedía en el cerebro de las ratas en función del entorno en que se criaban. Su trabajo puso de manifiesto que el cerebro de estos animales cambiaba en función de su experiencia, en el sentido de que los entornos enriquecidos conducían a cerebros con un córtex más grueso y mayor densidad sináptica que los entornos empobrecidos. De hecho, los estudios de este tipo fueron los primeros en constatar que el cerebro cambia físicamente como consecuencia de la experiencia, esto es, que el aprendizaje se traduce en cambios estructurales en el cerebro.

Como no es extraño que suceda en un campo tan complejo como la neurociencia, cuando estos descubrimientos trascendieron los círculos científicos y alcanzaron la opinión pública, pronto fueron reinterpretados sin atender a los matices: si las ratas que se criaban en ambientes enriquecidos eran más espabiladas y exhibían cerebros más desarrollados, eso significaba que debíamos proporcionar muchos estímulos a nuestros bebés para mejorar sus habilidades cognitivas. Sin embargo, existe un importante error en tal interpretación. Para apreciar lo que estos experimentos nos estaban diciendo en realidad, es esencial prestar atención a lo que los científicos pretendían expresar cuando se referían a un «entorno enriquecido» y un «entorno empobrecido».

En efecto, el entorno enriquecido se llamaba así únicamente porque era más rico en estímulos que el ambiente en que habitualmente se criaban las ratas en el laboratorio; y el empobrecido, claro está, conllevaba condiciones de vida aún peores que las de las jaulas habituales. De hecho, este último entorno suponía una situación de extrema privación para los roedores. En definitiva, ninguno de los dos entornos se parecía ni de lejos al entorno natural de las ratas, sino que se definían en comparación con un entorno ya pobre de por sí. Ambos casos representaban situaciones de reclusión que solo se diferenciaban entre ellas porque la «enriquecida» incluía la compañía de otras ratas y algunos juguetes. Sin duda, la vida en libertad ofrece desafíos mucho más estimulantes.

Por consiguiente, lo que en realidad reflejaban estos estudios no es que cuantos más estímulos se proporcionen, mayor será el desarrollo cerebral, sino lo inverso: que la privación de estímulos produce cerebros menos desarrollados. En otras palabras, estos experimentos no pueden decirnos qué sucede una vez alcanzado el umbral de estimulación que ofrece la mera vida en libertad en el entorno natural.

En realidad, los estudios con roedores en ambientes de reclusión distintos básicamente aportan evidencias del hecho de que las experiencias moldean el cerebro, esto es, que el aprendizaje es el resultado de determinados cambios físicos en la estructura de las neuronas. Es más, estudios posteriores mostraron que los cambios observados en el cerebro de las ratas ocurren a cualquier edad, en respuesta a las experiencias que les proporciona el entorno, por lo que estos efectos no tienen mucho que ver con el neurodesarrollo, sino más bien con el aprendizaje que ocurre en cualquier momento de la vida. La propiedad que exhibe el cerebro de cambiar como consecuencia de la experiencia recibe el nombre de neuroplasticidad.

Periodos críticos

Al tiempo que se realizaban descubrimientos sobre cómo la experiencia modifica el cerebro, la investigación neurobiológica también empezó a revelar diversos hechos relacionados con el desarrollo del cerebro en las primeras etapas de la vida. En primer lugar, se constató que, después del nacimiento, algunas regiones de la corteza cerebral muestran una proliferación inaudita de sinapsis, la cual va seguida de un proceso de «poda sináptica»: las conexiones neuronales que apenas se han empleado son eliminadas. En consecuencia, la corteza cerebral del adulto presenta una densidad sináptica menor que la del infante. Por otro lado, la investigación también puso de manifiesto que algunos circuitos neuronales de la corteza cerebral necesitan recibir determinados estímulos para poder desarrollarse adecuadamente y que deben hacerlo en un lapso de tiempo determinado, durante la primera etapa de la vida. Esto dio lugar al concepto de los «periodos críticos», ventanas temporales que se dan en momentos concretos del neurodesarrollo, en que el cerebro requiere de determinadas experiencias para su adecuada maduración. En su momento, se llegó a sugerir que el cierre en la ventana de oportunidad que suponían los periodos críticos coincidía razonablemente bien con el final de los procesos de poda sináptica, por lo que ambos procesos podrían estar relacionados.

Como podía sospecharse, estos descubrimientos, simplificados inevitablemente por los medios de comunicación, no hicieron más que contribuir a la idea de que los bebés se beneficiarían de criarse en ambientes hiperestimulantes: ya no solo sabíamos que las ratas criadas en entornos «enriquecidos» presentaban cerebros distintos, sino que saltaba a la vista la conveniencia de evitar que los bebés perdieran sinapsis por no haberlas usado en el momento oportuno. En otras palabras, había que aprovechar la ventana de oportunidad que suponían los periodos críticos. El problema es que, de nuevo, estas conclusiones derivaron de la omisión de los detalles y la excesiva simplificación de los resultados de las investigaciones correspondientes.

Puede que la confusión radique principalmente en el concepto de «periodo crítico». En este sentido, lo que en verdad reveló la investigación es que determinadas regiones cerebrales, en especial las implicadas en el procesamiento sensorial y motor, requieren de ciertos estímulos y experiencias para completar su maduración durante los primeros años de vida. Por ejemplo, los circuitos de la corteza cerebral encargados de procesar la información visual necesitan recibir estímulos visuales para configurarse. Pero los estímulos requeridos para satisfacer este proceso de maduración son los que cualquier persona obtiene por el mero hecho de abrir los ojos —en un entorno iluminado, claro está—. De la misma manera, los circuitos que controlan los movimientos corporales básicos se ajustan mediante la actividad motora normal que realiza cualquier bebé. El cerebro "espera" recibir estos estímulos en las primeras etapas de la vida, como es normal, pues es lógico que empiecen a estar disponibles después del nacimiento. Por eso se puede considerar que, en la primera etapa de la vida, resulta "crítico" tener ciertas experiencias. Pero estas experiencias son fácilmente adquiribles en cualquier ambiente que no suponga una privación sensorial o motora extrema. En definitiva, no se debe confundir esta particularidad de los procesos del neurodesarrollo de algunos circuitos cerebrales con la idea de que con más estímulos, más espabilados serán los niños.

Por otro lado, la idea de "reducir la poda sináptica" mediante la exposición del bebé a la mayor cantidad de estímulos tampoco tiene mucho sentido. La poda sináptica es un proceso natural y necesario, propio del desarrollo de la corteza cerebral. Para que el cerebro opere de manera eficiente, es indispensable que seleccione las conexiones nerviosas oportunas y las refuerce con todos los recursos disponibles. No por tener más conexiones nerviosas, el cerebro será más eficaz. En realidad, existe un trastorno hereditario, conocido como «síndrome del cromosoma X frágil», cuyos afectados padecen de discapacidad intelectual, aunque presentan una densidad sináptica mayor de lo habitual. No hay una relación simple entre la cantidad de sinapsis y las habilidades cognitivas de un individuo. Además, la poda sináptica ocurre a ritmos distintos según la región de la corteza cerebral y se prolonga durante muchos años, hasta bien entrada la veintena. Las regiones que terminan antes el proceso de maduración son las sensoriales y motoras, las cuales, como ya se ha comentado, solo necesitan unos estímulos muy básicos para desarrollarse adecuadamente. En fin, en los seres humanos, el proceso de poda sináptica no se reduce a unos periodos de tiempo excepcionalmente limitados.

La idea imprecisa de que la neurociencia prescribe estimular a los bebés para mejorar sus habilidades cognitivas, tales como su capacidad para aprender, desembocó en un sinfín de propuestas comerciales que prometían —y algunas lo siguen haciendo— convertir a los niños en unos portentos intelectuales. Entre ellas, podríamos destacar los discos musicales que se vendieron a miles bajo la promesa de que escuchar a Mozart —o escuchar música clásica, en general— mejoraba el cerebro de los bebés. El «efecto Mozart», como se denominó, se hizo popular a partir de un experimento en que unos estudiantes universitarios, que habían estado un rato escuchando música del compositor austriaco, obtuvieron mejores resultados en un test de inteligencia en comparación con otros estudiantes que antes de la prueba solo habían estado en silencio. Enseguida, la prensa se hizo eco de ello y no tardaron en aparecer todo tipo de productos musicales para bebés, que aún tardaron menos en ser adquiridos por miles de padres bienintencionados que deseaban contribuir al desarrollo cognitivo de sus retoños en el supuesto periodo crítico de los primeros años. En Estados Unidos, el gobierno del estado de Florida exigió por ley a todas las guarderías y centros preescolares financiados con fondos públicos que pusieran música clásica cada día a los menores de seis años.

Dada la repercusión del estudio que describió el efecto Mozart, varios investigadores decidieron ahondar en los detalles. Pronto aparecieron múltiples artículos científicos confesando no haber conseguido replicar el resultado del trabajo original, aunque hubo otros que aseguraron haberlo logrado. En todo caso, lo que quedó patente es que el deseado efecto, cuando se producía, persistía a duras penas unos minutos. Y, de hecho, solo influía en el resultado de algunas pruebas de habilidad cognitiva en concreto: las de carácter visoespacial —de esto ya habían alertado los autores del estudio original, pero parece que a nadie le interesó esa parte de la historia—. La cuestión es que, desde un punto de vista científico, todo el revuelo quedó en que escuchar música clásica antes de realizar tareas de razonamiento visoespacial puede mejorar el desempeño de los estudiantes porque influye en su estado de ánimo, y quizá también porque activa las mismas regiones del cerebro implicadas en este tipo de tareas, lo que explicaría una mejor disposición para afrontarlas.

Un periodo «crítico» particular

Quizá un caso interesante sobre la supuesta oportunidad que representan los periodos críticos en relación al aprendizaje atañe a la adquisición de la lengua oral. Quien más quien menos se ha dado cuenta de que los niños gozan de una tremenda facilidad para aprender a hablar en la lengua de quienes los rodean, sin necesidad de recibir una enseñanza explícita. La mera exposición e interacción con los hablantes les resulta suficiente para dominar la fonética, el léxico, la semántica y la gramática que estos emplean en su entorno. Este hecho cotidiano ha sido corroborado por la investigación científica de múltiples maneras, hasta concluir que existe un periodo sensible de unos diez-doce años en que el cerebro exhibe una particular facilidad para aprender la lengua oral a partir de la mera interacción social.

Fijémonos que en el párrafo anterior hemos empleado el término «periodo sensible» en vez de «periodo crítico». El motivo es hacer alusión a que esta etapa del desarrollo ofrece una especial predisposición para aprender las lenguas del entorno con mayor facilidad, pero no conlleva que ya no puedan aprenderse lenguas más allá de esa edad. En realidad, muchos investigadores prefieren hablar de «periodos sensibles» y no de «periodos críticos» en todos los casos, incluso en lo referido a los que atañen al desarrollo de las regiones sensoriales y motoras. Esto es así porque, en caso de no haber recibido los estímulos oportunos en su momento, la estimulación tardía suele lograr una recuperación de las funciones, a pesar de que con mucha más dificultad y, a menudo, sin alcanzar la plena restitución. De hecho, la investigación neurobiológica sugiere que las habilidades sujetas a periodos sensibles que se adquieren tras cerrarse su ventana de oportunidad se basan en estructuras cerebrales distintas —por lo menos en parte— a las que se hubieran empleado durante el periodo sensible.

Tratar de aprender otro idioma más allá de los diez-doce años, por lo tanto, refleja bastante bien el comportamiento de los periodos sensibles: antes de esa edad, aprender a hablar las lenguas empleadas por nuestra comunidad de hablantes aparenta no conllevarnos esfuerzo alguno; después, seguimos pudiendo aprender otras lenguas, pero necesitamos realizar un esfuerzo deliberado. Aun así, en muchos casos, jamás logramos dominar el acento por completo y, en algunas situaciones lingüísticas, nos cuesta emplear la gramática con naturalidad. Por supuesto, existen grandes diferencias entre las personas en lo que se refiere al dominio que logran alcanzar de las lenguas que aprenden de mayores. Sin embargo, esto no quita que aprender una lengua de mayor siempre resulta más costoso que aprender la lengua o lenguas de la infancia.

No debería extrañarnos que el cerebro humano haya evolucionado de tal modo que esté especialmente dotado para adquirir la lengua de nuestros congéneres. Hay pocas cosas tan inherentes a nuestra especie como el lenguaje verbal. Tampoco debería sorprendernos que el plan de desarrollo del cerebro, dispuesto en nuestro ADN, prevea aprender la lengua oral en las primeras etapas de la vida y por consiguiente ponga su máximo empeño entonces. No solo es lo más beneficioso para el individuo, sino que carece de sentido suponer que no se darán las condiciones adecuadas para lograrlo desde el momento que llegamos al mundo —esto es, que nos rodeen otros humanos que hablen algún idioma. Aun así, hay un aspecto del lenguaje verbal que resultaría beneficioso poder aprenderlo a lo largo de toda la vida, sin ningún tipo de restricción: el vocabulario. Curiosamente, la investigación en este ámbito sugiere que el periodo sensible asociado al aprendizaje de las lenguas atañe básicamente a la fonética y la gramática. Por lo que se refiere al léxico —y la semántica—, no existiría un periodo de aprendizaje preferente.

Esta conclusión puede sorprendernos, pues al fin y al cabo es evidente que los niños aprenden muchísimas palabras cada día, y a medida que las personas se hacen mayores da la sensación que van aprendiendo cada vez menos. Pero esta percepción puede explicarse porque de buenas a primeras todas las palabras están por aprender, y paulatinamente las personas se encuentran con menos términos nuevos. Hay entre dos mil y cuatro mil palabras que resultan frecuentes o muy frecuentes en el lenguaje oral. Podríamos decir que todos los individuos las aprenden relativamente pronto. A partir de ahí, el léxico de las personas suele aumentar hasta alcanzar entre veinte mil y cincuenta mil términos —recordemos que el Diccionario de la Real Academia de la Lengua contiene alrededor de noventa y tres mil entradas—, pero que se acerque más a una cifra u otra —la diferencia no es nada desdeñable— dependerá de la educación que reciban. Sin ir más lejos, el hábito de la lectura es una fuente de vocabulario excepcional, pues la lengua escrita suele contener términos y expresiones que no son habituales en la lengua oral, más sencilla y espontánea.

Desde luego, si en un aspecto resulta manifiesto el periodo sensible asociado a la adquisición del lenguaje oral, este es el relativo a la fonética. En las primeras etapas de la vida, incluso ya desde las semanas previas al nacimiento, los más jóvenes están afinando su cerebro para identificar y diferenciar correctamente los sonidos (los fonemas) de su lengua. Esto conlleva descartar los circuitos neuronales que procesan otros sonidos que no están presentes en el entorno del bebé. Desde un punto de vista adaptativo, no tiene sentido derrochar recursos en reconocer estímulos infrecuentes. En cambio, es fundamental poner todo el foco en conseguir distinguir hasta el más leve matiz en los sonidos habituales, lo cual no es poca cosa. Del mismo modo, los patrones neuronales que nos permiten articular los sonidos específicos de nuestra lengua se seleccionarán al practicarlos, en detrimento de los que no practiquemos. Con el tipo de experimentos del que ya hablamos en este capítulo, que nos permiten inferir si los bebés distinguen un estímulo de otro, hemos podido averiguar que antes de los 8-12 meses los bebés pueden diferenciar los fonemas que no son propios de su lengua materna. Sin embargo, a partir del año de edad, ya no muestran esta habilidad.

El periodo sensible para adquirir la fonética no solo explica que nos cueste tanto ocultar el acento que suele delatarnos al aprender una lengua después de la infancia. También explica que tengamos serias dificultades para diferenciar entre algunos sonidos específicos de la otra lengua, que para el hablante nativo son claramente distintos. Cualquiera que haya aprendido inglés a partir de cierta edad se habrá quedado perplejo por los leves matices que pueden diferenciar la pronunciación de algunas palabras, al menos desde el punto de vista del hablante no nativo. Pero lo que la mayoría de los hispanohablantes sin duda habrá notado es la dificultad que manifiestan los hablantes nativos de chino a la hora de distinguir entre los fonemas del español [r] y [l], pues en su idioma no existe el sonido de la erre simple —con los japoneses ocurre justo lo contrario, a pesar de lo que se suele pensar—. Por eso, al aprender español, los hablantes chinos tienden a confundir palabras como «pero» y «pelo». No solo les cuesta pronunciar la erre, sino que tampoco perciben bien la diferencia con la ele. Desde nuestra perspectiva, parece imposible que uno no pueda apreciar lo distintos que son estos dos sonidos. En cualquier caso, al igual que sucede con el acento, la práctica también ayuda a lograr percibir la diferencia, aunque quizá no con el nivel de competencia del hablante nativo.

Por último, otro fenómeno curioso que podría estar relacionado con el periodo sensible para adquirir las habilidades lingüísticas es el hecho de que los adultos tengamos la tendencia natural a hablar con los bebés empleando una voz aguda, exagerando la vocalización y alargando los sonidos vocálicos. También acostumbramos a hablar más despacio, elevar el tono de voz, hacer pausas y emplear frases cortas, que a menudo repetimos varias veces. Sabemos que este registro lingüístico no constituye un comportamiento aprendido, porque está presente en todas las culturas humanas. En este sentido, se ha sugerido que esta forma espontánea de dirigirse a los bebés contribuye a que aprendan la lengua, en especial los sonidos del habla, pero también la gramática. Se trataría de una conducta implícita en nuestros genes, que se revelaría a partir de los cinco años más o menos, convirtiendo a todo ser humano en un potencial enseñante de la lengua oral para los más pequeños de la tribu. Así, en nuestra herencia genética no solo atesoramos la predisposición para aprender, sino también para enseñar.

La memoria se hace mayor

Los cambios que experimenta la memoria no terminan en la infancia o la adolescencia. La memoria y la habilidad para aprender siguen cambiando durante la edad adulta, si bien en menor medida y a un ritmo mucho más lento. En realidad, una vez alcanzada la treintena, la memoria, como el resto de las funciones cognitivas, empieza a declinar poco a poco, aunque apenas lo notemos hasta llegados los sesenta, cuando el declive empieza a ser algo más acusado.

No todos los tipos de memoria ni todos los procesos de la memoria se debilitan al mismo ritmo. La memoria de trabajo es una de las primeras en empezar a decaer —alrededor de los treinta años—, aunque no suele hacerlo de manera dramática, salvo en casos de trastornos concretos. Su lento declive ocurre en correspondencia con una serie de cambios estructurales que pueden apreciarse en la corteza prefrontal. En efecto, algunas regiones del cerebro relacionadas con la memoria, como el hipocampo o la corteza prefrontal, se van encogiendo con el paso de los años por diversos motivos, entre ellos, la pérdida de neuronas. Desconocemos cómo estos cambios estructurales tan aparentes afectan a la memoria y el aprendizaje, pero no podemos dejar de señalar la correlación entre ellos y las dificultades crecientes —aunque habitualmente leves— que manifiestan las personas a la hora de aprender y recordar. De hecho, el cerebelo es otra de las regiones encefálicas que experimenta una reducción de volumen con la edad. Esta estructura está implicada en el aprendizaje por condicionamiento, y es un hecho que a las personas mayores les cuesta más adquirir este tipo de aprendizaje asociativo que a las personas jóvenes. En modelos animales, los decrementos en el volumen de la corteza prefrontal y el cerebelo muestran una relación directa con el declive de la memoria de trabajo y el aprendizaje por condicionamiento, respectivamente. En los seres humanos, la mengua de estas y otras regiones del encéfalo supone que, hacia los ochenta años, el órgano ha perdido alrededor de un 5 por ciento de su masa.

Los principales inconvenientes relacionados con la memoria que van apareciendo con la edad en individuos sanos tienen que ver con mayores dificultades a la hora de registrar y consolidar las nuevas experiencias. Estaríamos hablando de una merma en los procesos de codificación, que conllevaría ser más olvidadizos y padecer más descuidos, entre otras cosas. La conservación de los recuerdos y conocimientos no sería un problema, y tampoco se vería afectada en demasía la capacidad de evocación, aunque sobre esto último habría que matizar. Con la edad, el frustrante fenómeno de quedarse con algo en la punta de la lengua sucede más a menudo, y de hecho también se hace más habitual la fastidiosa situación de no encontrar la palabra que uno iba a emplear para continuar la frase. Estos fenómenos ocurren a todas las edades, pero con la edad se vuelven más recurrentes. Algunos investigadores, sin embargo, opinan que esto no se debe a dificultades en la capacidad de recuperar esos conocimientos de la memoria, sino a fallos a la hora de estimar cuán a mano tenemos dichos conocimientos como para ser capaces de evocarlos. Por ejemplo, podríamos estar confundiendo la sensación de familiaridad que tenemos con una palabra, esto es, la capacidad de reconocerla si la vemos u oímos, con la facultad, bien distinta, de evocarla a partir de su significado.

Dejando a un lado los cambios estructurales que podemos apreciar en algunas regiones del cerebro como consecuencia de la edad, se asume que el declive general de la memoria es el resultado de una pérdida progresiva de la eficiencia de las neuronas para procesar los estímulos y para experimentar cambios como consecuencia de ello. En otras palabras, el cerebro, a medida que envejece, pierde velocidad de procesamiento y plasticidad. Al fin y al cabo, la plasticidad comporta la capacidad del cerebro para modificarse como resultado de las experiencias, lo cual subyace a la facultad de aprender. Esto explicaría por qué los procesos más afectados por la edad son los que atañen a la codificación y la consolidación.

La reducción en la plasticidad cerebral no significa, de ningún modo, que los adultos pierdan la habilidad de aprender. Simplemente, les resulta algo más costoso que cuando rondaban los veinte años. Cuando hablábamos, unas líneas más atrás, sobre las ratas que se criaban en entornos con distinto grado de estimulación (o privación), mencionamos que los cambios que sus cerebros exhibían en función de sus experiencias no solo sucedían en ratas jóvenes, sino que también se habían observado en adultos. A cualquier edad, el cerebro cambia como consecuencia de la experiencia.

Lo cierto es que, llegados aquí, vale la pena que nos detengamos un momento para apreciar que la neuroplasticidad es una propiedad del cerebro que se manifiesta de tres formas distintas a lo largo del desarrollo.

Un cerebro siempre plástico

En un sentido estricto, la neuroplasticidad se refiere a la facultad que tiene el sistema nervioso para cambiar su estructura y, en consecuencia, su funcionamiento. En las primeras fases del desarrollo, en especial durante el periodo prenatal, la neuroplasticidad depende fundamentalmente de lo previsto en el material genético: las instrucciones que proporciona el ADN dirigen el desarrollo del cerebro y el resto del sistema nervioso sin necesidad de otros *inputs*. Esta es la denominada «plasticidad independiente de experiencia».

Por otro lado, como vimos al tratar los periodos sensibles, algunas regiones del cerebro necesitan recibir estímulos concretos —por ejemplo, la corteza visual requiere estímulos visuales— para terminar su desarrollo después del nacimiento. En este caso, estaríamos hablando de «plasticidad expectante de experiencia», pues el cerebro "espera" recibir dichos estímulos para terminar de ajustar los circuitos que permitan procesarlos con eficacia. Como ya se indicó, este tipo de plasticidad se manifiesta en las primeras etapas de la vida. Podría decirse que los dos tipos de plasticidad anteriores son esenciales para contar con un cerebro preparado para enfrentarse al mundo.

Ahora bien, por lo que respecta a los cambios que se producen en el cerebro como consecuencia de cualquiera de nuestras experiencias, los cuales hacen posible que formemos recuerdos, adquiramos conocimientos y desarrollemos nuevas habilidades, la clave es la «plasticidad dependiente de experiencia». Esta *dependencia* de la experiencia puede interpretarse como que sin dicha experiencia no habrá cambios de este tipo en el cerebro, pero también como que los cambios que se produzcan en concreto *dependerán* de las experiencias específicas que vivamos. Esto es así porque los cambios representan dichas experiencias en forma de recuerdos, conocimientos o nuevas habilidades, y cada recuerdo, conocimiento o habilidad conlleva unos cambios en particular. Así, es este tipo de neuroplasticidad la responsable de prácticamente todo lo que aprendemos, y aunque el cerebro de los jóvenes tenga mayor plasticidad, conservamos esta facultad a lo largo de toda la vida. Por consiguiente, no existen aparentes ventanas de oportunidad que limiten la posibilidad de adquirir conocimientos y nuevas habilidades a un periodo específico de la vida.

Más allá de los experimentos con ratas y otros animales adultos, la neurociencia también ha aportado pruebas fehacientes de que el cerebro de los humanos adultos cambia en relación a sus experiencias de aprendizaje. Así, mediante la tecnología de imagen por resonancia magnética, diversos estudios han podido constatar cómo algunas regiones de la corteza cerebral y del hipocampo se desarrollan de manera diferencial tras un periodo de entrenamiento, en comparación con personas que no lo realizan. Este sería el caso de unos estudiantes de Medicina que, después de tres meses de estudio intenso para un examen crucial en su carrera, exhibieron incrementos en la sustancia gris de varias regiones de la corteza parietal y de la parte posterior del hipocampo, mientras que los individuos del grupo control —sujetos que no se sometieron a tal periodo de estudio intenso— no experimentaron esos cambios. En otro trabajo, por medio de las mismas técnicas de neuroimagen, se analizó el impacto que tuvo en el cerebro de un grupo de universitarios británicos la participación en un curso intensivo de nueve meses para aprender chino, en comparación con estudiantes que no lo cursaron. Los resultados reflejaron cambios evidentes en varias regiones del cerebro relacionadas con el lenguaje que no se observaron en el grupo control.

En cuanto a la adquisición de habilidades motoras, muchos otros trabajos han encontrado correlaciones entre la práctica y la arquitectura cerebral. Por ejemplo, en un estudio se comparó el cerebro de músicos profesionales que practicaban con algún instrumento más de una hora al día, músicos amateurs que practicaban de vez en cuando y personas que no tocaban ningún instrumento musical. Las imágenes por resonancia magnética revelaron diferencias estructurales en la sustancia gris de diferentes zonas del encéfalo. En concreto, cuanto más experimentados eran los músicos, mayor era el volumen de la sustancia gris en diversas áreas motoras y somatosensoriales, entre otras. También eran evidentes diferencias estructurales en el cerebelo. En consecuencia, se concluyó que la demanda ambiental que suponía la práctica musical podía estar detrás de los cambios estructurales observados en el encéfalo, presuntamente orientados al dominio del instrumento y el desarrollo de las competencias musicales implicadas. Por ejemplo, los cambios observados en el cerebelo se podrían asociar a una mejor modulación de la actividad de los dedos de la mano, y los observados en la corteza sensorial auditiva se relacionarían con una mejor audición.

Es importante apreciar que los cambios que se observan en todos estos casos no implican de ningún modo que el cerebro esté haciéndose mejor, sino que simplemente está acumulando los conocimientos y habilidades que ha practicado. No se debe dar por hecho que estos conocimientos y habilidades se transferirán a otras tareas o ámbitos que no sean los mismos que se practicaron, por lo menos no de manera espontánea. En el capítulo sobre la tenacidad de la memoria vimos lo difícil que resulta la transferencia del aprendizaje entre contextos o tareas diferentes. Ahora bien, como ya se ha señalado en este libro una y otra vez, no hay duda de que el entrenamiento o estudio en una disciplina nos dará ventaja para seguir aprendiendo sobre esa disciplina o disciplinas relacionadas, sea cual sea nuestra edad.

Perder la memoria

Una consecuencia que podemos extraer del hecho de que las experiencias moldean el cerebro a todas las edades es que el ambiente tiene mucho que decir sobre cómo evolucionará la memoria de una persona a lo largo de la vida. El declive que experimenta la memoria con la edad es una conclusión a la que se ha llegado por medio de análisis estadísticos. La habilidad para aprender y recordar declina en promedio. Pero alrededor de ese promedio hay grandes diferencias entre los casos concretos de cada persona. Estas diferencias no solo surgen por motivos genéticos, sino en especial por factores ambientales. De hecho, los cambios más drásticos que puede sufrir la memoria en la edad adulta se deben a factores ambientales, tales como las enfermedades o los traumatismos. Por supuesto, aspectos como la educación, la nutrición y las decisiones que uno toma sobre cómo invertir su tiempo —el estilo de vida— también contribuirán a marcar diferencias entre los individuos.

La mejor manera de conservar una memoria sana es mantener un cerebro sano, lo cual básicamente exige cuidarse en lo posible del modo que todos sabemos: hacer ejercicio de manera regular, optar por una dieta equilibrada, rehuir las bebidas alcohólicas y el tabaco, procurar evitar las situaciones de estrés prolongadas... Algunos estudios sugieren que mantenerse activo mentalmente también puede contribuir a reducir el declive cognitivo propio de la edad, si bien es difícil establecer un vínculo causal. De cualquier modo, nunca estará de más realizar actividades tan sencillas y enriquecedoras como leer un rato cada día, escribir o proponerse aprender cosas nuevas, como un idioma. Al fin y al cabo, la memoria se fortalece a medida que alberga más conocimientos, para así conectarlos a las nuevas experiencias.

Por desgracia, debemos asumir que el futuro de nuestra memoria no solo se verá influido por circunstancias que estén en nuestras manos, sino que terminará dependiendo de una infinidad de variables, tanto genéticas como ambientales, que en última instancia serán fruto del azar. Desde luego, si existe una circunstancia temible que puede arrojarnos la vida al llegar a cierta edad, esa es sin duda padecer algún tipo de demencia que devaste nuestra memoria. Entre ellas, la más frecuente es, con diferencia, la causada por la enfermedad neurodegenerativa de Alzheimer.

En la primera década del siglo xx, el médico alemán Alois Alzheimer publicó el caso de una mujer de cincuenta y un años llamada Auguste Deter, quien padecía pérdidas de memoria y delirios, aderezados por unos patentes cambios de humor. La mujer no solo olvidaba acontecimientos recientes, sino que tampoco lograba recordar cosas como el nombre de su marido o su apellido de soltera. En palabras del doctor:

> Uno de sus primeros síntomas fue un fuerte sentimiento de celos hacia su marido. Pronto mostró progresivos fallos de memoria, no lograba encontrar el camino a casa, arrastraba objetos sin sentido, se escondía o a veces pensaba que otras personas pretendían matarla, de tal modo que se ponía a gritar. [...] Durante su internamiento, sus gestos manifestaban una completa impotencia. Se sentía desorientada tanto en el tiempo como en el espacio. De vez en cuando decía que no entendía nada, que estaba confusa y totalmente perdida.

Cuando pocos años más tarde Auguste falleció, víctima de la enfermedad, el médico tuvo la oportunidad de analizar su cerebro y descubrió algunas alteraciones ostensibles. En el interior de buena parte de las neuronas de la corteza cerebral se observaban extraños haces de diminutos filamentos que parecían acumularse. Numerosas neuronas habían desaparecido y tras ellas solo quedaba un rastro de marañas formadas por aquellas peculiares fibrillas. Daba la sensación de que diversas regiones del cerebro de la paciente se habían ido atrofiando, al perder neuronas de un modo inusual. Alzheimer consideró que sus observaciones suponían un caso excepcional, por lo que enseguida publicó sus hallazgos y los puso a disposición de la comunidad médica.

Por aquel entonces, la esperanza de vida en Europa occidental rondaba los cincuenta años. No muchas personas alcanzaban la vejez mucho más allá de esa edad. Sin embargo, a medida que eso fue cambiando, la afección que Alzheimer había descrito se reveló significativamente más común de lo que el médico alemán podría haberse figurado. Según un estudio de 2017 relativo a la población europea, se estima que el 8 por ciento de los mayores de setenta y cuatro años desarrollan esta enfermedad, aunque esta proporción aumenta hasta el 23 por ciento en las personas que superan los ochenta y cuatro años. El mismo estudio refleja que la enfermedad de Alzheimer afecta alrededor del doble de mujeres que de hombres, aunque quizá sea porque estas tienen una mayor esperanza de vida —en España, según datos de 2020, la esperanza de vida de las mujeres rondaba los ochenta y cinco años, mientras que apenas alcanzaba los ochenta años para los hombres—. En términos globales, se cree que en la actualidad (2022) esta enfermedad afecta a cerca de cincuenta millones de personas en todo el mundo, un número que se prevé que crezca rápidamente con el incremento de la esperanza de vida en los países en vías de desarrollo. Por su incidencia y su severidad, el alzhéimer ha sido catalogado como la verdadera epidemia estructural del siglo xxi.

Algunas de las celebridades que han sido víctimas del alzhéimer incluyen a los actores Rita Hayworth, Charles Bronson y Charlton Heston; la filósofa y novelista Iris Murdoch (cuyo caso fue llevado a la gran pantalla en el filme *Iris*, de 2001) y el expresidente de Estados Unidos Ronald Reagan, quien a los ochenta y nueve años ya no recordaba el tan ilustre cargo que había ocupado en la Casa Blanca. En España, la enfermedad de Alzheimer irrumpió en las vidas de personalidades políticas como Adolfo Suárez y Pasqual Maragall y de artistas como Carmen Sevilla y Antonio Mercero.

Los síntomas de la enfermedad de Alzheimer son muy variados, pero siempre incluyen un notorio y progresivo déficit en la memoria episódica, que suele empezar a manifestarse en forma de dificultades para recordar acontecimientos o conversaciones muy recientes. El diagnóstico requiere pruebas psicológicas para sopesar el presunto deterioro cognitivo, así como escáneres y diversas analíticas que permitan descartar otras posibles causas de la afección (tumores, enfermedades infecciosas, problemas vasculares, etcétera). Aun así, el diagnóstico siempre es tentativo, pues la única forma fiable de diferenciar el alzhéimer de otros tipos de demencia es por medio de un análisis *post mortem* del tejido cerebral, que revele los ovillos neurofibrilares que describió Alois Alzheimer y la acumulación de una sustancia conocida como beta-amiloide en el espacio entre neuronas (las placas amiloides). Si bien las regiones del cerebro afectadas varían entre pacientes, lo que daría pie a la patente diversidad sintomática, las alteraciones neurológicas suelen iniciarse en los lóbulos temporales y, en especial, en el hipocampo. Esto explicaría la aparición de los trastornos relativos a la memoria episódica.

A medida que la enfermedad avanza destruyendo neuronas en los lóbulos temporales, los déficits en la memoria episódica se agravan. Las personas afectadas, a menudo pierden la noción de dónde se encuentran y pueden olvidar que algunos de sus seres queridos ya murieron. No es extraño que repitan las mismas preguntas una y otra vez, pero no solo porque no recuerden la respuesta, sino también porque no recuerdan haber preguntado. La memoria semántica se suma a estos déficits en el momento que las personas olvidan nombres de personas cercanas y tienen serias dificultades para encontrar las palabras con las que antes se expresaban con naturalidad, lo que las obliga a dar frecuentes rodeos para comunicarse. Por su lado, la memoria procedimental suele resistir mejor los embates de la enfermedad, pero también termina por sucumbir en las últimas fases, pues muchas otras regiones del cerebro acaban viéndose afectadas por la neurodegeneración. Para entonces, no solo los diversos sistemas de memoria se han derrumbado, sino también otras funciones cognitivas y motoras. Las personas con un alzhéimer muy avanzado pueden manifestar cambios de personalidad, afasia (pérdida de la capacidad de hablar), inestabilidad emocional, desorientación, delirios y, en última instancia, incapacidad para llevar a cabo tareas tan cotidianas como vestirse, asearse o comer. Este deterioro, en última instancia, conduce sin piedad alguna al desenlace final.

La crueldad devastadora con que avanza la enfermedad de Alzheimer puede recordarnos la historia con la que empezamos este libro. El caso de Clive Wearing, el músico que tras padecer una encefalitis vírica perdió la capacidad de generar nuevos recuerdos y extravió buena parte de los que atesoraba antes de la enfermedad. Su condición nos ayudó entonces a apreciar el inestimable valor de la memoria, el irrefutable hecho de que todo lo que somos y lo que podemos ser se sostiene sobre su existencia. Pero el alzhéimer no es un caso aislado, fruto del caprichoso y a veces perverso azar. Mientras la medicina no logre hallar las causas de esta dolencia y dar con algún remedio eficaz, la vejez encaminará a una de cada cinco personas hacia un trágico final, en el que uno puede dejar de ser, tiempo antes de que su cuerpo haya abandonado el hálito. Porque, como lamentaba Luis Buñuel, «una vida sin memoria no sería vida».

Este libro está dedicado a quienes sufren alzhéimer u otras enfermedades que lentamente devastan su memoria, a quienes cuidan de ellos y a los investigadores e investigadoras que trabajan sin descanso para hallar una cura o profilaxis.

Agradecimientos

El autor desea agradecer la inestimable ayuda de Marina Soledad Grasso en lo relativo a garantizar la claridad de los textos y matizar los pasajes más sensibles. Su apoyo ha resultado alentador a lo largo del periplo que ha supuesto escribir este libro. Asimismo, agradece la revisión y los comentarios de Mireia Martí Ortega por lo que respecta a algunas cuestiones concretas (en los capítulos 5 y 6) en que las ciencias cognitivas concurren con la práctica clínica. Por último, el más sincero y efusivo agradecimiento a Ariadna Álvarez Pérez por allanar el camino ante las múltiples dificultades que el autor ha debido afrontar mientras trataba de sacar adelante este libro; sin su respaldo, esta empresa no hubiera llegado a buen puerto.